家族心理学

理論・研究・実践

ジョン・W・ソバーン＆トーマス・L・セクストン 著
若島孔文　野口修司 監訳
Wakashima Koubun　Noguchi Shuji

FAMILY
PSYCHOLOGY

Theory, Research, and Practice

John W. Thoburn and Thomas L. Sexton

遠見書房

Translated from the English Language edition of *Family Psychology: Theory, Research, and Practice*, by John W. Thoburn and Thomas L. Sexton, originally published by Praeger, an imprint of ABC-CLIO, LLC, Santa Barbara, CA, USA. Copyright © 2016 by John W. Thoburn and Thomas L. Sexton. Translated into and published in the Japanese language by arrangement with ABC-CLIO, LLC. All rights reserved.

No part of this book may be reproduced or transmitted in any form or by any means electronic or mechanical including photocopying, reprinting, or on any information storage or retrieval system, without permission in writing from ABC-CLIO, LLC.

Japanese translation rights arranged with
ABC-CLIO, LLC
through Japan UNI Agency, Inc., Tokyo

本書を以下の人に捧げる。

・スザンヌ・ソバーンはどんな本よりも私に愛と健康的な家族生活について教えてくれた（JT）。
・アストリッド・ヴァン・ダム／セクストンは私のパートナーであり，同僚であり，そしてインスピレーションだ（TS）。

目　　次

序　　章　システミックなレンズを通して見る ･･････････････････････ 7
謝　　辞 ･･ 12

第1部　家族心理学：理論・研究・実践

第1章　家族心理学とは？　････15
家族心理学の定義 ･･･ 17
家族心理学の「プラクシス」･･････････････････････････････････ 23
家族心理学者になるためには ･･･････････････････････････････ 25
結論：次のテーマは？ ･･････････････････････････････････････ 31

第2章　家族心理学のシステミックな認識論　････34
革命と進化：個からシステムへ ･･････････････････････････････ 37
システミックな認識論：家族心理学の核心 ･･･････････････････ 40
関係性システムの構造とプロセス ･･･････････････････････････ 42
いかなるシステムも部分の総和以上のものである ･･････････････ 45
コンテキストの重要性：
　　システミックな思考における文化と多様性という場 ･････････ 49
家族心理学の統一的な「糸」･･････････････････････････････････ 56
結論：次のテーマは？ ･･････････････････････････････････････ 59

第3章　システミックなレンズを通して：家族，問題，そして変化　････61
理論の役割 ･･ 62
家族心理学の草分け的理論 ･････････････････････････････････ 63
関係家族システム：家族の関係システムに関するシステミックな視点 ･･ 67
臨床的問題のシステミックな視点 ･･･････････････････････････ 70
結論：次のテーマは？ ･･････････････････････････････････････ 75

4

目　次

第4章　家族心理学の科学的基盤　‥‥76

科学と科学的方法　‥‥‥‥‥‥‥‥‥‥‥‥‥‥‥‥‥‥‥　77

家族心理学の研究領域　‥‥‥‥‥‥‥‥‥‥‥‥‥‥‥‥‥　79

家族心理学の研究タイプ　‥‥‥‥‥‥‥‥‥‥‥‥‥‥‥‥　81

家族心理学研究では，どんな研究が良いのか？　‥‥‥‥‥‥　84

我々がすることに対して我々は何を知ってるのか？　‥‥‥‥　88

認識論的視点についてのサポート　‥‥‥‥‥‥‥‥‥‥‥‥　88

家族心理学の臨床的介入は効くのか？　‥‥‥‥‥‥‥‥‥‥　91

科学者―実践家を基盤にする家族心理学者になる　‥‥‥‥‥　96

研究―実践の弁証法　‥‥‥‥‥‥‥‥‥‥‥‥‥‥‥‥‥‥　98

結論：次のテーマは？　‥‥‥‥‥‥‥‥‥‥‥‥‥‥‥‥‥　101

第2部　家族心理学の臨床実践

第5章　臨床実践の領域をマッピングすること　‥‥105

家族心理学における治療的変化の領域をマッピングすること　‥‥‥‥‥　106

家族心理学における臨床的介入　‥‥‥‥‥‥‥‥‥‥‥‥‥　117

変化のプロセス　‥‥‥‥‥‥‥‥‥‥‥‥‥‥‥‥‥‥‥‥　123

結論：次のテーマは？　‥‥‥‥‥‥‥‥‥‥‥‥‥‥‥‥‥　126

第6章　ケース・プランニングと臨床的アセスメント　‥‥128

臨床的アセスメントと臨床的ケース・プランニングの役割　‥‥‥‥‥　130

これが何を意味していて，そして次のテーマは？　‥‥‥‥‥　143

第7章　家族に焦点化した臨床的介入モデル　‥‥144

理論的基盤モデル　‥‥‥‥‥‥‥‥‥‥‥‥‥‥‥‥‥‥‥　146

エビデンスに基づいた臨床的介入モデル　‥‥‥‥‥‥‥‥‥　154

結論：次のテーマは？　‥‥‥‥‥‥‥‥‥‥‥‥‥‥‥‥‥　167

第8章　カップルに焦点化した臨床的介入モデル　‥‥169

理論的基盤モデル　‥‥‥‥‥‥‥‥‥‥‥‥‥‥‥‥‥‥‥　172

エビデンスベースド・アプローチ　‥‥‥‥‥‥‥‥‥‥‥‥　186

考察，コメント，そして次のテーマは？　‥‥‥‥‥‥‥‥‥　194

第3部　家族心理学の専門的コンテキスト

第9章　家族心理学の専門領域　‥‥199

セックス・セラピー ‥‥‥‥‥‥‥‥‥‥‥‥‥‥‥‥‥‥‥‥‥‥ 199

国際家族心理学 ‥‥‥‥‥‥‥‥‥‥‥‥‥‥‥‥‥‥‥‥‥‥‥‥ 203

コラボレイティブ・ヘルスケア ‥‥‥‥‥‥‥‥‥‥‥‥‥‥‥‥ 206

家族司法心理学 ‥‥‥‥‥‥‥‥‥‥‥‥‥‥‥‥‥‥‥‥‥‥‥‥ 211

結論：次のテーマは？ ‥‥‥‥‥‥‥‥‥‥‥‥‥‥‥‥‥‥‥‥ 213

第10章　家族心理学におけるトレーニング，スーパーヴィジョン，倫理 ‥‥214

家族心理学におけるトレーニング ‥‥‥‥‥‥‥‥‥‥‥‥‥‥ 216

家族心理学におけるスーパーヴィジョン ‥‥‥‥‥‥‥‥‥‥ 221

家族心理学における倫理 ‥‥‥‥‥‥‥‥‥‥‥‥‥‥‥‥‥‥ 228

結論と振り返り ‥‥‥‥‥‥‥‥‥‥‥‥‥‥‥‥‥‥‥‥‥‥‥ 235

エピローグ　家族心理学における科学，実践，理論のアート ‥‥‥‥ 237

監訳者あとがき ‥‥‥‥‥‥‥‥‥‥‥‥‥‥‥‥‥‥‥‥‥‥‥‥ 240

文　　献 ‥‥‥‥‥‥‥‥‥‥‥‥‥‥‥‥‥‥‥‥‥‥‥‥‥‥‥ 241

索　　引 ‥‥‥‥‥‥‥‥‥‥‥‥‥‥‥‥‥‥‥‥‥‥‥‥‥‥‥ 262

序　章

システミックなレンズを通して見る

私は昨日に戻ることはできない。なぜなら昨日の私は別の人間だったのだから。
——Carroll, 2009

　1950 年代，システム心理学は，一般システム理論（von Bertalanffy, 1969）を
もとに発展した。それは，何世紀にもわたって西洋思想の大部分を定義していた
プラトンとアリストテレスのパラダイムと直接的に競合した，新しく革新的な認
識論であった。また，システム心理学は，精神分析理論や認知行動理論，そして
人間性心理学に代表されるアリストテレスのパラダイムに基づく医療モデルの支
配に対する反動として発展した。この医療モデルは，個人主義的（精神内の現象
に焦点化する），二元論的（精神と身体の分離），還元主義的（現象を離散的なカ
テゴリーに還元する），客観的（科学的に妥当である客観的なデータのみ許容す
る）といった特徴を持つ。一方で，システミックなモデルは，関係指向的（病理
と健康は関係指向的である），全体的（全体は各部分の総和ではない），生態学的
（生物－心理－社会という構成要素の間には相互関係がある），主観的（個性記述
的方法は法則定立的方法と併せて考えなければならない）といった特徴を持つ。

　今朝，起きた時に私は自分が誰だったか知っていた。しかし，その後に何回も変わ
ってしまったようだ。——Carroll, 2009

　鏡の国での旅は，アリスの全ての視点を大きく変えた。同様に，システミック
な認識論は，私たちの方法論を変え，心理学全般において，人間を「関係性の中
にある人」と見なすようになった。人間をシステム論的に見る視点は，「個人と個
人の心」から「人間の心が触れ合っている空間」に移行する。このような「個人
の心」から，「心の関係性」の中への移行は，心理学の基本的要素を構成するもの

について，特有の視点を提供する。個人の感情や，いわゆる人間の価値によって形成される個人間の相互作用は，個人間の空間内でパターン化される。この新しい認識論は，例えば，私たちに神経細胞やシナプスの発達における愛着関係の影響について新しい示唆をもたらした(Schore, 2012)。この新しい認識論の視点から，関係性そのものが着目され，今や，関係性の特徴は変化にとっての重要なメカニズムとして見なされるようになった。

　この心理学への新たなアプローチの推進者達は，社会学や心理学，人類学，精神医学などさまざまな分野の出身であった。この動きは，主に対人関係への介入に焦点を当てた新たなメンタルヘルス分野である夫婦・家族療法（marriage and family therapy）の発展によって中断された（Shields, Wynne, McDaniel, & Gawinski, 1994）。しかしながら，当初，家族療法の研究の多くは，心理学者によって行われており，最終的に，家庭医学，児童心理学，社会心理学，家族療法，そして家族教育学の領域において，実践と研究を重ねた家族志向の心理学者達がアメリカ心理学会（the American Psychological Association; APA）を通して，心理学の傘下に組織立てることの必要性に気付いた（Thoburn, Jones, Cecchet, Oliver, & Sanchez, 2011; Thomas & McKenzie, 1986）。

　家族心理学者は，1958 年に早くも心理学者と夫婦，家族，セックス・セラピー専用のアカデミーをアメリカ心理学会内に設立することによって，自らを夫婦・家族療法と区別した。1984 年，この組織は APA の新しい部門と合併し，今日ではカップル・家族心理学の学術団体と呼ばれている。

　家族心理学は，発展が期待される領域として早々に設立した。1990 年には，アメリカ専門心理学会（the American Board of Professional Psychology; ABPP）が家族心理学を専門分野として認識し，カップル・家族心理学（couple and family psychology）の学会認定を与え始めた。2002 年，APA は家族心理学を専門分野として認定し，それによって家族心理学は，独自の訓練技能と知識ベース，確かな研究基盤を持つことを定められた 10 の専門分野の一つとして加わった。1980 年代末，家族心理学者は世界各地で家族システム理論に基づく心理学を実践していることを認識し，家族心理学の国際学会を設立した。日本は，家族心理学が専門領域として臨床心理学と共に重要視されている典型的な例の一つである。家族心理学の最古のジャーナル *Journal of Family Psychology* が 1987 年にデビューし，APA の最も有名な学術雑誌の一つとして早期に設立された(Levant, 1997)。家族心理学会は，*Family Psychology: Research & Practice* と *The Journal of Couple and*

Family Psychology という2つの新しいジャーナル,そして会報誌として *The family Psychologist* を有している。

> 「いやいや！最初の冒険は」,グリフォンは（アリスに向かって）性急な口調で言った。「説明するには大変な時間がかかるのだ」——Carroll, 2009

　当初,新しい家族システムの考え方から生まれた治療法は,不思議で,ユニークで,時として過激なように思われた。システミックな思考による発想は,今日では家族心理学の領域を創出するために,成熟し,成長し,発展してきた。本書は,人々の関係と臨床的変化のプロセスの観察や研究を実施する方法,理論的推察におけるシステミックな視点の影響を体系的に見た時に開かれる世界について記述している。

> アリスは言った。「どこへ行けばいいの？」チェシャ猫は言った。「それは自分がどこに行きたいかにかかっているよ」——Carroll, 2009

　本書のような本の多くは,カップル,もしくは家族療法に焦点を当て,多様な理論やアプローチのレビュー,体系の説明,トレーニング,専門職の倫理などについて説明している。一方で,私たちはこれらの全てをカバーしながらも,全体として明確に異なる道筋を選択した。本書は家族心理学の領域において,まさにシステミックな視点を明確化した初めての本である。私たちは理論ではなくむしろ,理論や研究,そして実践から導き出された認識論的基盤の説明と共に始まる。結果として,本書は研究と理論,そして実践の重大なずれを埋めるものであり,それら専門性の3つの「脚」の体系的な視点を提供する数少ないものの一つである。本書は,家族心理学の専門家に必要な技能を記述した先駆者である Stanton & Welsh（2012）の重要な業績に基づいている。加えて,*Wiley-Blackwell Handbook of Family Psychology*（Bray & Stanton, 2009）において示された,画期的な研究を引き継いでいる。この本は,家族心理学における専門性の多様な要素について,包括的にレビューした初めての著書である。

> 私は,奇妙でも変わってもいないし,狂ってもいない。私の中の現実は,君のものとは全く違うのだから。——Carroll, 2009

筆者らは，家族心理学者と治療モデルの開発者，家族やカップルの臨床家，教育者である。したがって，私たちは異なる経路を辿ってきたが，それぞれの旅は，いずれも家族心理学の中核的概念を反映している。すなわち，「同じ結果へ繋がる複数の経路がある」ということである。Thomas Sexton は伝統的な家族療法家である。彼は，自身のキャリアを問題を抱える青年とかかわることや効果的な家族介入の研究に費やし，機能的家族療法（functional family therapy）という，家族心理学において最も重んじられるエビデンスに基づく治療アプローチの一つを作り上げた。John Thoburn は家族心理学者として訓練を受け，30 年以上をカップルや家族の治療に費やし，長年にわたって臨床心理学を専攻する学生に心理学をシステミックに考える方法を教授してきた。異なる経緯を歩みつつ今日，私たちは同じ地点へと辿り着いた……。私たちは生粋の家族心理学者である。したがって，システムの視点以外のいかなるものからも人間の状態を考えることができない。

> もし，自分自身の世界を持っていたとしたら，そこでは全てのものがナンセンスである。そのものであるものは何もない。なぜなら，全てのものが，そのものではないからだ。逆も同様に，それは，それそのものではないし，それでないものが，それそのものであったりする。分かったかな？――Carroll, 2009

専門家としてシステミックな見方を共有することで，私たちは理論や研究，そして実践の複雑さを受け入れた。さらに，他分野の研究者や理論家，臨床家と共に，これらの分野を結合するさまざまな「糸」を苦労して修正し，まとめていった。私たち個々の経験は，研究や科学，そして確かな臨床的知識よりも優れた領域であることを，私たち各々に気付かせた。それは，各部分の単純な総和以上の全体からなるものである。実際，全体は何か他のものというよりも，これらの領域に関連するもので規定されている。研究と理論，そして実践の領域は，生態学や弁証法，機能，システム，発達の概念的な「糸」によって結ばれている。これらの概念的な「糸」は，まるで身体の腱のように，研究と理論，そして実践を家族システムの骨格に固定し，家族心理学のさまざまな領域において，効果的な働きをする方法を理解する足場を提供している。

本書の構成

「すっごい変！」アリスは叫んだ。——Carroll, 2009

　第1部「家族心理学：理論・研究・実践」の第1章では，家族心理学とは何かについて議論する。第2章では，家族心理学の中核となる特有の考え方のよりどころとなるシステミックな認識論の世界を扱う。第3章では，個人やカップル，家族，彼らの抱える問題，変化のプロセスについてのシステム論的な考え方を概観する。第4章では，家族心理学の科学的基盤について議論する。

　第2部「家族心理学の臨床実践」の第5章では，臨床実践領域の位置付けを行う。第6章では，臨床アセスメントと家族心理学の視点からの治療計画を説明し，第7章，第8章では，伝統的，現代的な家族とカップルベースの介入モデルのいくつかを示す。

　第3部「家族心理学の専門的コンテキスト」の第9章では，特定の専門領域での実践に焦点を当て，第10章では，家族心理学におけるトレーニング，倫理，スーパーヴィジョンについて議論する。最後に，エピローグでは，家族心理学の「研究と理論，そして実践」の背景にある原動力について述べている。

「証拠を見せよ」王様は言った。「緊張することはない。さもなければ，お前をこの場で処刑しなければならないのだ」こうして不思議の国の物語ができ上がった。——Carroll, 2009

謝　　辞

　協力していただいた全ての人々に感謝します。また，患者のガイダンスを引き受けていただいた編集者のDebbie Carvalko氏，校正者のSivakumar Vijayaraghavan氏に感謝いたします。そして，本書の編集作業を行っていただいた，Jassa Carlile氏，Noel Clark 氏，Heather Lucas 氏，Fiona Kurtz 氏，Sadie Olson 氏，Ryan Hamman 氏，Jeff Holguin 氏，Chris Keller 氏，Sam Rennebohm 氏，Jyssica Seebeck氏にも，心から感謝いたします。

第 1 部

家族心理学：理論・研究・実践

第 1 章

家族心理学とは？

全ては繋がっている……そのものだけで変化できるものは何一つない。
——Paul Hawken

　家族心理学とは，カップルや家族のような，二人以上の集団を対象にする臨床心理学にすぎない……それは，多くの人が安易に抱いている一般的な理解かもしれない。たしかに，家族心理学が家族やカップルを治療する場合，さまざまな組み合わせでメンバーを扱うことが多い。しかし，クライエントの人数の観点から単純に家族心理学を定義することは，この分野の最も中心的で，ユニークで，特別な側面を見落としてしまうことに繋がる。家族心理学は，広義の心理学の一部として専門化したものであり，ユニークな理解と介入で人間行動を変化させる。その方法は，個々人に注目するよりも，人間間の繋がりに焦点を当てるものである。Sexton（2010）は，人間「間の空間」が，個人やカップルや家族を理解する際に必要不可欠なコンテキストをもたらす，ということを提唱した。このコンテキスチュアリティは，システム心理学の原理に基づいたものであり，システム思考と同義の概念である。

　直線的で個人主義的で徹底して客観性を目指す思考への反動として起こった従来の認識論的革命が，システミックでコンテキスチュアルな家族心理学の礎を築いた。伝統的な心理学的アプローチの特徴は，クライエントの認知や注意や行動を，個人ごとの測定単位に当てはめて分析しながら，その内的メカニズムに最大の焦点を当てることである。一方，システム思考の特徴は，個人間，他者間，環境間の関係性（「間の空間」）に最大の焦点を当て，「部分の総和以上のもの」として全体を捉える多層システム的視点にある。この視点で物事を見ると，個人は必ず関係性（カップル，家族，拡大的家族やコミュニティ）のコンテキストに位置付けられる。システムのコンテキストは，研究と治療に新風を吹き込み，理論モ

15

デルに新しい原理をもたらす非常に重要なアイデアである。

　なぜ，このようなアイデアが革命を起こしたのだろうか？　家族心理学に限らず知識の世界では，ユニークで新しいアイデアが進化を遂げた後に，安定期が訪れる。安定期は，革命と革命の間の小休止の期間である。そして革命もまた，新しい考えを取り入れて再編成されたアイデアであり，発展と洗練を繰り返しながら続いていく進化のステップの一つにすぎない。システム思考は，伝統的なアリストテレス学派やプラトン主義の考えでは説明しきれなかったことを受けて発展した。アリストテレス学派は，直線的で還元主義的であるために，関連システムやその人間行動への影響といった，一連の全体的な結果を十分には説明しきれない。一方で，システム思考は，以下を示すことによって発展した。それは，システムは分析の基本単位であり，個体として存在するわけではないこと，また，連動し合う行動のパターンが，行動のルールと予想が組合わさったもの──ある行動を助長したり制限したりして，個人に大きな影響を与える──を成長させることである。

　家族心理学の初期のパイオニアたちは，システム思考のユニークなアイデアを用いた。彼らは西部のカウボーイのようであり，賢く，特別で，カリスマ的で，それでいて西部劇のように文明化されていない部分も多く持っていた。例えば，Minuchin, Whitaker, Bateson, Haley, Erickson などは，まるでイデオロギーの早撃ち名人のようであった。彼らが打ち放つアイデアは，必ずしも研究で実証されていたわけではなかったが，卓越した構造を持っており，魅力的に熱く語られる事例は，反論しがたいものであった。そうした創始者達の時代のアイデアは，クリエイティブで刺激的である反面，構造化や専門化がされていないために理解や模倣が難しかった。したがって，最も初期のシステム思考のアイデアを，伝達したり改良したり進化させたりすることには困難が伴った。今やこの分野は，専門的成熟をもたらす刺激的で最先端な幼年期の時代として，ポスト革命期の様相を呈している。家族システム思考は家族療法の分野で発展し，家族心理学の特色を進化させた。そして今や理論的知識の基盤として，また，臨床的知恵の宝庫として，さらには，実践や研究やトレーニングを導く科学的基礎として，確固とした立場を築いている。

　あらゆる動的システムがそうであるように，家族心理学は安定性と成熟性を保とうとする静的な力と，進化と変化を起こそうとする動的な力との緊張関係の中にある。目指す状態は明確であるにもかかわらず，実際に適応したり成長したり

第1章　家族心理学とは？

することが難しい，創造性や変化や具体化といったものと格闘している。このような正反対の力の葛藤は，**弁証法**によって表現される。弁証法は，テーゼ（命題）とアンチテーゼ（反対命題）を作り出す，正反対の要素によって構成される。正反対の要素が存在する動的葛藤の中では，テーゼがアンチテーゼによって否認されたり取り込まれたりしながら，これら正反対の要素を結び付けるジンテーゼ（統合命題）が作られる（Pinto, 2001）。このようにして，新たな超越的洞察や思考が形作られるのである。システム思考の弁証法は，革新的で創造的なアプローチをもたらすものであり，その枠組みで固有の葛藤を認識することは，家族心理学を理解するために必要不可欠である。この章では，後に続く章でも土台となる家族心理学の，広大な眺望を示すことを目指す。家族心理学は，単に巧みな臨床的介入や理論だけにはとどまらない包括的な思考方法であり，システマティックな技である。そして，それは本章およびこの本全体が示す究極の目標である。ここからは，家族心理学の専門性の中心的要素を明らかにしていく。同時に，家族心理学の現状を揺るがし，既存のアイデアを再形成させ，絶えず変化をもたらしている葛藤と論争を明らかにする。本章の残りの部分では，まず，家族心理学の専門性の基本的要素に焦点を当てる。心理学の他の専門性のように，家族心理学は，理論，実践，研究の基盤を持っている。これら3つの領域は，椅子の3本の脚のようである。それぞれが，唯一無二の何かをもたらすことによって，必要不可欠な安定性とバランスとを生み出しているのである。

家族心理学の定義

すでに述べたように，家族心理学者は，他の心理学の専門家とは異なる集団を扱うわけではない。家族心理学のクライエントが，全く異質の問題を提示するというわけでもない。家族心理学者が，伝統的アプローチの心理学者と異なるのは，その認識論においてなのである。家族やシステミックな機能と，クライエントの示す問題が交わる範囲において，専門的概念のモデルと介入が力を発揮する。それは，クライエントが家族だろうがカップルだろうが家族メンバーの一人だろうが同じである。そういうわけで，他の専門性を持つ心理学者と同じ集団や問題を扱ったとしても，家族心理学者は，他とは違った視点とアプローチを示すのである。その違いとは，健康や病理学に対する理解の仕方や，臨床治療に与える影響への考え方である。

家族心理学は，その核となる認識論においてユニークである。その認識論は，

17

理論モデルと臨床実践のモデルを生み出すシステムの枠組みである。認識論とは知識の研究であり，とりわけ知識の**性質**と限界を考える学問である。家族心理学の核となる認識論は，生物学と心理学と社会性の相互関係に着目する，システムの視点によって特徴付けられる（Nutt & Stanton, 2008）。

　次のメタファーについて考えてみよう。王様が，6 人の目の見えない賢人に尋ねた。象の体のそれぞれ異なる部分を触らせて，象とはどんなものか答えさせたのである。一人は象の足を触って，「象は柱のようだ」と断言した。もう一人は象のしっぽをつかんで，「象はロープのようだ」と主張した。さらにもう一人は象の胴体を触って，「象は丸太のようだ」と言った。そしてもう一人は象の耳を触って，「象は扇のようだ」と語った。もう一人は象のお腹を触って，「象は壁のようだ」と力強く宣言した。そしてもう一人は象の牙を触って，「象は槍のようだ」と証言した。憤慨した王様は叫んだ。「愚かな賢人達よ。お前達は全員正しくて，全員間違っている。私はお前達に，真実を見極める目のような手を持つことを願う」（ジェイン・ストーリーズから引用，2006 年 8 月 29 日）。

　このメタファーが示すように，システミックな視点は，A か B かの二者択一的アプローチである生物心理社会的な二次元のモデルを超越した物の見方を提案する。システム思考のもとでは，葛藤を和らげ他を受け入れる A も B もという考え方が推奨されるのである。盲人のメタファーから分かるように，システミックな視点に立つのは難しいことである。それは，「手で触っている」ものを超越して見ることが難しいというだけでなく，十分に広い視野を持ちながら，同時に明確なアイデンティティを保持することが困難なのである。

　家族心理学のさまざまな構成要素の間には葛藤が存在する。精神と身体の不協和，精神医学と心理学の二分した価値観，研究と実践の間の溝，昔から存在する遺伝か環境かという議論，治療と世話の間の不一致，人間の持つ力自体に焦点を当てるか資源に焦点を当てるかという病理学の葛藤，心理治療における経過と現状との不安定な関係などである。こうした二項対立の要素間の相互作用が，神経科学や遺伝学，エビデンスに基づく治療における研究の進歩によって注目されている。例えば，今やよく知られていることだが，養育によって遺伝的特徴が影響を受ける（Ridley, 2003）ことや，投薬と会話療法を共に行うことが精神病理学の治療効果を最も高める（Hollon et al., 2014）ことや，治療プロセスで緩和ケアが非常に重要であることや，研究と実践の相互関係が現場の臨床科学モデルに影響を与えることなどがそれにあたる。進化し続けているこうしたアイデアは，人

間行動を観察するレンズがますます洗練されるように，さらなるレベルへ科学的進歩を押し進める革命的思考を追い求めている。

今日の家族心理学

今日の家族心理学は，心理学（認知，発達，病理など）の主要原理に基づいた，唯一無二の，安定して，成熟した，心理学の専門分野の一つである。また，家族心理学は包括的な知識の基盤である。その基盤は，さまざまな関係性におけるカップルや家族や個人の一連の変化と機能を説明する研究と理論を兼ね備えている。また，家族心理学は研究基盤に基づくアプローチと，専門的実践とを両立させたものでもある。さらには，家族心理学の発展と訓練を導く専門的組織のネットワークと，家族心理学としてのアイデンティティを併せ持つ他に類を見ない専門職でもある。

今日，家族心理学者は特有のシステミックな視点を持つ**システム心理学者**として，心理学者のどんなルールも取り入れ，どんな働きも果たす。例えば，家族心理学はアセスメントを重視するが，生理学やパーソナリティのような人間内の要因や，重要な人間関係によって形作られる人間間の要因や，人間の周辺に存在するコンテキスト要因などの評価を行う。診断は，人間内の要因と人間間の関係性の相互作用や影響に注目することで形作られる。家族心理学の研究では，質的分析に適した疑問を深く掘り下げると共に，量的調査を通して広い範囲の要因についても調べる。家族心理学は，個人やカップルや家族の症状を治療するために，生態学的なエビデンスに基づくアプローチを活用する。それは，個人的，関係的，環境的変数同士の相互作用を理解することを通して行われる。システム指向は，組織やビジネスにおけるコンサルテーションやプログラムの評価として，ビッグファイブ性格特性のみを重要視するような伝統的な単一指向に対して，対照的な特徴を見せる。家族心理学者は，ダイナミックな三次元的視点を持つシステム心理学の見方を提唱しながら，臨床，カウンセリング，学校，医療などの場面で，他の専門家に対して指導を行う。全体指向的性質を含んだシステム指向の上に立つことで，ヘルスケアの従事者は，特に治療チームの中で活躍できるようになり，チームメンバーに対して特有の同僚意識を持つことができる。

家族心理学者は，特有のシステム指向のアプローチを活用し，広範囲な状況で多様なクライエントに対して実践を行う（Weeks & Nixon, 1991）。以下は，家族心理学者の活動の例である。

- いじめ，薬物乱用，職業問題，先生と生徒の葛藤，勉強にかかわる心理的問題，人間関係にかかわる心理的問題などを訴える，学校およびその構成要員である家族と協力して働く（Carlson, Kubiszyn, & Guli, 2004; Fine, 2005; Gorman-Smith et al., 2007）。
- ヘルスケアシステムの中で治療チームの中心として働き，深刻で慢性的な病気の治療とコンサルテーションを行う。患者，患者の家族システム，患者のヘルスケアチームに対する介入なども行う（McDaniel, Campbell, Hepworth, & Lorenz, 2005; Weston, 2005）。
- 家族支援の施設や機関で働き，家族システムや家族力動に対して，診断，検査，治療，コンサルテーションを行う。
- 犯罪関連施設で，犯罪者やその家族や裁判所に，彼らの権限の範囲内で心理学的助言を行う。家族システムの視点を，調停施設で調停中の夫婦力動に応用したりもする。
- 大学のカウンセリングセンターで働き，学生の大学生活の調整に関わる介入を行ったり，家族を調整することで，その若者の成長に影響を及ぼしたりする。
- 児童相談所で働き，子どもの家族システムや力動——学校での態度といった子どもの問題を引き起こし，維持し，原因の一つとなる——に対する介入を，スクールカウンセリングサービスと協議する。また，個人やグループを対象とする民間の施設で，家族システムや力動——家族全体や家族メンバー個人についての問題を引き起こし，維持し，原因の一つとなる——に影響を与える治療を行う。
- レイプカウンセリングや，配偶者暴力のプログラムなどを行うコミュニティ環境で働く。そして，家庭内暴力を抱える家族システムと力動および家族の機能と秩序に影響を与える介入を行う。

　また，家族心理学は医療分野でも重要な役割を果たす。例えば，家族心理学者は産婦人科や不妊治療のクリニックで，家族システムやカップルの力動が不妊問題に与える影響についてのコンサルテーションを行う（Mikesell & Stohner, 2005）。また，学際的なヘルスケアチームで，家族システムが個人の精神医学的問題に与える影響に関して，精神医学を媒介とした介入を行う。（例：父親の多発性硬化症と神経障害の家族力動への影響）。また，内科で働き，慢性疾患や機能回復の試みが家族システムの安定性に与える影響についてのコンサルテーションを，リハビリテーション医学や神経学の専門家に対して行う（例：父親の多発性硬化症と神経障害の，家族力動への影響およびそれに続く影響）。

第 1 章　家族心理学とは？

　家族心理学者は広範囲のクライエント集団を扱うが，その集団が訴えるさまざまな臨床的問題は以下のようなものである。

・人間関係の問題を抱えている（または個人の問題が人間関係の機能に影響を与えている）が，関係者が来談できなかったり（例：両親が遠方に住んでいる学生），パートナーが治療に参加することを拒んでいたりする個人。世代間で代々受け継がれる人間関係の問題を経験している個人。
・日常的機能，薬物乱用，メンタルヘルス，若者の行動の問題などに悩むカップルや家族。家族心理学者は，「治療経験のない，ごく普通のカップルを……機能不全のカップルとして扱うことで……高めたり改善したりする」（Weeks & Nixon, 1991, p.13）ことができる（あるいはカップルの日常問題の調整を手助けする）。
・家族心理学者は，あらゆる社会経済的な背景の個人やカップルはもちろん，さまざまなライフステージに立つ伝統的なカップルに加え，非伝統的なカップルも扱う（例：交際，婚前，婚姻，ゲイ，レズビアン，別居，離婚，異人種婚，異民族婚，異宗教婚）。
・家族心理学者は，機能やコミュニケーションの問題を支援するコミュニティや組織のような，より大きなシステムで働く（例：家族経営ビジネス，スクールコンサルテーション，人事部門でのコンサルテーション，教会コンサルテーション）。

家族心理学か家族療法か？

　家族心理学と家族療法は，その名称がほとんど同義で用いられ一般的に混同されやすい。しかし，双方の領域には研究と実践においてかなりの相違があり，興味の焦点も異なっている。家族心理学も家族療法もシステムの枠組みを重要視するが，家族療法は認識論よりも対象者の数を強調する傾向がある。例えば，夫婦・家族療法はカップルや家族を扱うが，家族心理学はシステムの枠組みの中で，家族のどんな集団ひいては個人をも扱う。両者は，人間関係のプロセスや生物学的プロセスについては共通理解を持つ。しかし，家族療法は人間関係や周辺的コンテキストのレベルで介入を行うことに，興味やヴィジョンや熱意を持っている。一方，家族心理学は人間関係やコンテキストだけでなく，人間の内的なものにも焦点を当てる（Shields, Wynne, McDaniel, & Gawinski, 1994; Thoburn, Cecchet, Oliver, Jones, & Sanchez, 2011）。

　家族心理学と家族療法の強調点の違いは，他の相違点も浮かび上がらせる。家族療法は臨床治療をする際，概念的思考と家族システムに焦点を当ててきた伝統

21

がある。一方で家族心理学は心理学の一般的傾向と足並みをそろえ，家族治療の一環として基礎的および応用的研究や診断テストを行ってきた（Kaslow, 1987; Thoburn et al., 2011）。家族療法は大抵の場合，診断を避ける。それは，診断が家族力動に注意を向けるというよりは，個人に対してIP（患者と見なされた人）やスケープゴートの役割を強めてしまうものと見なしているからである。構造的家族療法，戦略的家族療法，ナラティブ・セラピーなどの家族療法に基づくほとんどの理論では，実証的論文を重視しない一方で，臨床的検証は数多く行ってきた。反面，家族心理学はさまざまな生態学的レベルで，研究での評価と臨床場面での評価を組み合わせたものを活用する。それは，効果的な治療計画を立てる上で核となる，個人，カップル，家族に対する診断を的確に行うためである。情報が豊かで正確な診断は，個人に焦点を当てるか関係に焦点を当てるかにかかわらず，治療計画の完成度を上げるために必要不可欠である。そうした理由から家族心理学は，エビデンスに基づく治療のための研究を数多く行い，その重要性を主張している。研究は実践を完成させる必須条件であり，研究と実践双方が情報交換しながら，お互いを検証し合うものと考えるのである。

　家族心理学は，心理学領域の生物心理学的視点を持った生態学的アプローチを推し進めながら，夫婦・家族療法に比べて広い使命感を持っていると自らを位置付ける。それゆえに，人間行動に影響を与える社会的要因と同じくらい，パーソナリティ発達の問題や，行動の生物学的基礎について興味を持っている。また，システムに基づいた心理学の専門分野であり，アセスメント，診断，治療，博士号レベルの研究を行う（Sexton & Stanton, 2015）。家族心理学は，生物心理社会的な指向を持ち，個人，カップル，家族に対する，エビデンスに基づくさまざまな理論的様式から生まれた存在なのである（Sexton & Stanton, 2015; Stanton, 2009）。

　家族心理学者は，心理学のユニークな考えを用いて家族に心理的治療を行うというよりは，以下のことに焦点を当てる。1つ目は，個人的機能に影響を与える関係的変数やコンテキスト的な変数について，2つ目は，個人的，内的，環境的要因と人間の発達がお互いにどのように影響し合うかについてである。家族心理学は，コンテキストと発達的視点を重視する，システム論の原理と応用の上に基礎を築いている。それは，個人，カップル，家族，グループ，組織，より大きな社会システムにおける，感情的，認知的，行動的要因を含んだ，心理学的健康や病理学の問題の理解と治療のためである（Stanton, 2009）。

第1章　家族心理学とは？

家族心理学の「プラクシス」

　プラクシス（Praxis）とは，「理論の実践的応用」であり，「アートや科学や技術の訓練や演習」（dictionary.reference.com, 2015）である。家族心理学者にとっての実践的応用とは，研究活動，臨床実習への従事，指導，トレーニング，スーパーヴァイズなどであり，理論の確立やプログラムの作成にかかわる働きである。

　他の専門性の例にもれず，昨今の家族心理学はいくつかの要素が組み合わさって成り立っている。それは，勉強熱心な実務家の臨床的知恵（実践），システムと臨床的介入の理解を目指す研究（研究），クライエントと問題と変化のプロセスを理解するための概念的土台となる理論的基礎（理論）である。これらの領域が重なり合うところに，「家族心理学のプラクシス」が存在する。

・**研究**とは，システマティックな専門的知識の獲得である。科学的発見の中心的方法と，科学である家族心理学の実証における中心的方法は，どちらも法則定立的な幅広い視点をもたらすものである。それは，どんな方法でどのように，人間内，人間間で変数が働き変化するのかに注目する視点である。研究は，複製可能で，客観的で信頼性のあるものであり，通常は査読や外部評価を行った上で，ジャーナルを通じて情報として伝えられる。また，人間の在り方やかかわり方ついて，ある部分を掘り下げて特定の意味を表すものである。

・**理論**とは，ある現象を説明する系統的な構成概念の集合である。理論は，注目すべきでない特徴を後ろに追いやって検討事項から外すことで，特定の要素を前面に押し出す役割を果たす。理論は，ある現象を説明する概念的見解（例：関係性についての理論）でありながら，臨床実践のためのアプローチ（例：構造的家族療法）でもありうる。

・**実践**とは，家族療法の知識の応用である。心理学の多くの専門性と同じように，アセスメントと診断に基づく仮説を検証することによって，家族心理学の実践と治療は行われる。私たちは実践を，家族心理学の臨床的応用についての，蓄積された知恵（知識，理解，経験）と定義する。この知識の基盤は，トレーニングとスーパーヴィジョンを通じて継承されるのが普通である。

　研究，理論，実践の3つの領域は，重要ではあるものの，家族心理学の全てではない。それぞれの領域には中心的原理が存在し，ある現象に対して非常に特徴のある優れた見方をさせる。研究者は，人々の間でなぜどのように物事が起きる

23

のかについて，複製可能な傾向を特定しようとして，そのグループのレベルを観察する。

　研究と理論と実践は，家族心理学の臨床的な中心的アイデアを取り入れ，内的構造のしっかりした論理的説明を打ち立てようとする。臨床家は，ユニークで独特な視点で個々のシステムの性質に着目し，さらに，非常に特殊な見方で考察を行う。そして，エビデンスに基づく研究を，エビデンスに基づく実践へと応用する。それは，クライエントのシステムの発展的な生涯において，特定のクライエントの特定の時間に，何が有効に働くかということを考える作業である。

　研究，理論，実践の3領域で蓄積された知恵は，以下のことを導く。家族心理学が臨床的問題とどのように向き合うか，研究計画をどのように考案するか，プログラムをどのように評価するか，個人やカップルや家族をどのように扱うかなどがそれである。家族心理学の実践は，専門性の中心にあるレンズのようなものである。そのレンズは，システマティックで包括的なものであり，系統的な原理と系統的な過去の実践情報によって，心理学者がどのように考え働くかについての体系化を助ける。優れた家族心理学の実践では，証明された最良の理論が用いられる。その理論は，セラピストとクライエントにとって重要な振る舞いをセラピストにさせたり，両者の関係性のコンテキストに影響を与えたりする。このように，家族心理学は総合的な道具を持っていて，その道具は臨床家がシステミックに考え，関係的／コンテキスト的に働き，始めから終わりまで自らの仕事の評

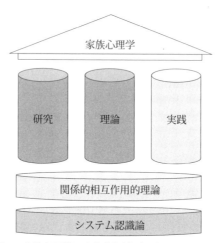

図1-1 家族心理学の中心的領域（研究，理論，実践）

価をすることを助ける。

家族心理学者になるためには

　家族心理学者になるためには，大学卒業レベルか大学院レベルのトレーニング
を受ける必要がある。大学卒業レベルでは，家族心理学は通常，臨床心理学，カ
ウンセリング，学校心理学などの，主専攻に付随した副専攻科目である。また，
大学院では研究機関，医療機関，退役軍人の管理局，地域の精神健康施設などで
トレーニングを行う。総合的トレーニングは，家族心理学を訓練するための実地
の研修や実習の経験を通して，臨床場面で適切な実践を行う技術を高めたり，基
礎研究の知識習得を行ったりするものである。家族心理学者にとって最も重要な
のは，中核的能力——自らの専門的アイデンティティに繋がる，機能的で基礎的
な技術と能力——である。中核的能力は，態度，技術，知識と定義されることも
多い（Sexton, Kinser, & Hanes, 2008; Stanton, 2012）。

　態度とは，研究者が自分の課題に向かう際の一般的前提や，実践家が被験者や
クライエントに向かう際の振る舞いに表れるものである。ここに，研究や実践を
成功させるための5つの主要な態度を示す。（1）研究と実践双方への意図的な目
的を持ったアプローチ，（2）物事の何がどのように働くのかということに対する
本質的な好奇心，（3）新しい説明や理論に対して開かれた心，（4）実践／研究
的知識が絶えず進化していく性質と，特有の曖昧さを受け入れること，（5）そ
の地域の臨床科学者としての考え方を洗練させること（Sexton, Kinser, & Hanes,
2009; Sexton & Stanton, 2015; Stanton & Sexton, 2015）。

　1. **決断における目的と意図**。家族心理学者が，研究的，臨床的，理論的決断
をする際，最も有効な情報に基づく意図的な目的を持ったアプローチをすること
は非常に重要である。システマティックで目的を持った心理学者は，現代の科学
的知識を矛盾なく的確に，もっといえば習慣的に，取り出して応用しながら臨床
実践を行う。また，目的指向で意図的な実践家は，自分の働きの結果を知ること
を熱望し，同僚や利害関係者や一般人に自分の働きを精査してもらうことに積極
的であるので，結果としてその地域に根ざした臨床科学者（Stricker & Trierweiler,
1995）となる。

　目的指向でシステマティックな実践家は，システマティックで意図的な振る舞
いで臨床活動を行うと同時に，クライエント中心的かつ臨床応答的な伝統的姿勢
も保ち続ける。臨床実践において目的指向であるということは，習慣的に前提に

疑問を抱き，潜在的仮説を発展させ，必要不可欠な情報にアクセスすることを促す。システミックな心理学者は，以下のような臨床的疑問を抱く。（１）主訴は何か？（２）どんな特有の理論や視点が関係しているか？（３）主訴に関して実証研究が示していることは何か？（４）最も信頼性が高くて根拠がしっかりした，有効な情報は何か？　心理学者がシステマティックに振る舞うためには，表面的な答えを出す誘惑を避け，偏見や先入観にとらわれないようにしなければならない。そして，その問題を理論や研究でどのように説明すべきか熟考しなければならない。つまり，臨床家は今適応されている科学的知識——クライエント特有の変数，コンテキスト，目の前の状況を考察したもの——と臨床経験に基づいた自らの臨床的決断方法について，論理的に考察するのである。

　２．システマティックな，開かれた，複雑な，好奇心の強い，客観的な態度。家族心理学者は，システマティックな観察と質問と実験を通して，知識を獲得していく。客観的研究によって理論的仮説が導き出され，その仮説はさらなる観察と実験に繋がっていくのである。重要なのは，無効な結論に迷い込む可能性のある全ての要素を，観察したり質問したりしながら制御することである。それによって導き出される結論は，必ずしも実践家／研究者の考えを支持するものではないため，予想外の結論でも柔軟に受け入れる開かれた態度を持つことは重要である。つまり，たとえ実践家／研究者の中心的考えに反する結論であったとしても，開かれた方法で考察し，システマティックに思慮深く疑問を探求することによって，最も正確な科学的知識や最も役立つ実践情報が引き出されるのである。このように，研究と実践の間で意思疎通を行うためには，理解に対する好奇心を土台とした疑問への探究心，批判的思考，オープンマインドな懐疑的見方が必要である。また，そうして作られた主張と推測と理論は，実験的に証明されなければならない。そして，その際の科学的根拠を有効と認める前に，客観的で博識な研究者によって評価されなければならない。

　システマティックに疑問を探求する態度は，研究，実践，理論における中心的部分の一つである。研究領域においてシステマティックであるということは，心理学者が信頼できる有効な結果を引き出すための，科学的探求方法に従うということである。実践においてシステマティックであるということは，心理学者が総合的アセスメントをもとに意図的な介入を目指すと同時に，思慮深くて計画的な振る舞いでクライエントに接する課題に取り組むということである。システマティックな態度は，優秀な実践家と研究者が共有する態度の一つである。両者は，

それぞれの課題（クライエントの変化の起こし方や，臨床的現象の研究の仕方）についての仮説を発展させなければいけないし，臨床的／研究的働きのプロセスを明らかにしながら，絶えず仮説に疑問を抱いて再評価しなければならないのである。

　ここで描写されている開かれた態度とは，個人的，文化的，理論的考察のことである。心理学者が文化や理論にさまざまな方向性を持っていることによって，観察が方向付けられ，何をどの程度発見するかを左右する先入観が作られる。また，エビデンスを実践の中に取り込むことを可能にする特異性をもたらす。研究者と実践家は，文化，地位，性別に対して，自らの文化の社会文化的，歴史的，哲学的，宗教的，性別，地位の経験によって形作られた，固有の視点と信念を持っている。これは，クライエント，クライエントの変化，望ましい結果の定義に関しても，特定の考えを持っているということである。このような信念は本質的には問題ではないのだが，臨床的／研究的な疑問の探求の際の見方，考え方や説明の仕方に制限を加えてしまう。開かれた性質がなければ，研究者の思い込みや実践家の先入観が，研究／実践に悪影響を与えてしまうのである。したがって，家族心理学者は常識や個人的経験を疑うと同時に，開かれた心を持つべきである。研究者は，客観的で先入観にとらわれない研究を行うために，個人的な信念や考え方を脇に置く努力をしなければならない。それに加えて，仕事に影響しそうな潜在的先入観について，開かれた心でできるだけ率直に認識しておくべきである。この際，自分自身の先入観について，内省的に理解して明確に表現することが必須である。自分自身の先入観を制御して明確に表現することは，研究と実践どちらのコンテキストにおいても，より客観的で開かれた探求への登竜門となる。

　3．曖昧さを受け入れる能力。曖昧さは，心理学的実践や研究の本質的特徴の一つである（Sexton & Stanton, 2015; Stanton & Welsh, 2012）。臨床実践の仕事は複雑で，科学的知識は順を追って一歩一歩発展していくものである。科学を臨床実践に応用できる程度は，疑問の内容や興味の範囲によって違い，限界がある。現在の専門的知識は不完全であり，新しいデータが発見される度，理論が承認される度，原理が覆される度に変化していく。知識の基盤はどんなものでも本質的に絶えず動いており，長い時間をかけて変化していくものである。しかも，科学が実践の複雑性を未だに解明できていない部分，そしてこれから先も決して解明できないかもしれない部分は多く存在する。実践の道を示すはっきりしたエビデンスが存在する分野もあれば，一般的な臨床的必要性に合致する治療モデル

が存在しない分野もある。そんな中で，より的確な臨床的決断をしていくためには，システミックな疑問探求によって得られた情報を更新して成長し続けていくこと，長期的な学習者であることが必要なのである。

家族心理学の実践で何が効果的かを知ることは，たとえ最適な環境下で考えたとしても，複雑で難しいということを理解しておくことは大切である。家族心理学者が最適な治療を決断するためには，経験的エビデンスを吟味し，そのエビデンスの範囲，有用性，臨床的重要性についても検討する必要がある。残念なことに，心理学特有の曖昧さと，臨床実践のガイドラインを作って適用する際の困難さを克服できる，明確で特別な何かは存在しない。つまり，実践での決断に役立つ議論の余地のない明確な知恵を示すガイドラインは，未だに存在していないのである。そして，明確なポリシーを掲げ，サービスを提供し，全ての需要を網羅する臨床的ガイドラインを示すような，利用しやすいシステムも存在しない。結局のところ，システマティックな実践のガイドラインをもってしても，何が効果的かを理解するのは難しく複雑で，時には形のないもののように見える。

こうした事実は，臨床実践のガイドラインの価値を損なうというよりはむしろ，臨床実践の複雑でダイナミックな性質を指し示している。しかし，重要なのは科学的知識の基盤特有の曖昧さが時には受け入れがたいものであり，その科学的プロセスが多くの人にとって時には信念に反するものであるということである。「科学が真実を探求することは，とうてい不可能である」，「一つの研究がこのことを示しても，別の研究が違うことを述べる」などは，よく聞く言葉である。この曖昧さを受け入れる態度を持つことによって，実践家と研究者は現時点での科学的知識の限界を受け止めることができるようになる。それと同時に，さらに多くの研究，革新的調査，実践の進歩，継続的な知識の発展によって，研究知識の基盤に空いた多くの穴が，最終的には埋められるであろうということも理解するのである。研究に基づいて実践的課題に取り組む際には，ある種の科学的謙遜と曖昧さを受け入れる態度が必要になる。その曖昧さとは，優れた実践の希望に満ちたありのままの姿の一つでもあり，私たちを常に未来へと方向付ける家族心理学の専門性の素晴らしい一側面でもある。

曖昧さを受け入れることは，専門性における弁証法的な葛藤をうまく処理できるということを意味する。弁証法的アプローチの上に立つ研究者と実践家は，研究／科学的活動と実践的活動が別個のものとして両立するかどうかではなく，目下の特定の問題をお互いにどう共有して補い合えるかが課題であることを，本質

的に理解する。このアプローチはまた，研究者と実践家の間に起こりやすい二者択一争いの前に，有能な家族心理学者が立ちはだかることを意味する。二者択一争いの代わりに，現存の，関係ある，利用できる科学的知識の中から，何をどのように，最も実用的で有効な方法によって適用できるのかをよく見極めるのが家族心理学者の視点である。研究 vs 実践，実践における特定のモデル vs 一般的要因，エビデンスに基づく実践 vs 実践に基づくエビデンス，などの伝統的議論が見失いやすいのは，心理学における科学と実践の目的は同じだということである。その目的とは，特定の臨床的問題を持つクライエントシステムに対して，最大の成功確率で，最良の治療を提供するということである。このことを考慮に入れると，科学と実践は一枚のコインの表と裏である。それぞれの面は，同じ究極の目的に向かいながら，違った様相を見せる。また，クライエントシステムを助けるために必要不可欠な情報として，異なるタイプのものを提示する。弁証法を採用するということは，クライエントを助けて実践を成長させるために，知識と技術のハーモニーを生み出すことを目指し，科学と実践の葛藤を解消していくということである（Alexander, Robbins, & Sexton, 2000）。

　4．その地域の科学者のように考える。Stricker & Trierweiler（1995）は，臨床家が実践に研究を取り入れることを促すアプローチについて，「その地域の科学者」という言葉で表現した。このモデルで実践家は，サービスの提供の概略，介入の種類，結果，プロセス測定などの調査を行うために，自らの事例を用いる。これは，特定の環境における特定の実践家が，その地域でのエビデンスを集めて長い間蓄積するものである。その地域の臨床科学者は，実践を行いながらシステマティックに情報を集める。例えば，実践家は，精神の健康状態，行動障害，健康的な態度／行動／やり取りのレベルを，事前（治療前）と事後（治療後）で調査することが習慣化しているかもしれない。実践に取り入れやすい情報について測る優れた評価尺度もたくさん存在する。また，クライエントへ提供されるサービスの回数，種類，クライエントの反応を記録することで，後で情報として見返すこともできる。さらに，治療同盟のようなプロセスの評価尺度などは，治療プロセス全体を通して測定に用いることができる。実践的な例として，Lambert & colleagues（1996）はセラピーにおけるクライエントシステムを測定し，セラピストに現在進行中のプロセスに関する情報と結果を提供することを目指して，単純で，信頼性があり，コストの低い道具を使用している。もう一つの例としては，Lambert & Kordy（2004）が，クライエントの評価を簡単に記録してそれを追跡

でき，たくさんの重要な治療的指標を治療者に示すような，ユニークなコンピュータシステムを開発した。こうした流行によって，臨床家は結果を明示できるようになり，より多くの説明責任を負い，治療に熱心に科学を取り入れるようになる。これは，科学者的実践家の真の模範的姿である。

レンズ，地図，アート

さて，臨床家，研究者，スーパーヴァイザー，教師は，実践におけるさまざまな構成要素とのバランスをどのようにとっているのだろうか？　研究，実践，理論，それぞれの領域の複雑さとどのように格闘しているのだろうか？　それと同時に臨床家としての適切な決断を，どのように下しているのだろうか？　すでに見てきたように，人体における肺のような役割を果たす，レンズ，地図，アートは，家族心理学の専門性について考える際の手段である。これは，情報を体系化するための，実用主義的で機能的な役に立つ考え方である。読者の理解を助けるために，この肺のようなものを続く章を通して用いるとしよう。

専門性のレンズは，視界の鮮明さを高めるための特有の方法で，世界に焦点を当てる眼鏡の部品のようなものである。ただし，レンズを通してどのように見るかは，その人が何を見ているか，そのレンズがどのように研磨されカットされているか，という二つの要因によって決定される。どんな専門性のレンズも，その仕様と原理と認識論的視点の理解によって研磨される。つまり，専門性のレンズを通して，像そのものに焦点を当てるのと同じくらい，研磨の作業についても焦点を当てるのである。家族心理学では，特定の理論とそれに基づくモデルを用いた，システミックな考えという仕様の中でレンズが研磨される。家族心理学の専門性は少し変わったレンズをたくさん持っていて，それはスーパーヴィジョンやトレーニングを通じて伝えられる臨床的知恵の伝承，研究，理論のいずれかを強調し際立たせる。その他のレンズとしては，伝統的な理論，統合されたモデル，エビデンスに基づく治療プログラムなどがあり，それを通して，クライエント，問題，変化のメカニズムを眺めることができる。もとが何であれ，このようなさまざまなレンズは，個人，カップル，クライエント家族のシステムの固有の要素に，結果として鋭い焦点を当てる。

地図は，旅行者が見ている眺めを超えた道順や方向性を示すために，周辺領域を描写することで助言や指示を与えるものである。また，地図は地平線の向こうに何があるのか，今後予定されている主要なイベントや，一見に値する重要なア

トラクションは何かを描写する。さらには，未知の領域の効率的で信頼できる進み方をも示す。専門的分野には，研究活動，理論の発展，臨床実践を導く数多くの地図が存在する。研究分野では，家族心理学のシステムの原理に対応した科学的手法が，システマティックな疑問探求のプロセスを導く。理論分野では，理論を基にした実践が，理論を基にしない折衷主義の実践よりも有効であるとされる。したがって，臨床家にとっての理論モデルの進化とは，まさに地平線の向こうに何があるかを知るようなものである（Duncan, Hubble, & Miller, 2010）。臨床実践の分野では，さまざまな実践的モデルが，クライエントやクライエントのシステムをうまく変化させるように，生態学的な臨床の歩みを進めている。

　創造性とアートは，家族心理学のそれぞれの主要領域（研究，理論，実践）の中心的部分である。例えば，個人，カップル，家族の効果的な治療で起こる力強い出来事を観察したり経験したりすると，それはほとんど魔法のように見える。セラピストは，一体どのようにしてあの質問を思いついたのか？　あの人物に焦点を当てるべきと，どのようにして分かったのか？　このような治療的振る舞いを，どのように身につけたのか？　多くの理由で，有能な家族心理学者は音楽家に例えられる。音楽作品は，音楽理論と記号によって結ばれている。ただし，ある音符の強調や抑揚といった音楽家の解釈に関しては，三次元的経験を作り出す，ある程度の創造性が必要とされる。最良で創造性の高い家族心理学者は，情報の組み立て方，クライエントへの介入の仕方，現象の探求方法において，優れた個性際立つ方法で，楽譜を演奏できるような人物である。つまり，成功事例とは，クライエントとセラピストに治療的／治癒的経験をさせるような，科学的概念と実践の間の，創造的で芸術的な楽譜の解釈のようなものなのである。

結論：次のテーマは？

　Magnavita（2012）は，システム理論は心理学全体を横断する臨床治療において，種々雑多で時には全く異なるアプローチを統合する，一つの傘の役割を担うと提唱した。システム理論は認識論的モデルとして，実践にも研究にも焦点を当てるよう導く。その過程で，多様なクライエントや複雑な研究課題を扱う時に通る困難なプロセスに適用しやすい原理と，包括的な考え方を指し示す。システム理論は，行動が関係的コンテキストにどのように当てはまるか考察する方法である。また，セラピストとクライエントの両者が解決を望む問題が，個人内，個人間，コンテキストで同時進行的に，どのように維持されているのかを理解する方

法である。システム理論はプロセスに基づいているので，その思考はメタである。それは，行動，認知，感情，歴史，生物学，人間関係が相互に作用する，一体化した広い方法を考察するために，理論的構造や慣れ親しんだ物の見方を超越する思考である。現在の認識論的アプローチには，個々の理論を超えて統合に向かう潜在力を持ち，家族療法やカップル・セラピーだけでなく，一般的な心理療法も統合しようとする方法がいくつか存在する。しかしそのどんな方法よりも，必要不可欠で重要な構成要素を持ち合わせているのがシステム思考なのである。

しかし，家族心理学の性質はある種のジレンマを持つ。以下の感情や課題の多くと格闘するのが通常である。

- 「知らないこと」への恐れ
- 曖昧さへの恐れ
- 役立たないことへの恐れ
- 無能であることへの恐れ
- 自分への不信感
- 研究と実践のコンテキストに当てはめるという課題
- 科学とアートの対立を調和させるという課題

私たちは，構造と創造性，研究と実践，科学とアート，内容とプロセスとの間における弁証法の挑戦を，受け入れることを提案する。こうした要素間の対立は，遠く離れたものではなく身近で起きていることである。ヘーゲル哲学の弁証法は，その核心において，アリストテレスの哲学的であり定言的であるので，ジンテーゼ（統合命題）を作ることを通じて葛藤を解決しようと試みる。一方，陰と陽によって表現されるアジア的な弁証法のアプローチにとっては，その重要な目標は単なる対立の解決だけではなく，完全に異なる要素間の調和を達成することである。

臨床実践においてこれらの意味することは，研究，理論，実践は，密接に繋がっており，専門的知識を実践に取り込むためにシステマティックなアプローチを用いるということである。全ての心理療法がそうであるように，家族心理学の実践は目の前で起こる関係的でパーソナルなものである。そして，原理，実践，クライエントに求められる臨床的手続きの翻訳家のような役目を果たすのが，家族心理学のセラピストである。治療室で変革を起こす介入は創造的なもので，セラ

ピストが自分の知識を全て用いて，クライエントのためにあつらえるものである。セラピストは，クライエントの人生やシステムに変化が助長される方法で，思考（レンズ）と専門的手続き（地図）を翻訳しながらその作業を行う。この種の柔軟性を持つことで，いかなる文化，多様なクライエント集団，特殊な実践環境においても，他の心理学的手法とは異なる方法で，家族心理学を再現することができるのである。

　次のステップでは，この基本について明らかにする。第2章では，家族心理学に特殊性を与える思考の中心部分である，認識論的基礎について説明する。第3章では，家族心理学の理論的基礎の中心的要素について議論する。家族心理学の専門性に関する理論は，第2章で述べる認識論を土台として，臨床実践への具体的応用として表現される。第4章では，家族心理学の研究の基礎に焦点を当てる。家族心理学も含んだ心理学の全領域において，実践と研究との間に長年存在する隔たりについて論じることは，非常に意義深い。そして第2部では，システミックな原理が臨床実践をどのように導くのかに焦点を当てる。その中の第5章では，システミックな原理を用いて，臨床的変化の領域を地図に表す。第6章では，ケース・プランニングとアセスメントという中心的課題について，第7章（家族中心の介入）と第8章（カップルに基づく介入）のための土台として論じる。最後に第3部では，特定の専門的実践（第9章）について説明し，第10章では家族心理学におけるトレーニング，スーパーヴィジョン，倫理について論じる。

第 2 章

家族心理学のシステミックな認識論

どの世代も新たな革命を必要としている。

——Thomas Jefferson

　私たちは皆，それぞれ私的な信念体系（人生において世界や日常生活を解釈する手段）を有している。この信念体系，あるいは認識論は，私たちの日常に秩序や予測可能性を与え得る内在化された知覚習慣であり，また周囲の世界を理解する安定した手段を提供するものである。認識論は私たちが自覚できない意識の外にあるが，この知覚習慣は生まれ育った文化や原家族や学校，その他の重要な環境の中で学習されたものであり，日常生活のさまざまな場面でひょっこりと姿を現すものである。個々人の認識論（前提）は，私たちが患者やクライエントのシステムについて考えたり，働きかけたりする際に大きな役割を果たすものであるが，これと同様に，各々の専門領域にもまた固有の認識論がある。伝統的な心理学は，経験主義，直線性，因果性，客観性といった認識論に基づき，体系的な調査や組織化された発見に焦点を当てる実証主義的な立場を主に強調する（Damasio, 2005）。一方で，家族心理学はこれらとは異なる認識論をとっている。

　家族心理学は，個人からカップル，家族，拡大家族，コミュニティ，文化に至るまで多次元の入れ子構造を有するシステムをありのまま認識し記述することから始まった。これら各々のシステムは，境界を持つ構造を有するものと見なされ，異なる役割と機能を果たすサブシステムの階層を介して互いに結び付いた存在と定義される。安定や変化，成長や発展を促進するプロセスは，特定のシステムの要素と要素の間にこそ存在する。私たちは関係性に焦点を当てているため，私たちが最も関心を寄せるシステムは，コミュニケーションにより作動する関係性のパターン上に構築されたシステムである。家族で繰り返されるパターンや家族役割，および家族ルールは，相称性や相補性の双方からなる関係の中で安定性を維

持する。したがって，家族心理学は，個人内と個人間，さらには人々の生活のコンテキスト的要素との間の相互作用に焦点を当てる独自の認識論的な視座を有しているのである。

　システミックな考え方は，カップルや家族に関する心理学において中核的な認識論となっており，この認識論こそがカップルや家族の心理学の専門性を他とは異なる独自のものにしている。家族心理学が産声を上げた当初，黎明期のシステム理論は人間の行動の理解，とりわけカップルや家族の力動に対する心理学的理解に関して，社会的コンテキストや関係的相互作用といった点を強調する認識論の革命であった（Goldenberg & Goldenberg, 2013）。システム理論は，精神内界の分析から，関係性システムやそれらが有する行動への影響へと焦点を移行させた立役者となった。システミックな認識論に関する重要な点は，この認識論がさまざまな概念モデルや介入プログラム，コア・コンピテンシーを導く専門性に対して，枠組みや青写真を提供するということである。システミックな認識論により，私たちは個人の心理構造の内面を調べることに加え，個々の行動をより網羅的に理解する際に中心的な役割を果たす個人と個人の間の空間，すなわち相互作用を探求するようになった。より大きなレンズで人間をコンテキストによって捉える視点は，有効なシステム論に基づく心理学（システムズ・ベースド心理学）の礎を築いた。

　一例として，うつ病の問題を取り上げてみる。伝統的な心理学の研究は，うつ病とは利用可能な個々の資源を上回る環境ストレス要因と相互作用する生物学的素因の結果であると指摘する（Barnett & Gotlib, 1988）。うつ病に関する研究は，（1）潜在的素因（Belsky & Beaver, 2011; Belsky & Pluess, 2009; Monroe & Simons, 1991），（2）パーソナリティ要因（Abramson et al., 1978; Kendler et al., 1993），（3）ネガティブ・スキーマ（Beck, Rush, Shaw, & Emery, 1987）といった点に焦点を当てている。

　個人主義的な治療アプローチは，個々人の認知や感情，行動に対して直接介入することによる変化に焦点を当てている。システミックな認識論に通じた家族心理学的アプローチでは，うつ病を個人主義的な治療アプローチとは異なる見方を取る。家族心理学の研究は，関係の不和とうつ病の重症度や経過との間に有意性があることを示している(Rehman, Gollan, & Mortimer, 2008; Whisman, Johnson, Be, & Li, 2012, p.185)。家族心理学的な治療アプローチは，パーソナリティ，ネガティブ・スキーマ，反芻といったうつ病の個人内の側面のみならず，関係の属

性や，関係に対する要求／関係からの撤退，受容や関わりにまつわる問題，関係の快適さや安全感に関する問題といった，うつ病の対人的側面をも射程に入れる（Christensen, 1987; Cunha et al., 2012; Epstein & Baucom, 2002; Jacobson & Christensen, 1996）。システミックな視点はまた，文化がうつ病の発症因子や進行に対してどのように影響するかといった環境の影響をも考慮に入れている（Gotlib & Hammen, 2014）。世界保健機構（WHO）は，「心身症，精神障害，不安や神経症，売春，犯罪，政治腐敗，エイズを含むさまざまな性にまつわる疾病の発生率と蔓延率が上昇している」とし，西欧諸国における社会関係崩壊症候群を指摘している（Lambo, 2000, p.114）。たとえ伝統的な心理学が，うつ病の個人内の変数，個人間の変数，およびコンテキスト的な変数を考慮する場合でも，通常は生物−心理−社会の観点からそのようにするのであり，あくまで個人主義的な治療のためにそれぞれを別個のカテゴリーとして，さまざまな要因を形式的に扱うのみである。一方，システム心理学は，個人内，個人間，そして環境をそれぞれ相互に影響を与え合う一組の要素として見なす考え方を取る。こうした考え方は，結果として家族心理学者をホリスティックなアプローチによる治療へと向かわせることになるのである。

　本章では，家族心理学のシステミックな認識論の中心となる原則について述べる。併せて，個人，カップル，家族，そして彼らが苦慮している問題や治療的変化を理解する上で，こうした視点が有する意義について述べる。これらの原則を理解することは，家族心理学者の日々の活動を構成する研究や理論，および心理臨床実践を包括的に理解する上で最も重要である。あらゆる専門分野には，中核となる領域（研究，実践，理論）があるが，家族心理学の最も際立った特徴は，他の専門分野とは全く異なるやり方でこうした領域を統合し，結び合わせる独自の認識論なのである。

　こうした原則も踏まえつつ家族心理学に関する議論を整理することは，クライエント（または変化を願う人々，それは学生かもしれないし，スーパーヴァイジーや組織かもしれない）や彼らが抱えるさまざまな問題，さらにはこれらの相互作用に関するコンテキストを理解するための柔軟で機能的な方法を提供することに繋がる。また，こうした相互作用を踏まえつつコンテキストに関する議論を整理することは，変化を導くプロセスの本質ともいえるクライエントとの面接技法を整理すると共に，そうした技法に関して示唆を与えるものである。システムパラダイムは，個人，カップルおよび家族がどのように機能し，また変化するかに

ついて，複雑であるものの簡潔で，信頼するに足る，臨床上有用な記述を提供する。

　システム論の実践への適用は別にして，システム理論の理解には困難さを伴う。なぜなら，システム論は西洋人にとってはまるっきり馴染みのない考え方であるからである。しかし，システムの原則が，研究，理論構築，治療に適用された時，個人，カップル，家族の行動に関する三次元の立体的な視座が立ち現れることになる。ひとたび心理学を関係性の有機的な科学と見なし始めると，もはや個人主義的で静的なパラダイムに戻ることは非常に難しい。

革命と進化：個からシステムへ

　私たちが経験を重ね，成長し，変化するにつれて，理論や概念，さらには私たちが最も大切にしている信念さえも，発展，変化しうるということは忘れられがちである。概念の進化とは，まさしく古代都市のようなものであり，新しい構造物は古い構造物の最上部に建てられ，古い構造物は新しい構造物の基礎としての役目を果たす。西洋文明は，観測と推論によって知ることを基盤とするプラトンやアリストテレスの哲学の到来と共に，ギリシャの都市国家に蔓延していた偏狭な迷信を覆した。プラトンが，物事を理解するためには，物事の属性に関してできる限り多くの情報を集める必要があると述べた一方で，アリストテレスは，物事を知ることとは共通の核心に到達するために個々の独自性を剥ぎ取り，本質を徹底的に掘り下げることであると主張した。これらの西洋哲学は，科学的手法や経験主義的アプローチを生み出すこととなり，客観的な観察や直線的推論，分類，因果関係への信頼，および理論的構築，分析，コード化を目的としたデータ整理や具象化に基づく理解をもたらした。

　中世において，万物は神の御心により創造されたとするユダヤ・キリスト神学は，西洋の思考形式以前へのある種の後退の象徴であったが，同時にプラトンやアリストテレスの理念は弁解として用いられ，ルネサンスや啓蒙思想における合理主義のステージを打ち立てることとなった。中世は神学的な確実性に固執することを通じて思考の安定的秩序を維持した一方で，啓蒙思想は物理法則の不変性に確実性を見出す新たなパラダイムを生み出した。心理学の輪郭は，アリストテレスやプラトンの認識論とニュートンの物理学やダーウィンの進化論とが融合した啓蒙主義の和解によって形作られた。スピノザによるアリストテレス認識論の心理学版である心身並行説は，あらゆる物理的事象は，精神的事象と並行するが

影響は与えない（逆もまた同様である）とする思想であり，生理心理学の前身となった。

　現代心理学は，人間の精神は信仰や教義ではなく，客観的な観察によって到達できる生物学的適応の炉の中で鍛錬された，物理法則に基づく基本的事実に沿ったものであるという信念から立ち現れたものである。Wundt は，構造に基づく構成心理学を発展させるために，この哲学的アプローチを採用した。アメリカでは，James によるプラトン的アプローチが，因果関係や環境の観察に焦点を当てることを通じて全体を理解することに重点を置く機能主義心理学に繋がった。その間に，精神分析は実験的に基づいた行動心理学や認知心理学とはほぼ別の科学と捉えられており，精神分析学自体は人間性心理学によって，人間性の一部分のみを理解するものと見なされた。

　Freud の心理学は個人主義にルーツを持ち，また個人主義に根ざしていたが，Freud の後に続いた人々は健常な発達や適応不全を説明するため，個人間の力動にますます引き寄せられていった。Adler は，単にセクシュアリティを中心に組織化されたものではないより全体的な自我に基づく心理学を必要とし（彼は自らの心理学を個人心理学，あるいは全体論的心理学と呼んだ），心理モデルに人間とは人生に意味を与えるという主観性を導入した。Harry Stack Sullivan の対人関係論は，内在化された幻想に重きを置かず，むしろ主要な対人関係を通じた人間の発達を強調する Adler や Karen Horney の心理学の影響を強く受けた。実際，対象関係論学派は欲動や人格構造ではなく，社会や文化が有する力と関連付けてパーソナリティ発達や精神病理を理解しようとしたが，最終的に精神病理学は破壊された関係性の結末であるという Fairbairn のラディカルな主張に至ることとなった（Greenberg & Mitchell, 1983）。

　対人関係論によれば，パーソナリティは現実のあるいは人格化された他者との関係性のコンテキストの中に立ち現れ，またそうしたコンテキストにおいて最もよく理解されるという（Carson, 1969; Sullivan, 1954）。対人関係論の主要な力動の原理は，行動は他者との関係性を通じて引き出された自己定義の目標を規定し，また他者の反応は自己の視点を強化する傾向があるということである（Carson, 1991; Leary, 1957）。Sullivan や Leary の対人関係モデルや対象関係学派は，Erickson の発達モデルと Bowlby の愛着理論と結び付きながら，心理学の中に力動的な対人アプローチを作り上げていった。こうした対人関係への着目は20世紀半ばには主に精神分析的アプローチから発展し，Bion とのちの Rogers の

研究を通じて対人関係アプローチへと姿を変えた集団心理学の展開によって，ますます確実なものとなった。集団療法の相互作用に関する原則は，家族療法の発展に意義深い影響を与えることとなったのである。

　家族療法のムーブメントは，行動の始動や維持に関与する個人内要因以上のものが存在するという観察から生じたものである。Freud は，幼少期の家族との経験が神経症の発症の基礎を形作ることを見出した。Alfred Adler は，彼自身が行っていた治療はセラピストに子どもと両親の面接を別々に行うものではあったものの，家族の治療を推奨した。Carl Oberndorf は 1931 年，アメリカ精神医学会にて夫婦・家族療法に関する論文を初めて発表し，Nathan Ackerman は，1954 年に毎回家族全員が来談した最初の家族治療事例を報告した。共に医学博士である Nathan Ackerman と Murray Bowen は，カンザス州トピカにあるメンニンガー・クリニックにて家族を診察し始めた。Lyman Wynne は，Talcott Parsons の影響を強く受け，Don Jackson と Gregory Bateson は，黎明期のこうした動きに計り知れない影響を与えた。初期のこうした動きでは，概して統合失調症の研究（当時の連邦政府の助成金でまかなわれた）が行われていた。David Levy（1943）は，ある種の傾向を有する母親による子の発病に対する影響（すなわち，母親の過保護，甘やかし，支配的な態度が児童の問題行動にどのように影響するのか）を研究し，Frieda Fromm-Reichmann は，冷淡な攻撃性や支配性といった傾向を有し，拒絶的な態度を取る母親を表現するために「統合失調症を作る母親」という用語を生み出した。

　家族システムに注目する動きは，相互作用的かつ自己制御的で，生きたシステムの開放性を提唱した von Bertalanffy による一般システム理論（GST: General Systems Theory）の研究に起源を持つ（von Bertalanffy, 1969）。そのムーブメントは，焦点があまりに個人主義的に偏りすぎたと考えられた心理学への反動として出てきたものであり，社会学，心理学，人類学，哲学，精神医学などの多様な学問分野における賛同者達を得ることとなった。こうした動きは，夫婦・家族療法など，主に対人関係の介入に焦点を当てた新たな精神保健分野の展開期に全盛を極めた（Sexton & Lebow, 2015; Shields, Wynne, McDaniel, & Gawinski, 1994）。

　現在も進行する家族システム認識論の進化は，家族心理学者達の研究によっても促進された（Sexton & Datchi, 2014）。実際には，最初の家族に関する臨床研究は心理学者によって行われた（Kaslow, 1987）。これらの領域のエビデンスに基づいた研究や実践が積み上げられていくにつれて，こうした心理学者たちの研究に

も関心が集まっていった。例えば，機能的家族療法（Alexander & Parson, 1973; Alexander et al., 2000; Sexton, 2006; 2011, in press），マルチシステミック家族療法（Schoenwald, Henggeler, & Rowland, in press），感情焦点化療法（Greenberg & Johnson, 1988），精神力動的家族療法，（Wanlass, & Scarff, in press），Bowen の家族システム療法（Nichols, 2003; Skowron, 2015），認知行動的カップル・セラピー（Christensen, Jacobson, & Babcock, 1995; Epstein, Dattilio, Baucom, in press; Gottman, 1999; Jacobson & Margolin, 1979），および医学的家族療法（Ruddy & McDaniel, in press）は皆，心理学的研究から派生したものであり，数多くの研究によりその効果が裏付けられているものである(Sexton, Alexander, & Mease, 2003; Sexton, Datachi-Phillips, Evans, LaFollette, J., & Wright, 2012; Sexton & LaFollette, in press)。

システミックな認識論：家族心理学の核心

　システミックな認識論は，1940年代後半から1950年代初頭にかけて徐々に発展を見せた独特な思考モデルを指す。von Bertalanffy は，システムを「自身と環境との間で相互に関係している要素の集合」と定義し，「動的システム理論はシステムの変化に関連する」ことを，サイバネティクス，安定理論，制御理論を交えながら指摘した（von Bertalanffy, 1972, p.417）。システム理論は単一の理論的アプローチではなく，むしろエンジニアリング，物理的システムや生物学的システム，そしてより大きな社会システムに幅広く適用することができる包括的な認識論であることを心に留め置くことは重要なことである（Sexton & Stanton, 2015; Stanton & Welsh, 2012）。最も広い意味では，システムは，「要素同士が共に関係性を伴いながら，互いに作用し関係し合う要素の複雑な集合であり，境界が生成されることによりその存在やプロセスが識別可能となるもの」と定義される（Laszlo & Krippner, 1998）。家族システム理論は，しばしばカップル・セラピーや家族療法の同義語として見なされがちであるが，家族システム理論は，理論の適用対象によって定義されるよりもむしろ，物事をシステムとして捉える認識論的アプローチとして定義されるのが最良の定義となる。Sexton & Stanton（2015）によれば，システミックな思考は以下のことを示唆している。

・ 行動は，個人と各々が遭遇する状況との間における相互作用の連続的なプロセス（フィードバック）によって決定される。

第2章　家族心理学のシステミックな認識論

- この相互作用プロセスにおいて，個人は自らの意思で活動する行為者である。
- 認知的な要因は相互作用において重要である。
- 個人にとってその状況を心理的にどのように意味付けるかは，行動にとって非常に重要な決定因である。

　システム理論では，個人の特性を，個人システム，認知システム，および関係性システムの複雑な動的相互作用の結果として捉える。そして，これらのシステムの中で，個々人は現在機能しているカップル，家族，コミュニティとの関係やコンテキストを説明する信念や物語を生み出すこととなる。極々単純なレベルでは，Bowers（1973）が行動は人（または特性）と状況（または環境）の双方から影響を受けると示唆している。したがって，行動は世界に対するその人の見方や解釈，期待，選択や決断，そして自らが他者の行動を自己との関係においてどのように捉えているか等によって影響されることとなる。

　システム理論は，従来のパターンに固執し変化を遠ざける凝集性（エントロピー）に向かわせる力と，従来のパターンの変化に繋がるパターンを壊す力とを説明する方法を先導した（Sexton & Stanton, 2015）。人間関係は，人間のコミュニケーションのアナログ的な要素とデジタル的な要素を含む情報によって駆動するするサイバネティックの一単位と見なされ，各々の部分は互いに影響し合うシステムと相互作用する。システミックな臨床的介入では，行動を理解する方法として，個人内の心的構造に着目する代わりに個人間の空間とその空間に存在する相互作用に注目する。

　システム思考の原則は，（内容というよりはむしろ）関係的でシステミックなプロセスに焦点を当てるため，世界中の多様な文化において国境を越えて適用されている（Lebow & Sexton, 2015）。今日，システム理論は包括的かつ体系的で，エビデンスに基づいた臨床的介入モデルであり，関係性や個人にまつわる多種多様な臨床的な問題に対して適用される治療アプローチとなっている（Sexton et al., 2013）。こうしたより現代的なシステミックな臨床モデルが，さまざまな文化や国々の多様なクライエントに十分に適用されうることは経験的に支持されている。

　家族システム理論のいくつかの理論によれば，自己もまた行動やパーソナリティに影響を与えるさまざまな内的システムによって構成されているという（Schwartz, 2013）。したがって，個人のパーソナリティは関係性のパターンや他

41

者と共有された信念システム，およびその他のコンテキスト的要因等，その個人の内外にある諸要因の属性と否応なく結び付いている。私たちを行動に駆り立てる動機付けや個人のパーソナリティは，私たちの周囲に存在する関係性のコンテキストと私たちの内側に存在する内的システムとによって形作られ，維持され，駆動されている。システミックな視点からすれば，パーソナリティや行動を発達，成熟させたり，停滞させたりする状況を最もうまく説明するのは，人間の多重システムの内部にある関係の構造やプロセスなのである。

関係性システムの構造とプロセス

　家族心理学者にとって最も重要なシステムは，関係性システムである。関係性システムは，構造とプロセスから成る。そしてこれら関係性システムの構造とプロセスは，共にシステムのメンバーが誰であるかを定義する。またこれら構造とプロセスは，システムの目的を定め，システムの凝集性を維持すると共に，しかし同時にシステムを周囲のコンテキストに応じて変化，適応させ，調整するためにどのように機能するかを説明する。家族心理学そのものと同様，家族心理学を構成する関係性システムは，多くの弁証法的な緊張を孕んでいる。すなわち，「"安定性"対"変化"」，「凝集性の中にある適応性」，「"個別性"と"他者とのパターン化された類似性"」である。こうした緊張の中には，関係性システムの構造とプロセスを構成する中心的な2つの次元がある。構造は，入れ子状の環境の生態学（例えば，文化，コミュニティ，拡大家族，家族）によって表され，それらはまるで人形を開けるとさらに小さな人形が現れるロシア人形に似ている。

　　Bronfenbrenner（1979）は，人間の生命が生じるさまざまなレベルのさまざまなタイプのシステミックなコンテキストを同定するために，マイクロシステム（発達の直接影響を与える身近な環境），メゾシステム（各マイクロシステム間の相互関係），マクロシステム（より高レベルのシステム），エクソシステム（発達に影響を及ぼす個体の直接経験を超えた状況：親の職場環境，きょうだいの学校等），およびクロノシステム（時間軸を超えて，人間や環境，身近なプロセスが相互に関係しながら進化する性質）といった概念を提唱した。

　　　　　　　　　　　　　　　　　（Bronfenbrenner, 1979; Stanton, 2009, p.10）

　彼は，人間とその環境との間に進化する相互作用があることを示唆しており，

人間の発達を「人間が自らの環境を知覚し，また環境に働きかける方法の永続的な変化」(Bronfenbrenner, 1979, p.3)，あるいは他の言葉では「自らの特性に気付き，その特性を持続し，変化させるために個人が増大させていく能力」(p.9)と定義した。

プロセスとは，関連する諸システムの機能が配列をなして構造化されたメカニズムまたは経路である。一般システム理論は，一見無関係に見えるさまざまな現象の背後にある単一のシステムを理解するための初期の枠組みを提供した。一般システム理論は，どのようにして，全体が部分の総和以上のものとなっているのかといった疑問に取り組んだのである。一般システム理論には，以下のようないくつかの基本的な仮説がある。

・（システムを）構成する要素は，互いに相互作用している。
・システムの諸要素がどのように機能しているかは，システム全体がどのように機能しているかによって最もよく説明される。
・システムを理解するには，（社会，家族，個人，組織，細胞，原子などの）何層にもわたるシステミックな相互作用の検討が必要である。

一般システム理論は，複雑な現象の理解が，もっぱらその現象を構成する要素の性質を理解することで果たされ得ると仮定する還元主義に対する反動として提案された。von Bertalanffy は，一般システム理論の中で，システムは人間の身体のように環境と相互作用し，またそうした中で，システム自身は構成要素の相互作用を通じて質的に新しい特性を獲得すると主張した。システムは，システム自身の目標を達成すべく情報とエネルギーを取り込む。システムは自らを調整し，この調整プロセスを作動させるためにフィードバックを活用する。システムは，システムの要素，プロセス，コンテキストから構成される。システムを規定するのは，関係性に関する組織の変数とパターンである。したがって，システムとは，システムの目的の達成に必要な機能を実行するために，特定の環境の中で相互に連携しながら作動する互いに関連し合う部分の集合である。

Norbert Wiener（1948）は，複雑なシステムにおける自己制御フィードバックプロセスを指す用語としてギリシャ語（「操舵手」または「舵」を意味する kubernetes）由来の「サイバネティクス」という言葉を生み出した。サイバネティクスは，物体や物質，内部の要素ではなく，組織，パターン，プロセスに着目す

るという点で唯一無二のものである。サイバネティクスは，複雑なシステムを理解し制御するため，無生物である機械を生命ある生物と比較しながら研究する中で培われたフィードバック機構や，情報処理プロセス，およびコミュニケーションのパターンに関する知識と関係していた。サイバネティクスの観点から見たシステムの最も重要な注目すべき側面は，システムの要素ではなく，その要素が組織，パターン，プロセスに対してどのように機能するかである。永続的に作動することが可能なシステムの特徴の一つは，過去のパフォーマンスに関するフィードバックを活用し将来のパフォーマンスに影響を与える能力である。サイバネティクスによれば，システムは，情報，関係，フィードバックメカニズム，情報処理，コミュニケーションのパターンによって制御されているという。ファースト・オーダー・サイバネティクスのものの見方においては，システムは観察され，操作されうる受身的な現象であるとされるが，セカンド・オーダー・サイバネティクスのものの見方においては，社会的システムは意思を持ち，自らの意向に従って観察者と相互作用できるものと見なされている。観測されているかどうかに基づいて粒子から光線に変化するように見える光の例は，その好例である（Rovelli, 1996）。

　解釈学，意味論，物語論は，言語を社会プロセスを創り出すものとして見なすことで，システムの意味にさらなる次元を加える（Anderson, 2009, p.302）。先人から受け継いだ知識や物事の理解に関する思想は放棄されることはないものの，むしろ，知識を創造する際に用いられる言葉の使用は，生命ある有機的活動（すなわち，自分自身または他者との対話）であり，変化せずにはいられないのである（Anderson, 2009, p.303）。

　ポストモダニズムの主な焦点は，言説や言語の役割と関係がある。Wittgenstein（1965）は，言語の意義は事物に対する名称としてではなく，むしろ社会的実践の機能にあると提唱した。また，Foucault（1979）は，文化的に埋め込まれた言語が有する力について探求した。例えば，コミュニティのある言語がコミュニティのメンバー以外の誰かにとって正しいこととして具現化していくことに対する注意喚起を促したり妨げたりする力や，彼らが排除しようとするものと関連するローカルな言語の限界に対して着目させたりさせなかったりする力についてである。こうした指摘が意味するものは，カップル，家族，または個人と面接したり，彼らを対象とした研究を行ったりする際に，私たちが捉える出来事の意味は，物語の一部をなすコンテキスト，制約，および価値に依存しているということに留

意する必要があるということである。こうして言語は，人々によってこの世界が理解され，構築される際の手段として理解されるようになった。その結果，物語はその人自身の信念を反映した現実の記述であり，私たちが知りうるものというのは，あくまで他の人々や事象に関する私たち自身の解釈なのである。記述は，記述された物事に関しての記述であると同時に，記述者についての記述でもあるのである。こうした理解は，研究と臨床実践の双方において重要な意味を持つ。心理療法は，より協働的なアプローチとなり，セラピストは，「人々に寄り添い，考え方を共有し，共に語り，行動し，応答する」ようになり，また「より参加型で，相互的なものとなる一方，支援者－被支援者といった序列的かつ二元論的ではない」方法が採用されるようになったのである。(Anderson, 2009, p.304)。

いかなるシステムも部分の総和以上のものである

サイバネティクスのシステムや多世代システム，あるいは意味に基づくシステムのいずれを考えてみても，全体がその部分の総和以上のものであるという際立った特徴を有している。カップル，家族，組織，職業，文化を理解しようとする際に，家族心理学者が研究対象とするシステムは皆，以下のような特徴を持つ(Sexton & Stanton, 2015; Stanton & Welsh, 2012)。

・ **安定性－変化**。システムには，同一のままでとどまろうとする傾向と変化しようとする傾向という普遍的な2つの緊張がある。システムの安定性や一貫性を維持するプロセスは，ホメオスタシスもしくは形態維持（モルフォスタシス）と呼ばれ，一方，システムの適応，順応，変化を助長するプロセスは，形態形成（モルフォジェネシス）とされる。家族にとって，安定性と一貫性を有することは重要なことである。この安定性と一貫性は，家族に共通の意味や集団としてのアイデンティティを与えるものである。家族システムにおける安定性は，比較的安定したルールや，役割，ルーチン，儀式，およびメカニズムからなる再帰的な行動のパターンに由来する。同時に，家族がライフサイクルのプロセスで進化し，家族の健全な発達や適応，存続のために必要な変化に対する要求を満たす能力を有することは不可欠なことである。そうした形態形成の能力を欠く家族は，役割の硬さや不適応のため，臨床サービスの注目を集めることとなる。私たちは，家族関係パターンが，安定性や，ある条件下においては変化をもたらす形態形成を規定する手段に特に注目している。

・ **円環的因果律－直線的因果律**。システムの認識論において事象を最もうまく表現す

る説明様式は，単純な因果関係の説明ではなくプロセスの記述である。家族におけるプロセスとは，家族の中核をなす関係パターンを指している。単純な因果関係パターンでは「A→B」と示されることとなるが，システム論の観点からは，線形（または直線的）因果関係を含む家族の記述や説明は不十分で不正確なものと見なされる。他方，家族の相互作用において繰り返される再帰的パターンは，「A→B→C→A」といった形式のものであり，家族の相互作用を記述または説明する際に用いられるのはこの円環的因果律の考え方である。家族のあるメンバーや他のメンバーの中には原因も結果も存在しない。むしろ円環的因果律の考え方は，家族療法における対話から個人の責任という概念を取り払い，家族の相互作用の水準に原因を見出そうとする。

- 普遍性－変化。Bateson は，家族がバランスや一貫性を保持するために自己制御フィードバックメカニズムを発達させることを概念化した（Goldenberg & Goldenberg, 2013, p.21）。全てのメッセージは，機械においてはデジタルとアナログのコミュニケーション，人間においては言語と非言語コミュニケーションを含む報告と命令の機能を有する（Ruesch & Bateson, 1951; Watzlawick, Beavin-Bavelas & Jackson, 1967）。したがって，メッセージ内の実際の言葉（例えば，夕食の時間である［It's time for dinner］）は，言語的な報告であると同時に，デジタル・メッセージである。しかし，それぞれのメッセージはまた，通常非言語的かつ感情的なレベルで伝達される話者間の関係に関するメタ・コミュニケーションも必ず伴う（例えば，「夕食の時間よ！［"It's time for dinner !"］」）。

ダブルバインド理論において，Bateson 達の研究グループは，統合失調症的な行動は，ダブルバインドと呼ばれる固有の硬直した反復的なパターンによって特徴付けられる家族に生じると提唱した（Bateson, Jackson, Haley, & Weakland, 1956）。そうした家族に見られるダブルバインドには次の要件が含まれる：（1）子どもに，主に言語レベルで一次的命令をする両親（例えば，「こちらに来て抱きしめておくれ」）。（2）同時に，両親は一次的命令と矛盾する二次的命令を発する。これは一般的には非言語レベルにて伝達される（例えば，「たとえお前が私を抱きしめたとしても，私はお前を抱きしめるつもりはない」）。（3）子どもがこの矛盾した状況から逃れたり，こうした状況について言及したりすることを禁止する三次的命令が発せられ，これはしばしば非言語的に伝えられる（例えば，「これらの矛盾したメッセージについて言及したり，この関係から逃れようとするなら，お前は罰を受けるだろう」）。

第2章　家族心理学のシステミックな認識論

　子どもたちが家族のダブルバインドのプロセスに繰り返し曝されると，たとえダブルバインドの全ての条件が満たされなくても，両親との相互作用の大部分をダブルバインド的なものとして経験するようになる。この理論は，家族のプロセスと病的な行動との関連性に関する洗練されたかつ一貫した説明を提供するものであり，多重なレベルで同時に生じているものとしてコミュニケーションを考える必要があることを新たに指摘した点で，非常に重要なものである。

・フィードバックによる制御。家族は，逸脱が生じたり安定性が損なわれたりした際に自らを修正する自己制御システムであり，この考え方は初期のシステム思考における最も重要な教義となった。フィードバックは，変換プロセスを監視し，出力が許容基準内にあるかどうかを評価するプロセスである……家族システムにおいて，システムの一部が以前に確立されたパターンから逸脱し始めると，システムの繁栄を担当する責任者はそのフィードバックに注意を向け，介入する必要があるかどうかを判断しようする（Burr, Day, & Bahr, 1993, pp.42-43）。

　システムには2種類のフィードバックがある。負のフィードバックまたは逸脱低減フィードバックは恒常性を維持し，形態安定のために機能する。正のフィードバックまたは逸脱増幅フォードバックは形態形成として働く。逸脱低減フィードバックが機能しない状況下において，あまりに逸脱増幅フィードバックが機能してしまうと，システムに肯定的または否定的な結果をもたらすランナウェイ（暴走）（Nichols, 2013）が生じる。例えば，雪だるま式効果（snowball effect）では，小さな目標の達成がより大きな目標への到達に繋がるかもしれない。

・パターンに基づく関係性。Bateson（1972, 1979）は，人と人との間に存在する関係のパターンを“結び合わせるパターン”と呼んだが，この洞察はBatesonの最も賞賛されるべき洞察である。家族システムやより大きなシステムの要素である誰もが他者と繋がっており，ある一人の行動の変化は必然的に家族の全メンバーに変化をもたらす。すなわち家族の各メンバーの行動は相互に依存している。Bateson（1972）は，社会システム内の個と個のペアや集団と集団からなるペアが，繰り返される相互作用を通じ再帰的な行動パターンを徐々に発達させる分裂生成（スキズモジェネシス）と呼ばれるプロセスを記述した。これらの再帰的な行動パターンの中で，各々のメンバーの役割は極めて明瞭かつ予測可能なものとなる。

47

Bateson は，相称的パターンと相補的パターンと呼ばれる 2 つのタイプの分裂生成を指摘した。相称的行動パターンでは，システムのあるメンバー（または集団）の行動は，他のメンバー（または集団）から類似したタイプの行動を常に引き出し，相称的行動パターンの強度は時間の経過と共にメンバー（または集団）が分離するまでエスカレートしていく。例えば，カップルは結婚生活の不満足感のために互いを責めるという相称的パターンに関与し，最終的に破局するかもしれない。相補的行動パターンでは，システムのあるメンバー（または集団）からのより支配的な行動は，常にもう一方のメンバー（または集団）からより服従的な行動を引き出し，メンバー（または集団）が分離するまで，相補的行動パターンの強度は時間と共に増大していく。

- パターン間の意味。関係のパターンは，たとえ似通っていたとしても，各々の人々に全く異なる意味をもたらす（すなわち人は自らの人生から意味を紡ぎ出す）という見解は構成主義の哲学的伝統から派生したものである。構成主義の考え方には，代表的な 2 つの学派が存在する。一方のラディカル構成主義者の考え方（von Glasersfeld, 1988）は，真の現実は存在するかもしれないが，絶対的な意味で私たちがそれを知ったり，表現したりする方法はないと主張する。他方，社会構成主義者の焦点は，言語が創造され定義された枠組みとなるコンテキストを深く考察することにある。皮膚に囲まれた個人の内側に存在する精神という概念は，普遍的で，森羅万象に力を与える非局所的な精神という概念に置き換えられる。認識することは，別個の存在を持つと考えられる言語システムを通じて体験され，表現される（Gergen, 1985）。社会構成主義はまた，関係性の中で個人や問題が作り出されるコンテキストやプロセスの重要性を強調する（Gergen, 1991）。前提（価値観や価値観に基づくイデオロギー）が描かれることによって事実が脱構築されていくにつれて，専門家達は事実それ自体や自ら構成した現実についてそれほど深刻に受け止めなくなっていく。現実に対する個々人の考え方の違いが重視されるようになるにつれ，治療モデルも，会話の重要性や，問題および提案された解決について共同構築することの意義，そして個人の違いを尊重することの大切さをますます強調したものになっていった（Steinglass, 1991, p.268）。
- 変化の異なるタイプ――第一次変化と第二次変化。システムにはさまざまなタイプの変化がある。第一次変化は，システム内の相互作用を決定するルールは同一のままであるが，ルールが適用される方法には多少の変更がある可能性を示唆している。第一次変化は連続的に生じる場合もあるし，段階的に生じる場合もある。第二

次変化は，システム内の関係を決定するルールが変化した際に生じるものであり，故にシステム自体に不連続で段階的な変化が見られる。

- **等結果性**とは，「同じ結末へ通じる数多くの道」という言葉によって捉えられるシステミックな概念である。これは，物事が予期せぬ形で進んだり，解決したりする可能性があることを意味する。相互作用の焦点は，家族の機能不全の背後にある原因や要因の理解よりもむしろ家族内の健全な機能性の有効活用にある。等結果性は，どのようにして家族やカップルが現在の状態になったのか，何が原因だったのか，ということはとりたてて重要なことではなく，むしろ家族やカップルがどのようにすることで健全に機能し，この先どこに向かっていくのかを理解することこそが非常に重要であることを示唆している。
- **プラグマティズム**。システミックな原理は，内容の正しさよりもむしろ関係性のプロセスに焦点を当てる。したがって，多様な文化やさまざまな臨床的問題における行動や臨床上の変化を説明することが可能である。

コンテキストの重要性：システミックな思考における文化と多様性という場

システム理論に対してなされた初期の批判の一つは，多様性の領域——組織化され，機能的で，恒常性を有する諸システムにおける多様性，差異，独自性に関わる問題——から生じた。実際，システミックな認識論が適応し発展する必要がある領域の一つは，関係性システムにおいて多様性がどのように中核的役割を果たしているかということについての理解に関わる領域である（Patterson & Sexton, 2014）。現にこの分野には2つの論点がある。1つ目の論点は，文化は「社会生活を可能にする共通の意味の集合」であるということである（Fenel & Richardson, 1996, p.610）。個々人が，自らが育ち暮らすコンテキストから世界観や意味，地位や階級に関する感覚を構成していくように，文化も自らのアイデンティティを形作っていく。2つ目の論点は，多様性という考え方が，主要な文化においてさまざまな背景（人種，宗教，民族，性的指向等）を有する人々の独自性を尊重することを強調するものであるということである。

これは，人種的，民族的マイノリティが人口全体の22%を占め，多数派の白色人種の人口に近づいてきている米国においては，特に重要な問題である（米国国勢調査局，2014）。多文化的な理解や実践に関する心理学における伝統的なアプローチは，研究者，理論家，臨床家の意識や態度の特徴に焦点を当てている。こうした中，共通理解が得られている知見は，（1）多文化意識が実践に有意な違い

49

を生み出すこと，（2）個々のセラピストの態度が多文化のクライエントの治療に有意に影響すること，（3）セラピスト／クライエントの民族や文化が同一なものとなるように適合させることがより良い結果のために望ましいものであること，である。しかし，単純化された二元論的カテゴリーモデル（例えば，エティック［外部からの観察や分析を主眼とする方法］－イーミック［内部観点から機能や構造を捉えようとする方法］）に対して多文化的要因がますます複雑性を増大させていることや，セラピーにおける多様性に対するクライエントの態度対セラピストの態度といった相反する二分法の要因が認識されることによって，さらには多様性のカテゴリー数が急増していることによって，こうしたコンセンサスは疑念を抱かれるようになっている。多文化主義についての考え方や研究手法として広く採用されている伝統的な個人主義的，二元論的，還元的，ラディカルな客観主義的認識論は，多様性により機能的な視点を取り入ることを困難にしている。また，こうした認識論は米国人の生活おいて市民権を得て増え続けるサブカルチャーを扱ったり，不均衡が存在する際に要因を中和させたりすることもより困難なものにしている。

　近年，こうした問題を扱う際の主だった手法は，態度やカウンセラーの前提，バイアス，価値観，そしてセラピストのスキル（すなわち，目の前の人種や民族集団のニーズに見合う一連のスキルを持ち合わせているかどうか）に焦点を当てた文化的コンピテンスに対するアプローチである。自分自身についての理解や自らの人種に対する潜在的な態度に関する理解，共感を最大化するための態度の変容，耐性の成熟は，文化的コンピテンスを反映するものである（Constantine, 2001; Constantine & Gushue, 2003）。Sue ら（1992）は，多文化間カウンセリングに求められる 34 のコンピテンシーを一つ言葉で表現するとしたら，それは文化的感受性であると述べている（Sue, Arredondo, & McDavis, 1992; Sue et al., 1998）。スキルや知識に沿った態度や信念とは，「相互に関連した認知的，行動的，感情的な要素によって特徴付けられる他者と自分との間にある類似点や相違点に対する気付きと潜在的な受容」といった普遍的で多様な態度を含むものである（Fuertes, Miville, Mohr, Sedlacek, & Gretchen, 2000, p.158）。そしてこれらは事実上，自己理解や自己評価，他者の多様性の理解，さらにはより大きく多様な社会との繋がりを表している。

　セラピストの態度，信念，価値観の自己探求は多様性に対するコンピテンスを高める訓練に不可欠であるが，こうした複雑な問題をよりシステミックな視点か

第 2 章　家族心理学のシステミックな認識論

ら捉える方法がある（Patterson & Sexton, 2014）。家族心理学は相補的な視点を提供する。その視点とは，多様性とはシステム全体の単なる一側面であるという視点である。伝統的な心理学が，多くの研究テーマの中から単一の研究テーマとして多様性を取り上げ，多様性に対する典型的なアプローチを生み出すのに対し，家族心理学は，個人内要因，個人間要因，そしてコンテキスト的要素を有する多様性にまつわる生態学の統合を促す。人々がどのような役割を果たし，どのように機能しているのかを理解するための共通言語や手段を見出すべく今一歩前に進むために，自分自身や他者の弁証法に目を向け，こうした概念間の不調和に全力で取り組んでいく必要がある。私たちは数十年にもわたって成し遂げられた知見の全てを捨て去りたいとは思わないが，多様性とは単なる特性なのではなく，多様性を研究，理論，実践に結び付ける「糸」なのである。

　家族内に生じる一般的でシステミックなプロセスに焦点を当てつつ，多文化的なプロセスと機能の複雑な記述の枠組みを提供するシステミックな認識論は，人種，文化，性別，民族のアイデンティティに関する重要な研究を推し進める可能性がある。この枠組みは，二分法の見解を調和させたり，異なる文化的観点を均質化しようとしたりするのではない。むしろ，集団や家族の機能と同様，関係性プロセスは，理論，研究，実践の領域を結ぶ生態学，次元性，発達，コンテキスト，弁証法という 5 つの「糸」（第 1 章を参照）*の視点を通じて検討される。これら 5 つの領域はそれぞれ，多文化研究における機能とプロセスを促進するコネクターとして機能すると共に，家族心理学を多文化心理学におけるさまざまな要因を入れ込むダイナミックな容器にしてしまうものである。

　システミックな認識論への移行には，ある種の認識論的な変容を要する（Bateson, 1972）。そしてこの変容は，思想家が人生を捉え解釈する方法を根本的に変える新しい概念構造を採り入れることを含んでいる。新たに現れた多様性を有する集団の共通性や独自性の双方を私たちはどのように捉えているだろうか？私たちは，システム思考を適用することで，集団や家族に共通に見られるプロセスを表現するための言語を獲得する。その言語は，独自の特性や構造を有し分厚

---

* 訳注）5 つの「糸」について，原著では p.51 該当部分について生態学（ecology），次元性（dimensionality），発達（development），コンテキスト（context），弁証法（dialectic）の 5 点を挙げ，p.57 該当部分では生態学（Ecology），力動性（Dynamism），発達（Development），システム（Systems），機能性（Functionality），弁証法（Dialectic）という 6 点について説明している。用語や数に不統一な点が見受けられるが，本書では原著を尊重してそのまま翻訳することとした。

51

い壁で仕切られた各領域を横断するものである。

　システミックなアプローチは，多様性のコンテキスト的な側面を認識するアプローチである。すなわち，個々人が育った場でもあり，彼ら自身もその一部を成す環境を考慮することなしに，個人を理解することはできない。Dent-Read & Zukow-Goldring（1997）は，環境が人を形作ると指摘しており，また最近の神経科学が明らかにしたように，環境は遺伝子の発現を促進したり阻害したりするホックス遺伝子のスイッチのオン，オフを実際に促進する（Ridley, 2003）。多様性は，相互に影響を及ぼし合う入れ子状のネットワークと見なされているエコシステミックな視点から最もよく理解される（Stanton, 2009）。私たちは，システム思考を適用することで，多文化の世界における固有のプロセスに対して，独自の特性や構造を見渡すための言語を獲得する。

　多文化主義はあらゆる人々が各々の民族性を有しているという基本的な信念に従うため，誰もが異文化的な遭遇を経験する（Peterson, 1994）。システム思考を採用することの他に類を見ない利点の一つは，システム思考がプロセス（システムがどのように機能するか）に重点を置き，類型の境界を越えるために，集団の特性に対して注目する伝統的な思考法に比べ，研究や理論展開，介入をより効果的でよりクライエント中心のものへと適合させられることにある。プロセスは，多様な集団を一つに束ねる意義の文化を創り上げるべく，家族の中核的な力動を予測する関係性のパターンを検討する。個人間や集団間の空間を理解するための鍵となるのは，集団や家族が果たす機能に関する共通のプロセスを記述することである。それは集団や家族がいかに機能しているかであり，最も重要で，家族や集団の平衡状態を保つものである。集団や家族の価値や固有の属性は，集団間や家族間の共通のプロセスに組み込まれ，それぞれの要素は共に治療への適合を検討する際の指標となる。家族形態の結果として生じる関係性のパターンは，何世代にもわたる全家族メンバーの心理社会的な中核となる雰囲気や基盤を形成するため重要である。私たちが提案する新たな問題解決法は，多様な家族文化の広範な領域と，メカニズム，手法，それらを結ぶプロセスの性質のシステミックな記述とを関連付けるものである。

　システミックなプロセス指向の視点を取ることは，共通言語を持つ家族の構造とプロセスに焦点を合わせる際の**機能的**なアプローチに繋がる。Alexander & Sexton（2003）は，個人の行動（特に，非行少年の行動）を家族関係のコンテキストにおいて理解する「機能的」モデルを提唱した。この考え方の基本は，家

族は皆各々のやり方で機能しており，そのやり方こそが最も重要であり，その家族の基盤をなす平衡状態（恒常性：Watzlawick et al., 1974 を参照）を維持するものであるということである。私たちは，伝統的な診断の観点（例えば，良い対悪い）ではなく，記述的または機能的な観点を提案する。家族プロセスというシステムの概念化は，治療効果の認められる治療プログラムと支援しようとしている多様な家族とを適合させるために必要となる土台を提供する。例えば，私たちは葛藤的な家族によく見られる関係性と相互作用のパターンを理解し始めており（Sexton et al., 2012），こうした理解は個々人の幸福感や関係性の健全さを向上させるものである。

　多文化主義に対してカテゴリー化によって理解を試みるアプローチは，両脇に溝が掘られた狭い道を，いずれか一方の溝に落ちる可能性を孕みながら歩んでいる。片側の溝は，2 つのカテゴリーで理解を試みる「二元論の溝」である。エティックとイーミック，文化変容と文化化，支配と非支配，ジェンダーなどの対概念を通じて現象を捉えるのは厄介である。したがって，現在では，これらはより複雑で，連続的で，流動的な変数であると見なされているが，それでもなお問題は残っている。連続的あるいは流動的な多様性の変数を概念化することは，性的志向性の例を見れば分かる通り，カテゴリーがいたずらに増加するリスクに繋がる。これにとって代わる概念化は，二元論的概念とその弁証法的性質との間の動的な緊張を事実として認めることである。弁証法は，葛藤や緊張，矛盾，統合的な変容をもたらすが，これらは，ある特定の参照集団の固有の特性に由来するものというよりは，それぞれの文化，地位，世界観，アイデンティティ，その他人間の多様性の間の動的相互作用およびやりとりの結果である。弁証法的なアセスメントの見方では，人間の差異という際立った要素同士の調和的あるいは不調和的な相互作用から生じる行動現象に焦点を当てる。例えば，エティックとイーミックのカテゴリーは，カテゴリー的なものというよりも連続的な変数と見なされ始めているが，さまざまな概念化は，2 つの概念間の動的な緊張の存在（一方の概念がもう一方の概念をどのように包摂しているのか，新たな理解が 2 つの概念からどのように生じるのか）を認めている。

　プラトンは，弁証法を「ある主題に関して異なる意見を持ち，理性的な討論を通じて真理に到達しようとする 2 人あるいはそれ以上の人々による対話」と定義した（Plato, 2013）。目指されるべきは，幾層にも重なり合う真実の層を掘り起こすことによる対話の質の改善である（Ayer & O'Grady, 1992）。弁証法は形式論理

を大前提としており，矛盾した命題は存在しえず，したがってどちらか一方の命題は必然的に誤りとなる（Peng & Nisbett, 1999）。弁証法は，理論を進化させ，啓蒙主義というより広範なシステムの一部となったヘーゲル哲学に深く根ざしている（Ingram, 1990）。ヘーゲル理論やより広範な批判理論（critical theory）の哲学は，現代の社会的および政治的生活について考察を深めると共に，理性，自由，正義，民主主義に関する歴史学や社会科学の関心事に焦点を当ててきた。ヘーゲル理論をその一部に含む批判理論は，社会科学と社会哲学の学際的な統合と評されてきた（Ingram, 1990, p.23）。

　統合へと繋がる2つの相反する力の緊張状態という考え方は，古代のヒンドゥー教の思想にもその例を見出すことが可能であり，西洋の哲学よりもずっと古い歴史を有する。真理の探求を目指す弁証法的方法は，中観派（Madhyamaka），唯識派（Yogacara），およびタントラ密教（Tantric Buddhism）の伝統へも深く浸透している。仏教の弁証法的アプローチは，大般若教（Perfection of Wisdom）として知られる宇宙の真実を説明原理に見ることができる（Ernest, Greer, & Sriraman, 2009）。

　古代中国の思想は，中間点や妥協点を模索することによって，相反する視点と向き合ってきた。儒教の原則は，世界は矛盾によって特徴付けられ，絶えず変化し続ける場であり，最終的には全体的に捉えなければならないと説く。変化は絶えず生じており，矛盾も常に存在し，他から切り離され単独で存在しうるものは何一つなく，全てが他と繋がっている。いかなるものも陰と陽とが統合したものの中に存在し，正反対の相も全体として繋がりを有している（Peng & Nisbett, 2002, p.743）。

　Riegel（1973, p.363）は，人間の思想，特に科学的思考は「こうした矛盾をうまく取り扱い，形式的操作による思考によって分裂させられた問題を統合的に考えることが重要である」と述べているが，文化を越えた普遍的な思考法としての弁証法は，Riegel のこの主張の信憑性を高めるものである。文化は意味を生み出し，その意味を社会に向けて発信する。そうして発信された意味はその文化に属する人々によって社会的に構築され，彼らの生活様式を規定していく（Kral, Burkhardt, & Kidd, 2002）。文化は，世界観やアイデンティティ感覚に影響する。文化は，多様性，社会階層，教育水準，職業上の地位を通じた多様性の力によって地位を割り当てる。文化それ自体は，地理や歴史，および意味のある他の変数によって形成されている（Kuper, 1999）。

第2章　家族心理学のシステミックな認識論

　文化心理学は，集団の内側から見える風景と集団の外側から見える風景，すなわち人種や文化的意味を共有することで，ある集団内を構成している人々とそうでない人々の風景を記述する。心理学のミッションは，それぞれの集団が他の集団との対話や理解を深め，互いにより寛容な態度で接するための共通の意味を見つけることにある。共有された意味，理解，寛容さといった感覚に到達するためには，「人類の発展の５つの敵」と呼ばれる（ａ）ステレオタイプ，（ｂ）偏見，（ｃ）差別，（ｄ）抑圧，（ｅ）憎しみといった妨害的要素との弁証法的対立が求められる（Anderson, 2005）。共有された意味へは，まず自分の中にあるステレオタイプと偏見と向き合うことにより辿り着くことができる。また，理解は人が差別を目の当りにした時にのみ得られ，寛容さは自らを抑圧の影の外側に一歩踏み出させる。多文化的介入の究極の目標は，自己の経験と他者との関係性における自己とのより高いレベルでの統一を促進させるため，対人葛藤や矛盾，緊張といった力を上手に導くこと通じて，人類や文化の多様性の弁証法を，調和させることにある。多文化的な対話に参加する人々が，そうした経験を批判的に分析し，慎重に解釈し，意義のある統合に繋がるような方法で自らの経験を内面化した時，結果としてより高いレベルの秩序関係を築き上げることとなる（Ingram, 1990, p.11）。

　普遍的な人間の特性と個々の文化的コンテキストとの間の緊張が解消できないように思われる場合，弁証法は変換的な対話を通じてさらに別の道を提供する（Fowers & Davidov, 2006; Islam, 2007）。弁証法的な対話は，新たな考え方への道を開くだけでなく，これまでにない意味や繋がり，そして最終的にはより健全な関係の在り方を見出すプロセスへと私たちを導く。三次元チェスが３つの別個のゲームではなく１つのゲームであるのと同じように，治療とケア，研究と実践，理論とプロセス，科学とアート，実証主義と構成主義といった要素も単独ではなく共に連動して振る舞う。実際，他の次元の要素との関係を考慮することなく，１つの次元のみを語ったり理解したりすることはできない。すなわち，全てが一枚の織り上げられた布なのである。次元と次元との間に存在する空間は，対立的でもあるが同時に随伴的でもある要素間の緊張が関与する動的な中間空間である。こうした緊張感は，概念上の重複といった安易な手段によって解決されるものではなく，たとえうまく統合が図られたとしても，統合の概念を通して完全に解決されるものでもない。要素間の緊張は，弁証法を取り入れることによって，また弁証法を取り入れつつ従来とは異なる関係に関わる知識を新たに生み出すこ

55

とによって，全体をうまく結び合わせる手段を提供する。したがって，研究，理論，実践の対立的でもあるが随伴的に互いに影響し合う力によって構成される実践知とは，精神そのものではなくその意思をくじくことで手なづけられた野生の雄馬として見なされるようになる。

これまで見てきたように，簡単な答えは存在しない。しかし，多様性のムーブメントが目指す目標に力を与え，前進させ，全体を考慮するより幅広い手段を提供するシステミックなものの見方は確実に存在するのである。

家族心理学の統一的な「糸」

Bateson（1972）は，システミックな認識論のムーブメントは，思想家が人生について考え，解釈する方法を根本的に変える新たな概念構造の採用を含む，ある種の認識論的変容を必要とすると指摘した。新たな思考のパターンで物事を見るためには従来の参照枠をいったん脇に置いておく必要があるため，彼はこれを「第二次学習」または「学ぶことを学ぶ」と呼んでいる（p.277）。サイバネティクスと一般システム理論といった初期の着想や，より現代的な構成主義の発想や多様性のコンテキストは，システミックな認識論に活力を与え，家族心理学をより優れたものにしてきた。認識論は複雑かつ哲学的で，抽象的である場合が多い。そのため，こうした視点を採用するには，家族心理学における研究，実践，理論

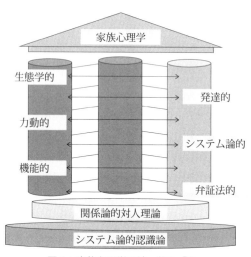

図2-1 家族心理学の統一的な「糸」

第2章　家族心理学のシステミックな認識論

を同化・調節するプロセスが求められる。

　私たちは，家族心理学に適用されるシステム理論の複雑さをまとめる5つの「糸」があることを提案する。この提案は，本書や現場で説明されている家族心理学の研究，実践，理論を理解するための実践的な土台を提供する。これらの「糸」は，3つの主要な専門領域（研究，実践，理論）を互いに結び合わせる。したがって，家族心理学の3つの専門領域は，これら5つの「糸」に向けられる関心と妥当性に基づいて評価されうる。こうした関心や妥当性は，最も説明力のある研究調査や最もシステミックで効果的な関係論的臨床介入，最も包括的かつ実践的な理論的観点の中の共通要素として見出だすことができるであろう。ある意味では，これらの5つの原則の役割について常に問い続けることは，システミックな思考を中心に考え続けるということでもある。本書の残りの部分を読み進めるにつれ，私たちはこれらの統一的な「糸」に焦点を当てることになるであろう。

1．**生態学**は，家族の心理学の研究，実践，理論を理解するためのコンテキストを提供する。行動評価，データの評価，情報の評価のいかんにかかわらず，研究開発や研究の遂行，あるいはカップルや家族の評価や介入評価のいずれにおいても，全て関係性の生態学的マトリックスの中に埋め込まれている。第3章と第4章で述べることになるが，この「糸」は，家族心理学を構成する幅広い理論的視点に重要な次元を提供する。

2．**力動性**とは，全てのシステムの要素が時間経過と共に変化する事態（すなわち，**力動的**）を指す。家族やカップルがやがて発達段階を経るのと同様，家族心理学の分野も力動的に変化し続ける。私たちが理論のさまざまな側面に与える意味は，研究によって影響され，同時に私たちが新たな知見に気付きを得るにつれて，実践方法も変化していく。家族心理学の最善の実践方法に関する私たちの知恵も，世代ごとに成長していく。今日私たちにとっての中心的な理論は，将来的には変わるかもしれないし，時には廃棄されることさえあるかもしれない。

3．**発達**は，家族心理学のあらゆる側面に浸透している次元である。個人，カップル，家族を理解することとは，それらが静的なものではなく有機的なものであり，時間と共に進化し，成長し，発展するものであるということを知ることである。システミックな視点からすれば，発達または変化とは，時間の経過と共に生じる分子レベルから文化レベルに至るシステムのあらゆるレベルの多重的で，相互的で，継続的な相互作用としてのみ理解されうる。エコシステムの一部であるクロノスシステムにおいては，変化をミリ秒から数年，さらには未来永劫に至るまで，数多くの時間

スケールと共に展開するプロセスと認識する。

4. システムと家族心理学は同義語である。関係性のシステムは，家族心理学が研究するカップルおよび家族を定義し，家族心理学における研究，実践，理論の各領域も同様に「システミック」である。本書で後ほど述べることになるが，クライエントを理解したり，リサーチクエスチョンに答えたりする際には，個々の活動に固有のパターンや意味，プロセスを含む「全体」を考慮して行わなければならない。私たちの分野におけるどの理論にもシステミックな焦点が存在しており，要素そのもののみならず，（データか人かどうかにかかわらず）変数間に存在する「空間」を強調する共通の認識論的視点を共有している。

5. 機能性とは，ある時点で何がどのような働きをしているかについて，因果的ではなく記述的なアプローチにより焦点を当てることを指す。初期の家族療法モデルは，質問や治療の主要な焦点は，行動の正しさというよりもむしろ関係性システム内の行動の「機能」に当てられるべきであると指摘した。このことは，単にある行動があるカップルや家族に「適合（fit）」するかもしれないという理由だけで，必ず認められるということを意味するものではない。むしろ，その原則はそれぞれの行動が，行動を維持するために働く意味と相互作用のパターンに適合し，変化が起こりうる前にこうした機能が理解されていなければならないことを意味する。機能性（クライエントのシステムがどのように機能するか）に焦点を当てることこそが，家族心理学を文化を超えて効果的なものにするのである（Sexton, 2010）。

6. 弁証法は，知覚可能な領域の外にある世界の性質が，互いに繋がりを有しながらも矛盾を孕み，また動的なものであることを主張する。弁証法はシステム論に基づく心理学と非常によく似ており，実際に弁証法はシステミックな思考を強化する。例えば，実際に家族心理学には，科学に対して法則定立的に迫るアプローチによって代表される伝統的な実証主義的立場と，理性に対して個性記述的なアプローチで迫るポストモダン構成主義との間の緊張が存在する。弁証法は，最終的により包括的で，それゆえ真理により近づくための研究の土台を提供するために，伝統的な実証主義的立場もポストモダン構成主義も個人主義的アプローチとして否定した上で，それぞれの側面を組み込みつつそれぞれを乗り越えるシステミック・アプローチを通じて肯定することによって，定量的方法論と定性的方法論との橋渡しをする。弁証法は，形式的な要素を相互に繋がりを持つネットワークに接続するための手段なのである。

　私たちは，通常の治療において感じた疑問を弁証法的に考えることはないが，まさにそれこそが治療的対話（therapeutic dialogue）に新たなレベルの生態学的理解をもたらすものなのである。例えば，私たちは，「ジョニーの症状は何ですか？」と尋ねるだろう。私たちは個人のマイクロシステムレベルで議論のための下準備をす

る（私たちは個人をシステムと見なしているため，この段階で始める）。「その症状が始まったのはいつのですか？」という質問は，実際には先の質問を否定しつつ，それを吸収し（止揚［アウフヘーベン］し），議論をクロノスシステムに移行させる。続いて尋ねる「これまでに症状を引き起こすような何らかの出来事がありましたか？」という質問は，それまでの質問を否定するものであり，この質問に対する答えが「はい，ジョニーの両親は18カ月前に離婚しました」といったものである時，対話は個人と個人の間のメゾシステムに移行する。続いて尋ねる「離婚による影響はどんなものでしたか」という質問は，ジョニーの母親が福祉を申請しなければならないと報告された時，対話を社会的なエクソシステムレベルへとさらに移行させる。東部に住むアメリカンインディアンである彼女が，離婚することに対して彼女の家族に反対され，そうしたことがジョニーの行動や気分に影響していると報告された時，対話は文化的なマクロシステムレベルに移行する。それぞれの質問は，ある意味それ以前の潜在的な仮定を否定しつつそれら仮定を包含し，理解のための新たなコンテキストを作り出す。対話が進むにつれて，対話は治療の焦点をあるシステムから次のシステムへと移行させつつ，それまでの全てのシステムを組み込みながら患者の治療やケアのためのより包括的な理解を生み出す弁証法的なものとなっていく。

結論：次のテーマは？

　家族心理学者を家族心理学者たらしめる最も核となるものは，固有の何かである。この中核的な何かは実際に触れたり直接見たりすることはできないものである。しかし興味深いことに，システミックな思考は見えないものであるにもかかわらず，カップルや家族に関する心理学の認識論的核心であり，これこそが家族心理学を唯一無二のものにしているのである。システミックな認識は，家族心理学の研究者や教員，トレーナー，スーパーヴァイザー，臨床家の活動を支える概念的な足場である。システミックな認識論において重要なことは，システミックな認識論が専門家に対し，概念モデル，介入プログラム，およびコア・コンピテンシーに繋がる枠組みや青写真を提供していることである。より広範なレンズを通して見る人間観は，効果的な臨床実践の基礎をなしている。

　同時に，システム論的思考のこの壮大で包括的な認識論は，実際に適用しようとすると非常に大きな困難が伴う。次章では，このシステミックな認識論の核心について述べると共に，人間の理解や問題の理解に直結する実際の適用について触れる。また，関係がどのように機能しているかや，臨床的問題の起源や原因に

ついても取り扱う。こうした問題に対して，独自のシステミックな視点を持ち込むことで，人間の行動を眺める際の全く新たな方法が切り開かれる。システミックな認識論のレンズを通して眺めることは，ステレオグラムに埋め込まれた形状が浮かび上がる様に似ている。最初に私たちの目に映るものはせいぜい複雑ではあるがとても小さなさまざまなイメージやデザインである。目の焦点をぼかすことで，隠された画像が立ち現れるようにすることというのは，まさに逆説的な作業であり，事実，それは魔法によって姿を現したかのように思える。そして興味深いことに，最終的に画像が立ち現れても，それを見ることは避けなければならない。システミックな認識論が，人間の行動と関係性システムの構造やプロセスに適用される時，個人，カップル，家族を眺める方法において全く新しいイメージが出現する。ひとたび，あなたが全体を理解すれば，もはや部分に戻ることはないのである。

第 3 章

システミックなレンズを通して
：家族，問題，そして変化

> 私たちは，ものごとをあるがままに見ているつもりでも，実はある種のレンズを
> 通して見ている。そして，そのレンズこそが，私たちの世界観を作り出し，私
> たちの全ての行動を方向付けている。
>
> ——Stephen R. Covey

> 「実践（プラクシス）」とは，最も単純な解釈をすれば，「理論＋行動」のことを
> いう。

　家族全員に働きかけるという考え方は，心理学分野での思考と理論化の一大変
革であった。この個人や彼らの精神を超えて働きかけるという方法は，精神病理
学は壊れた人間関係の結果だとする Fairbairn の主張が前提としていたものであ
る（Fairbairn, 1958）。実際，関係性システムや人々が住んでいるコンテキスト
を考慮に入れるなら，個人の問題に対する新しく革新的な解決策が見出されるか
もしれない。これらの関係性システムは，相互に作用し相互に関連する構成要素
の複雑な集合と共に，それらの境界をなす本質あるいはプロセスの識別を可能に
する関係性も含んでいる。関係性システムは階層によって境界が定義される構造
と，それぞれが異なる役割と機能を有するサブシステムを持つようである。

　興味深いことに，システミックな認識論は実践に必要ではあったが，十分では
なかった。必要とされたのは，クライエント，彼らの問題，変化，発達について
認識論的に合致した考え方を創り出す，システム原理に立脚しうる理論だった。
システム理論の基礎に築かれる理論と臨床モデルが，新しいパラダイムの観点か
ら家族，問題，変化を見るためのレンズを創り出すのである。

　理論は私たちの経験や，個人，カップル，家族の観察に対して理解したり意味
付けしたりする基礎になる。理論とは本来，応用認識論であり，明瞭性の土台と

61

なるレンズのようなものである。具体的な理論は特定の方法で心理学的な情報を強調し，焦点を絞り込む。これらさまざまな具体的な知の方法に関して重要なことは，それらが臨床的意思決定の基礎となる中核的な仮定や信念を構成するということである。これらの理論的原則は，第2部で述べた臨床的変化モデルとアプローチの基礎である。

　本章では，理論的レンズの性質を調べることによって，家族心理学にもう一歩踏み込んでみよう。第2部では，さまざまな理論のレンズの目を通した変化のプロセスに広く焦点を当てる。しかしこの章では，少し話を戻してシステミックな構成概念が，家族が動き変化するメカニズムをどのように説明するかについて考察する。特に，家族がどのように機能しているかを考察しながら，関係パターン，帰属と信念，進化と発達，人種，文化，民族性の役割に焦点を当てていこう。

理論の役割

　理論は蓄積された膨大な知識の中で，ある事実が重要でありまた別の事実はそうではないということを私たちに教える。理論はまた古いデータに対して新たな解釈とその結果として生まれる新たな意味を提供する。理論は重要な新問題を識別し，心理的問題の理解を最大化するために答えを出す必要のある最もクリティカルな研究課題を定める。Campbell（1990, p.650）は「あらゆる所与の分野においては多くの知識があるが，理論とは本来，知識を使用可能な構成概念へとまとめ上げる包括的でシステミックな方法である」と記している。理論は新たな研究データを将来の使用のために解釈し規則化する方法を提供する。

・理論は問題の実践的識別の方法を提供する。
・理論は適用された問題の解決策を定め，それを評価する方法を提供する。
・理論は前もって解決策が識別されていない新たな問題に応答する方法を提供する。

　明らかなのは個人，カップル，家族に関するあらゆる知識がこの基準を満たすわけではないということだ。心理学の理論を導き出すことは，多くの点で物理学によって説明される物理現象についての理論を導き出すことよりも，はるかに難しい。

　心理学においては，理論は推測と推量とにより一層基づいて率直に構築される。これは一つには，個人，カップル，家族を理解するという現象がロケット工学よ

62

りもはるかに難しいためである。ロケット工学においては，方程式や変数がよく理解されており，その知識を用いて特定の工学的問題を克服することが課題となっている。家族心理学はこれよりはるかに複雑である。なぜなら私たちは多くの変数を知っているが，未知の変数もまた多いからである。私たちは人と人との繋がりを探すことを知っているが，それらの繋がりを測定し分類することは難しい。したがって，家族心理学の理論は全てが同じというわけではない。ある理論は他の理論よりも個人，カップル，家族の状況をよりよく表現する。

　理論は臨床活動から，またモデル構築を通して，研究の方法によって生じる。理論的説明が研究の知見や心理学的諸原理の検討と統合に基づいているか否かは，それぞれその研究対象の現象を首尾よく期待通りに説明する能力に基づいて判断されねばならない。単一の観点からは現象のあらゆる側面を捉えることは決してできない。したがって，理論こそが研究と実践との間の時に異なる観点を統一するコンセプトを提供するものとなる。研究と実践とは別々の認識の方法であるため，これらの別々の観点における知識の多様性は，複雑な現象の正確な理解をよりよく把握するのに役立つ。第1章で記したように，家族心理学は科学に基づく専門職として，個人的見解と私たちが最も大切にしている個人的信条に関する，科学の知見や臨床の知恵，理論的観点により一層依存している。研究，理論，実践の領域間には対立があるかもしれないが，しかしそれらを統合すれば，家族心理学が心理学的世界を表現し，その世界において見出される心理学的問題への臨床的な治療法を与える主要なレンズや方法を作り上げることができる。

家族心理学の草分け的理論

　家族心理学の理論的枠組は1940年代末と1950年代初頭に全く異なる方法により始まって以来，全く異なる方法によって発展してきた。システミックな構成概念への従来の注目は，新たに台頭したポストモダンの認識論的な観点の時代に多くの点で異議を唱えられてきた。この台頭によって，システミックなプロセスにおける自己認識の役割を認識する試みにおける関心は，関係性それ自体から，個人にとっての出来事や状況の意味へと移行してきている。ポストモダンの認識論は，それに先立つ哲学的アプローチと同様に，数多くの理論と実践の流派を生み出した。最も傑出しているのはナラティブ・セラピーである。より最近では，新しいアプローチに古いモデルをつなぐような開発に焦点を当てた統合的アプローチへの関心が新たに高まっている。ついに，今私たちは初めて，一部の人たち

が成熟した臨床モデルと呼ぶもの，つまりその名の通り統合的で，臨床的に反応が早く，目的に焦点を置き，複数のシステム（個人，家族，環境）に注意を向けている方法の出現を経験している。

　心理学分野における革命は，特定の教義やシステム機能的側面に基づいたモデルを作り上げた英雄的な人々によって起きている。これらの革命家は，後継者を集め，彼らの発見は周囲に興奮を与えながら介入技術を開発し，ワークショップや専門家会議で臨床の専門知識を共有した（Goldenberg & Goldenberg, 2009）。主要なモデルのいくつかは以下の通りである。

　構造的家族療法。Salvador Minuchin（1974）はフィラデルフィアの低所得者家庭に関わっていた。そこで彼は，その人々をターゲットとした理論的オリエンテーションを開発した。モデルは，（1）システム指向セラピーであり，（2）中等度の教育を受けた人に有用であり，（3）低所得層のクライエントに費用対効果があるように設計された。彼の理論的枠組みは，家族構造が効果的な家族機能に不可欠であるという考えに方向付けられた。Minuchin は，家族構造が家族メンバー間の相互作用を決定し，構造の輪郭が家族サブシステム間の境界によって決定されることを示唆した（Nichols, 2013）。家族構造は，文化的背景により形成され，行動の繰り返しパターンを通じて，家族の役割を時間の経過と共に確立する。これらの行動パターンはついには相互作用の選択肢を制限し，家族の新規的かつ発達的なシナリオへの適応を阻害する（Minuchin, 1974, p.89）。構造の基本的性質は世代境界に固有の階層構造である。ポジティブな家族構造が機能するためには，世代のサブシステムがそれぞれの役割境界が硬直しすぎたり（限られた相互作用），拡散しすぎたり（カオティックな関係に繋がる未分化の境界）しないことが必要である。人間関係の極端な状態を避けることによって，サブシステムは感情的な繋がり，相互支援，個人的責任の余地を提供する。例えば，ポジティブな機能は，親子の境界が親権と配偶者のプライバシーを維持しながら感情的な繋がりやサポートを促進する時に生じるものである（Nichols, 2013）。

　戦略的家族療法。戦略的家族療法は，家族メンバーのコミュニケーション・パターンに焦点を当てている。この様式は Bateson のサイバネティックモデルから進化し，サーキュラー・フィードバックループやコミュニケーション概念周辺に組織される後続モデルを強調した。Bateson, Jackson, Haley, Weakland, Watzlawick といった主要な思想家たちは，哲学，人類学，社会科学など多様な分野を代表していた。全員がそれぞれで革命家であり，伝統的な心理学の枠外で治療に対する新しいアプローチを開発するために，パロアルトのメンタル・リサーチ・インスティテュート

第 3 章　システミックなレンズを通して：家族，問題，そして変化

で共に結束したのである。戦略モデルの開発は，Mara Selvini-Palazzoli が率いるイタリアのミラノ派ばかりでなく，Jay Haley と Cloé Madanes の研究を通して進展した（Goldenberg & Goldenberg, 2013）。『精神の生態学』（Bateson, 1972）と『人間コミュニケーションの語用論』（Watzlawick, Beavin-Bavelas, & Jackson, 1967）は，ノンコミュニケーションの不可能性（人はコミュニケーションしないわけにはいかない。沈黙でさえもコミュニケーションの一形態である），メタ・コミュニケーション（すなわち，コミュニケーションについてのコミュニケーション），コミュニケーションの内容と報告の構成要素，相補的および相称的関係，家族ホメオスタシス（フィードバックループのサイバネティックな考えに基づく）などの重要なアイデアを公表した。

体験的家族療法。Carl Whitaker は精神分析学をバックグラウンドに持ち，Virginia Satir は Carl Rogers の弟子であった。両者ともカップルや家族に対するダイナミックでポジティブな治療体験を支持しており，個人志向の理論に反対する立場だった（Goldenberg & Goldenberg, 2009）。2 人とも理論を避ける主張をしていたが，実際，彼らの体験的治療は現象学的で実存かつヒューマニスティックな概念に根ざし，治療に影響を与えるシステミック・アプローチと結び付いていた（Goldenberg & Goldenberg, 2013）。Whitaker はしばしばコ・セラピストと一緒に働き，IP から注目を集めるために奇異な介入を使用し，カップルあるいは家族が互いによりポジティブな感情を体験できるように社会的タブーを意図的に破り，互いにより近づいた。Whitaker はもともと治療をリ・ペアレンティング（再しつけ）と見なしていた。実際，彼の初期の仕事では，患者を小さい頃に戻し，ロッキングチェアで哺乳瓶を使って授乳した。時間の経過と共に，Whitaker はよりシステム指向のアプローチを採用した。家族全員が出席すべきだと主張し，家族システムにおける新たな感情体験と行動を刺激するために風変わりとも思える介入を行った（Becvar, 2003; Goldenberg & Goldenberg, 2013; Napier & Whitaker, 1978）。

Satir は，その性格の強さを利用して，家族メンバー間のポジティブな相互作用と成長を引き出し，拡大した。各メンバーがお互いに感情と体験を完全に正直に報告することにより，日常的に絶望感や孤独感のうちにある家族が失意から脱するのを助けようとしたのである。彼女は，メンバー全ての立場を平等にし，勢力争いの代わりに交渉の雰囲気を醸成し，各人の独自性を尊重する家族環境を作り出そうとした（Satir, 1972）。真のやり方で家族との繋がりを深めるため，家族がより純粋で愛のこもった意思を身につけるようになるまで，本物のコミュニケーションを妨げるような問題のあるコミュニケーションの実践を識別することに注目した（Goldenberg & Goldenberg, 2013）。彼女は慰め役，責め役，超合理的，無関係，個人が自分と他者のスタイルを識別するのを助ける合意という 5 つのコミュニケーションスタ

イルを特定した（Satir, 1972）。

対人関係および対象関係家族療法。家族療法の初期のパイオニアの多くは精神分析の訓練を受けていた。Adler の個人心理学とアメリカとイギリスの対象関係学派において生み出された児童相談運動は，人格発達の原動力となる子どもの内的空想生活にはあまり焦点を置かず，子どもの人間関係が人格形成や維持に与える影響にますます向かうようになった。Horney, Sullivan, Leary は，Adler の心理学に対する全体論的アプローチに大きな影響を受け，対人理論の発展に繋がった。Klein, Winnicott, Masterson は，人格形成における実際の母子関係にますます集中し，精神病理は関係破綻の結果であり，心理療法の関係的側面こそがその治癒となるとの考えに至った。

Ackerman は精神力動的な家族理論に大きな影響を与えたが，彼のアプローチは彼の死後に続くことはなかった（Goldenberg & Goldenberg, 2013）。精神分析理論を家族に拡大しようとする初期の試みの後継者は Scharf & Scharf（1987）によって普及した対象関係家族療法であった。対象関係論は，近しい関係において対人機能を仲介する認知，感情，情動プロセスに関心を持つ（Stricker & Healey, 1990）。Greenberg & Mitchell（1983, p.13）は，対象関係とは「外部および内部（現実および想像）の他者，ならびにその内部および外部の対象世界間の関係に対する個人の相互作用」と定義している。対象関係の目標は自己の個体化，分離，発達である。個体化／分離という概念は，家族療法においては，Bowen の分化という概念と混同されることがあるが，この２つの概念は似ていないわけではないものの明確な相違がある。対象関係の観点から，個体化は独立性と自己同一性の感覚を達成するプロセスである（Blos, 1975; Mahler, Pine, & Bergman, 1975; Skowron & Friedlander, 1998）。最初の人間関係の質が，他の全ての親密な関係の原型となる（Horner, 1984, p.3）。これらのパターンあるいはイメージは，パターンのパターン，さらにはスキーマにまとめられ，繰り返しによって固定し安定する。

家族療法の初期のパイオニアに関する第１の批判は，治療がその別格の個人に大きく依存していて，他の人が彼らのアプローチを学ぶこと，あるいは同程度の治療的成功を収めることが困難ないしは不可能だということである（Goldenberg & Goldenberg, 2013）。さらに，これらのパイオニアが用いたアプローチはたとえあったにしても，およそ研究に拠るものではなかった。利用可能なものはほと

んどが逸話的な傾向であった。第3の批判は，家族システム療法はしばしば完全にシステミックではないように思われるということである。精神内界の要素（例えば，生物学，遺伝，人格）はしばしば軽くあしらうのに，カップル，家族，その他コンテキスト的要素ではなく，IP（家族全体の痛みを暗に表現する人）という個人の視点に重きを置くことを強調するものと見なされるからである。最後に，家族療法は人を否定的にラベリングする診断に反対する傾向があり，その批判は評価およびエビデンスに基づく有効な治療を著しく妨げるといった診断の欠如であると指摘している。そうした批判にもかかわらず，家族療法は精神保健分野が個人主義的というよりはむしろシステミックに精神病理の生物心理社会的側面に取り組むよう強いてきた。1950年代と1960年代の革命の時代は，脳と脳の部分の間，脳と体の間の繋がりや相互性，脳（自己と他人）の間の関係をよりはっきり見る風土を築き上げたのである（Siegel, 2001）。家族心理学の現在のモデルは，研究結果に大きく依存し，教育や訓練を容易にするために体系化され，心理学，研究，評価，診断，治療の価値を逃すことなく，システムパラダイムに従っている。

関係家族システム：家族の関係性システムに関するシステミックな視点

　家族／カップルとは，共有された信念，目的，情緒的愛着と共に生きる個人のグループと定義される。これらの関係グループは，空間と時間を共有する個体の集まりにすぎない。家族とは，そのメンバーの生存と福祉を支援する社会システムである。家族システムは，出産，養子縁組，結婚を通じてのみ参入する他とは異なる独自の社会システムである。それはほとんどの場合，自発的なものではなく，離脱するには死や離婚によるしかない。カップルと家族の関係は，共有された歴史，共有され内面化された知覚と仮定，共に創造された世界地図，共有された同一性，目的の共有感，そしてそれ以降も生涯にわたる強固で力強い，永続的な相互の感情的な愛着によって，一緒に創造されている。

　家族心理学の観点からいえば，個人は世代を超えた家族，カップル，拡大家族，さらにはより広い地域社会や文化の一部であることを意味する。この考え方は，個人は家族システム内で入れ子になっており，家族は広範な社会・文化システム内で入れ子になったものであり，これには拡大家族，親の職業組織，子どもの学校，子どものピアグループ，専門家の支援，より広い地域社会，家族の民族グル

ープ，優勢な文化，家族の宗教的あるいは霊的社会が含まれる。例えば，Bowers（1973）は，行動は人（または特性）と状況（環境）によって共同で影響を受けると示唆した。これは，人格あるいは個人の特徴が，部分的には私たちが埋め込まれた状況から生じる信念および個人の物語と共に，生物学的素因と発展する関係性システムの間の複雑でダイナミックな相互作用の結果であることを意味する。

　統合的家族システム理論やAckermanの精神分析的家族療法理論など，家族理論のいくつかのバージョンは行動や人格に影響を及ぼす内的システムから成り立っていることが示唆されている（Schwartz, 2013）。したがって，個人の人格は，関係パターンの特徴，共有された信念システム，その個人の内部や周囲の他のコンテキスト的因子と常に結び付いている。個人の行動や人格への動機付けは，その人の周囲の関係のコンテキストや内的システムによって，形作られ，維持され，駆動される。システミックな視点から見ると，人格の特徴を最もよく表現するのは，個人のマルチシステミックな本質内での関係の構造およびプロセスである。

　この分野の創設者の初期の理論的アイデアは，システミックな認識論を家族がどのように作動し，彼らが何であり，彼が問題にどのように取り組み，彼らがどのように変化するかという方法へと翻訳するという一連の共通したコア・アイデアを共有している（Sexton & Stanton, 2015）。このシステミックな見解では，家族とは以下のようなものである。

- **家族の役割，日課，儀式**。家族の儀式とは，個人および家族のライフサイクルにおける，出産，養子縁組，疾患，死亡，結婚，離婚，関係の開始および終了，教育コースあるいは仕事の経験の開始あるいは終了などの過渡的イベントを特に意味付ける形式化された日常的慣行である（Imber-Black et al., 2003）。
- プロセスは，柔軟性，凝集性，コミュニケーションなどのアイデアを含み，システムがどのように機能するかを記述する。また，プロセスは，三角関係化または要求－撤退カップルの相互作用のような問題のある家族のプロセスを記述する。
- さまざまな発生段階を経て経時的に進化すること。家族の経時的な進化は，家族ライフサイクルによって最もよく表される。家族ライフサイクルモデルでは不連続な変化あるいは症状の発現をもたらす可能性のある家族システムへの潜在的な障害に対応し，家族の移行として必要とされる変化を理解するため，時間と変化の間の相互作用を強調する（White & Klein, 2007）（例えば，家族において最初の子どもが青年期になると，このことが親のヒエラルキーや意思決定，境界，家族の規則，その他の既存のシステム力動に疑問を投げかける可能性があり，この移行に苦闘す

第3章　システミックなレンズを通して：家族，問題，そして変化

る家族は緊張，葛藤，あるいは他の症状の根拠となりうる）。初期の家族ライフサイクルモデルは，多少強固な段階を強調し，しばしば児童の年齢と発達の構成に基づいていた（例えば，第一子の出産，第一子の幼稚園入園）。モデルは，モデル作成者および／あるいはモデルで引用される子どもの数によって重要と見なされる，移行イベントの数によって数段階から数十段階まで変化した（Cusinato, 1994; Falicov, 1988; Gerson, 1995; Kapinus & Johnson, 2003）。ただし，子どもを持たないカップルも家族ライフサイクルモデルを持つものとされた（Pelton & Hertlein, 2011）。また，死亡，離婚，他の家族ライフの変化がモデルに組み入れられた（Ahrons, 2011; Brunhofer, 2011）。

　Carter & McGoldrick（2004）は，家族ライフサイクルで最も広く受け入れられているモデルである。彼らは，個体は文化的に決定された一連の段階（独身の若い成人の独立，結婚を通じた家族の参加，幼児を持った家族，青少年を持った家族，子どもの独立，後の人生で家族になるための動き）を通して家族の発達プロセスの中で成長し発達すると信じている。家族が時間をかけてダイナミックに動く時，家族が前に動くにつれて生じるストレスや不安があり，生活の変化や移行に対処することの中には予測可能な発達上のストレスもあれば，予測不可能でランダムなもの（宝くじに当選すること，死，戦争）もある。

・人種，民族性，文化は，カップル・家族のコンテキストの中心部分である。システム理論は，個人，カップル，家族の行動，人格，機能に影響を及ぼす重要な特徴として，文化，多様性，人種，民族性について考えるために進化してきた。一般に多様性，より具体的には家族の多様性は，人種の構造的特徴，民族性，性的指向をめぐって典型的に記述される（例えば，Sue & Sue, 2012）。このアプローチの結果，各群の独特な特性に焦点を当てることになる。しかし，多様性，性別，人種，民族性へのシステミックなアプローチは，社会的および文化的な還元主義を排する。それによって自動的に，クライエントの性別，人種，社会階級が，その人の信念，態度，行動を説明する。Falicov（2003）が示唆するように，「歴史的な瞬間，文化的な話し合い，社会政治的な力が絡み合っているにもかかわらず，クライエントのバイオグラフィーは常にユニークである」（p.40）。Falicov（2003）は，最近家族療法が多文化主義に焦点を当てているのは，クライエント間の文化的志向を尊重する文化的多様性と，個人，家族，カップルの幸福に対する力の差異のある不公平に焦点を当てる社会的公正の実践の両方であると主張した。

システム理論が文化的に敏感である方法の一つは，機能的プロセスに焦点を当てるというものである。機能的プロセスとは，外から行動と機能を観察するのではなく，個人，家族，あるいはカップルのシステム内で文化的多様性が機能する独自の方法に対する好奇心，個性，尊重に基づくアプローチである。多次元生態系比較アプローチ（Falicov, 2015）は，関係生活の（1）移行，（2）生態学的状況，（3）家族構成，（4）家族ライフサイクルという4つの基本的な側面と，提示する問題を理解しようとする際に，関係生活に反応し適応するために用いられる関係プロセスに焦点を当てている。文化的環境の中で個人を定義しているのは，関係パターン，信念，物語と関連したこれらの因子の独特な相互作用である。

臨床的問題のシステミックな視点

システミックな視点から見ると，臨床活動のターゲットは，クライエントが要求する特定の変化を超えたものである。臨床的問題を理解するには，臨床診断をはるかに超える時間がかかり，個人の行動が，それらが埋め込まれている関係コンテキスト下でどのように機能するかを理解する必要がある。厳密な役割に基づいた問題を解決するための反復的および漸増的試みによって示される関係パターン，混乱しているあるいは一貫性のない関係性に関する供述を含むコミュニケーション，過度の関係を作り出す三角関係化，離れた関係を含むコミュニケーションは解決を困難にする。Carr（2012）は，システミックな視点から臨床的問題を理解するための多次元的アプローチを開発した。

システミックな視点は，健康な行動を記述する同じ原則が，臨床的問題の発生と維持を記述するとする。関係の問題は，外部の出来事が関係性システムに適応し変化させるように強制した時に起こる可能性が最も高い。人生には，正常な出来事（例えば，家族のライフサイクルの変化）および異常な出来事（例えば，外傷，虐待）が数多く存在し，適応および適応を通じて対処するためにカップル，家族，個々のシステムが必要となる。初期のシステミックモデルは，柔軟な家族および個々のシステムが変化する状況に適応できることを示唆したが，一方で，困難を経験したシステムはより厳密な役割，規則，関係パターンを採用することによって調整可能であることを示唆した（Carr, 2013）。時間が経つにつれて，状況を改善するための解決策は問題行動の一部となり，あらゆる手助けを試みるにもかかわらず，究極的にも皮肉にも問題の維持に役立つ。このように，臨床的問

第3章　システミックなレンズを通して：家族，問題，そして変化

題とは，個人あるいは家族がうまく適応できず，問題を強固にし，家族の頑固さ
を生み出す問題の維持行動や信念の持続的パターン，あるいは手元の差し迫った
問題に適応し首尾よく解決することができなくなるような事象である。
　臨床的問題の発生および維持に影響する関係性システムの５つの特定の領域に
は，（１）家族の関係パターン，（２）共有された属性，信念，個人の期待，（３）
コンテキスト的および歴史的要因，（４）人種，民族性および文化，（５）システ
ム内の構造的要素（境界，階層，サブシステム）が含まれる。

　１．**家族の関係パターン**とは，家族メンバー間で共通の行動パターンであり，
時間と共に相互作用の共通の方法になる。コア関係パターンは，周囲に起こる出
来事に対して,関係性システムが対応する典型的な方法となる。関係パターンは，
さまざまな形で問題行動の発達と維持に寄与する。例えば,Minuchin（1974）は，
家族の関係パターンが，家族内の個人とサブグループの間の構造的関係を介して
個人に影響を及ぼすことを示唆した。各サブシステムは,異なる役割と異なる透過
度を有する。したがって，臨床的問題は，家族の日常のニーズにうまく適応する
ことを困難にする家族メンバー間の連合の結果でありうる。同様に，Watzlawick,
Weakland, & Fisch（1974）は，個人とは関係の情報とコミュニケーションを介
してシステム内で意味を獲得する行動パターンの集合体であり，問題とは個人と
システムのメンバーの連合の両方によって適用される解決策によってのみ臨床的
問題となることを示唆した。
　反復的な関係パターンの強化的な性質とは，問題が家族および個人の機能の継
続的な一部となる結果である。例えば，小さな問題や意見の相違を解決しようと
する試みは，家族にとっての問題が問題解決の試みとなるような，不適応な相互
作用の持続的なパターンとなるかもしれない。同様に，混乱していたり一貫性の
ない関係性に関する供述を含むコミュニケーションは，解決策を達成することを
さらに困難にする（Carr, 2013）。
　Bowen & others（Hargrove, 2009）は,問題のある関係パターンが世代にわた
ると提唱している。家族は次世代に引き継ぐ特定の対処法を選択するが，使用し
ないことを選択した戦略は引き継がれない。このため，新しい世代は事実上，そ
の対処時の戦略が少なく，家族の問題や課題に対していかに取り組むかという点
で適応性が低い。Bowen は，健康な個人は自分の原家族からある程度の心理的相
互依存と自立を維持している人であると示唆した。分化は，世代を超えた自立を

71

可能にし，現在の家族の状況に対する適応ニーズをよりよく満たす個人の意思決定を可能にする。

連合と同盟とは，よく三者関係と呼ばれるもので，3人のグループがある種の相互作用的パターンを中心にして形成する関係である。三人組は家族においてはきわめて自然だ。なぜなら，それは3本足のスツールのように安定した関係を形成するものだからである。たった2本の足では（あるいは，この場合なら2人では），問題がメンバーの対応力を超えた場合には関係が不安定となる。Minuchinは先述した連合が家族内に硬直したパターンを形成し，長く持続すると，家族の発育が妨げられることを示唆している。三角関係の一例は両親が他の一人に対抗して（密かに／公然と）子どもの協力を求める時に，すなわち，親－子ども連合によって，子ども側についた親はもう一人の親に対抗することになる。Haleyは三角関係化がどのようなものか次のように説明している。

・世代交差的連合。
・同世代あるいは同じ立場の2人が，立場の異なる家族の1人と協力をする。
・異なる立場の家族2人の連合が，他の1人に対抗して生まれる。
・連合は自覚されないこともありうる。

関係パターンについて感情強度の要因もある。**硬直したあるいは混乱した家族パターン**は，柔軟性レベルが極めて高いか，極めて低い家族の典型である。一方，**絡み合ったあるいはバラバラの家族パターン**は凝集性レベルが極めて高いか，極めて低い家族の典型である。柔軟性と凝集性を喪失すると対応はさらに困難となり，家族が直面する日常の問題の解決が難しくなる。それは大きな弱点となり，適応と発展に対するリスクを抱えることとなる。

2. **関係パターンの周囲に生じる問題帰属，信念，個人の期待**もまた，臨床的問題の維持発展に寄与する（Carr, 2013）。帰属は問題行動を見せる人物の意図を特定する際に役立つ。家族メンバーが悪い性質あるいは意図を互いのせいだと見なすなら，そういう帰属は問題行動固執させ，他者の問題行動を引き出すことに繋がるかもしれない（Sexton, 2010）。例えば，家族メンバーを**悪いもの，哀れなもの，病んでいるもの，バカなもの**と定義する中で，そのような相手に対してどのように対処するかという信念体系が形作られ，問題行動の維持に寄与することに

なるのである。Claiborn & Lichtenberg（1989）は，誤った認識構造を形成する信念体系は問題行動の維持を支え，人間関係の解釈の仕方にも関与するとした。関係についての他者の行動と信念へのそのような帰属が最終的にこうした構造を実現する行動を支えているのだ。それぞれのケースで，他者についての信念，物語，帰属と問題行動の源は，自己の能力と他者の変化への信念と同じく，臨床的問題全体の理解に重要な役割を果たしている（Claiborn & Lichtenberg, 1989）。

　相互作用の観点を取ると，Claiborn & Lichtenberg（1989）は問題とは根本的に，周囲の人や秩序との日常的なやり取りを形成する個人の特質を助長していく相互作用の連続なのだという。この観点から，人間関係における不適応行動は2つに分類される。

- それぞれに適した対応が求められる多様な状況において同じ対人戦略を用いがちな人々。この行動は硬直した対人戦略を表す。さらに，硬直特性は状況に反応できる感受性が不足しており，適応を妨げる。
- 同様に，自己充足型は他者に補完的行動で応じるよう促す自身の初期行動から起こる。そして，行動の継続を正当化するのである。

　3. **コンテキスト的・歴史的影響**は，ジェノグラムや他のツールを通じて判断することができる。これらのツールは，ある人が繋がる複数世代にわたる関係というコンテキストの中で，自己についての**大局的見方**を持つ方法を提供するものである（Carter & McGoldrick, 2004）。世代間の影響を理解し，それらの影響が現在の関係をどう左右しているかを知ることにより，家族メンバーが障壁を克服して，今ここで適応的決定を行えるようになる。

　4. **コンテキストのリスク因子と保護因子**。Sexton & Stanton（2015）によると，家族と個人に対するシステムの影響を考える上でのもう一つの具体的方法は，リスク因子と保護因子について考えることである。これらの因子は，健全な行動と臨床的問題の両方の要因である。システミック・アプローチの範囲内では，異常行動の可能性，性質，傾向をもたらすのはリスク因子と保護因子の特有の組み合わせであって，行動との因果関係ではない。例えば，幼児期における行動の問題の分野では，Webster-Stratton（1996）がリスク因子を次の3つのグループに分類している。（1）子どものリスクの変数。これには，気難しい気質や，高い割合の破壊的，衝動的，不注意，攻撃的な行動が含まれる（Campbell & Ewing,

1990)。（2）育児の変数。これには，非効果的な育児戦略と否定的態度が含まれる（Patterson & Stouthamer-Loeber, 1984）。（3）家族の変数。これには，親子関係を除き，親の精神病理学，カップルの要因，社会経済的要因，その他のストレス要因が含まれる（Webster-Stratton, 1990）。

リスク因子と保護因子は，家族心理学に特に適している。なぜなら，これらは行動を変える方法を説明するのであって，不変で永続的だと考えられる特性というラベルを個人に貼るのではないからである。このアプローチは，複数のシステム（個人，家族，社会）の複雑な情報を整理して，問題を概念化するための有益なカテゴリーに分ける上で助けとなる。これは，因果関係の観点からというより，可能性のレンズを通して（問題の可能性を特定することで）行われる。リスク因子と保護因子モデルは，複数システムが強さと困難さに関してどう機能するか，といった重要な情報を整理する上で有用である。リスク因子と保護因子は，次の2つのカテゴリーで最もよく検討されている。すなわち，ダイナミック因子，つまり個人および背景における可変の特徴と，変化する可能性の低いスタティック因子である。また，このアプローチは以下の諸因子を特定する際の助けにもなる。つまり，臨床活動において対象となる諸因子や，変化の可能性が低いため上手い対処（カップルは時に前進への反対に合意しなければならない，という Gottman (1999) の忠告のような）ができるよう異なる介入を必要とする諸因子である。

5. 構造的因子と関係的因子。家族はまた，自らの生態系を作り上げる**構造的要素**を有している。実際，家族とは境界を有し，サブシステムに分けられるシステムである。そして，各システムの周囲には，より広い社会・文化システム（家族はその中の一つのサブシステムである）から自らを区別する境界がある。適応と生存を容易にするためには，家族の周囲にある境界は半ば透過性があり，情報や資源が家族に出入りできなければならない。組織的観点から見ると，関係性システムの境界は閉じられることを目指してはいない。それとは逆に，関係性システムは開いたシステムであり，情報や資源を，自らがその一部であるより大きなシステムと交換しているのである。そうするためには，家族の境界には透過性があって，家族が一貫したシステムとして生き残り，生存し続けるのに必要な情報と資源の取り入れができる必要がある（例えば，子どもが学校で教育を受けられる，共同体と交流する，働く，友人を持つ，社会的支援を受ける，等）。境界の透過性があまりに低い場合，家族のメンバーは制限された生活スタイルを築き上げ，社会的に孤立する可能性がある。

第3章　システミックなレンズを通して：家族，問題，そして変化

結論：次のテーマは？

　システミックに考えることは挑戦的である。システミックに考えるためには，多様なシステムがクライエントの現在の問題にどれほど影響を与えうるかを考慮する必要がある。個人，カップル，家族，組織の行動を理解するということは，それらの関係したシステムが作用するパターン，意味，プロセスについて，単純，明白，表面的なものの観察では足りないということである。家族心理学のシステミックな視点をこのように使うことで，関係性のパターンを見つけることが理論構築の中心となる，ということが分かる。クライエントを理解するためには，変化のメカニズムと結果との両方に影響し合っている同じ相互依存の絆に注目する必要がある。研究であろうと実務であろうと，システミックな見地から着目すべきは，個々の変数，切り離されたクライエントの過去の事象，あるいは別個に切り離された人生の中で解決すべき問題ではなく，考察しているシステムの機能の中核となるパターンや傾向，テーマなのだ。

　もしあなたが個人，カップル，家族を理解し働きかけようとするのであれば，システム全体を見なければならない。それはつまり，個々の問題や提示された以上のものを観察しなければならないということだ。問題や苦悩にはそれぞれ，言葉として伝えられた以上のものがある。カップルや家族にもそれぞれ，素早く簡単な解決策（第一次変化対第二次変化）がほとんどないような複雑さがあると予測すべきで，全ての物事は複雑で，それどころか複雑すぎて完全に理解することはできないかもしれない，と予測すべきある。実際全てのシステムにおいて，あらゆることが関連し合っている。人々の繋がりは，各人の間をつなぐコミュニケーションや一連の行動，つまり行動パターンにある。また，システム全体の関連性を考える際は，探し方や探す対象を見直す必要がある。区分された行動や個々の変数といった要素ではなく，パターンや傾向を前面に引き出す方法を習得しなければならない。評価し介入すべきは，要素を結び付けているパターンなのだ。

　次章では，家族心理学における三本柱の最後の一本である，研究を取り上げる。研究は家族心理学における科学的なレンズである。研究の方法論，50年以上にわたるカップルや家族を対象としたシステミックな研究の成果，そして変化のための最も効果的な介入について議論する。

75

第 4 章

家族心理学の科学的基盤

発見というものは，あらゆる人々が見ているものを見て，誰も考えなかったことを考えることである。

——Albert Szent-gyorgyi

　家族心理学の研究は著しく進み，専門家に対して確固たる科学的基盤を提供してきた。家族心理学に関する二つの主な領域（理論と実践）のように，家族心理学の研究は複雑でシステミックであり，独自性がある創造的な戦略の多様な集合体となるまでに発展した。それらは，カップルや家族に関連する複雑なプロセスを研究するためになされてきたのである。最近の臨床的介入に関する研究では，複雑かつ特有の臨床的変化モデル（例えば，マルチシステミック療法［MST］，機能的家族療法［FFT］，多次元的家族療法［MDFT］）について検討している。これまでの研究では，統計的な手法を用いることによって，セラピストの動き，介入のタイミング，治療同盟や他の特有なプロセスがどの程度影響するのかについて検討し，治療上の変化の軌跡を記述し，把握してきた。これらの研究によって，多角的な視点から多次元のさまざまな関係を示すプロセスを捉えることが可能になっている。したがって，家族やカップルに対する治療の複雑性を説明できるようになるのである。治療の特異性は，治療モデルや主な治療変化メカニズムに関するシステミックな研究プログラムの発展に寄与したといえる。また，カップルや家族の治療についてますます多くのことが分かるようになっている。例えば，Knobloch-Fedders, Pinsof, & Mann（2007）や Friedlander ら（2011）は家族療法における治療同盟やその成果との関係についての理解を前進させてくれた。また，そのことによって，変化モデルや治療的介入が進展したことを示してくれた。

　家族というのは複雑で多次元的な関係を有した集合体であり，複数の個人から構成されている。彼らは目には見えないものの影響力のある繋がりを通して一緒に生活している。そして，その繋がりは家族自体の特徴や性質を表すものである。

家族全体の感じをつかむためには，その家族が集合体として機能している方法，つまり，家族メンバーがどの様に関係し合っているのかについて検討する必要がある。また，家族共通の問題や共同で作っている独特な結び付きも調べなければならない。その結び付きは，各々メンバーが他の家族メンバーに対しての繋がり方である。臨床に役に立てるためには，どのように家族メンバーが機能しているかを記述し，彼らが経験している問題を説明し，介入方法を探索するといった広範囲な分野についての研究が求められる。そして，介入法の研究は，その家族が有する関係性のコンテキストにおいて一番効果的な介入を目指していくものである。

このような難しい仕事を達成するために，家族心理学の研究もまた，多様な方法論を採用してきた。これらの方法論によって，より複雑で詳細な成果やプロセスを得られるような研究を行うことができる。方法論が多様であることで，家族の相互作用や変化が生起するプロセスについて研究する複雑さに対応している。必要に迫られてアプローチを多様にしたことが，臨床的に有用な発見を一般化する可能性を拡充しているのである。家族心理学の研究はたいへん意義深いものとなった。Liddle, Bray, Levant, & Santisteban（2002）は，家族介入における現在の研究は臨床についての専門知識の重要な基盤となり，成果やプロセスについての研究は増加し，その研究における方法論はとても高い水準であると述べている。

本章では，50年以上の間行われてきた家族心理学研究の成果として得られた科学的基盤を紹介する。家族心理学についてなされた研究がいかにシステミックで重要かということ，臨床実践および理論の分野に対してどれほど多くのものを提示してきたかについて解説していく。これらの研究の知見を有効に吸収し，臨床現場で採用する時の強みと限界を理解するために，研究がどのように発展してきたかを学ぶ必要がある。本章では，科学が果たす役割，家族やカップルについて研究する方法，そして，家族心理学の効果的な実践に関する最近の研究に着目する。

科学と科学的方法

科学的方法とは，物事を理解するために存在する一つの方法である。心理学者に対してはある可能性を示すことになる。それは科学的ではない方法では示せなかった可能性である。（専門家の意見を基盤にした理解方法である）権威，（自分にとっては効果があったので真実に違いない）個人的な経験，あるいは，（皆が信

じる）先験的な考え，というよりはむしろ，科学というのはシステミックな方法を用いて物事を理解する方法である。科学は，信頼性があり検証できる知見を確立することが目的であり，時間をかければ再現することが可能な方法を用いている。さらに明確にいえば，科学はシステマティックな探究であり，組織的な発見であり，時間と共に知識が発展していくことを狙う検証プロセスである（Sexton & Alexander, 2002）。研究とそれに伴われる方法論はプロセスであり，そのプロセスによって，科学的知識が発展していくのである。複雑な統計解析や多面的，多次元的な研究デザインを用いることで，研究はたいへん複雑に見える。しかし，研究は本来一組のルール，あるいは手順にすぎない。そのルールや手順の中で，信頼性があり（再現可能である），妥当性がある（研究されるべきものが対象にされている）一つの方法で体系的に情報を集めるのである。方法はさまざまである。統制された実験室内の実験から，システマティックな観察，認知評価，調査やケーススタディまで存在する。各々の方法にそれ自体のメリットとデメリットがあり，研究結果を正確に評価するためには，それらを理解していなければならない。一つの固有な方法（実証的／量的 VS 自然主義的／質的）というよりはむしろ，研究プロセスは実際，ただ体系立てられ，探究することを基盤にしたものである。方法論と技術がセットになった知見創出のプロセスである。

　科学的な探究に対するシステミックなアプローチは特に難しい。なぜならば，伝統的なルールが三次元のシステミックな認識論にしばしばフィットしないからである。しかし，科学はただ伝統的に医学をベースとした研究以上のものである。医学ベースの研究では，一つの小さな変数が，きっちり統制された直線的なプロセスの中で検討され，発見として捉えられている。家族心理学は多次元的な視点で多様な方法を用いている。第2章，第3章で述べたように，複雑な関係を抱合するシステムを布置するために，現実的な場の中でそれらの方法が用いられているのである。家族心理学における科学は方法論を選択する上で多様性があり，家族の相互作用や変化プロセスを研究する上での複雑さに対応している。例えば，研究者は複数の被験者（例えば，親と子ども）からデータを収集し，それらを戦略的に混ぜ合わせ，あるプロセスに関する問いに対して答えを導き出そうとする。それは，個人間の同盟に関する数値が親と子どもで異なることが，家族療法から脱落することを予言できるのだろうか？（Heatherington, Friedlander, & Greenberg, 2005）というような疑問であったりする。家族心理学の研究者たちもまた，家族の相互作用を見極める上で，コミュニケーションにおけるコンテキ

ストの影響や意味の役割を明らかにするために，複数の要素が入り混じった方法を用いる（Weisner & Fiese, 2011）。このような状況において，多数の構成要素に関して多様な時間軸の上で多角的な見方ができる研究に価値がある。必要に迫られて，研究に関するアプローチの多様性もまた，臨床に有用な知見を一般化していく可能性を促進している。

　家族心理学の研究もまた，時間と共に進化するような，一つの**動的なプロセス**である。それは，知りえたことやその知識を形作るために使用している方法についての進化である。実際，研究と実践の間にあるギャップを埋めるということは，大変困難なことの一つだ。研究で出されたエビデンスを見て，「それは継続的に変化している」と言う研究者がいる。実際，変化しているし，変化しているはずなのである。研究の目的は，私たちが研究している複雑な現象に関する理解を拡張し，洗練することである。実証された知見は時間と共に増加していくため，新しい形や意味をなすようになる。データ分析に関する技術も含め，新たな研究方法は，これまで研究できなかった領域について検討することを可能にし，家族のメンタルヘルスが良好であるような家族プロセスのモデルを創ることにもなりえる。新しい発見によって，200年前に私たちが真実だと信じていたことが新たに明らかになっている。そして，新しい発見によって，今，より複雑になっている家族関係，精神病理学や治療的変化についてさらに探究していこうと駆り立てられるのである。

家族心理学の研究領域

　家族心理学の研究領域は2つある。第1に，クライエント，そして，クライエントの問題やコンテキスト，クライエントをめぐる人々の相互作用について説明し，記述していこうという研究のタイプである。それによって，カップルや家族における関係性のパターンを知ることができ，臨床に関する問題の因果関係，クライエントの特徴や地域の特徴も理解することができる。そして，そういった特徴はリスク要因，予防要因を示す可能性がある。このタイプの研究によって，クライエントが属するシステムが，クライエントの個人内，個人間でどのように機能しているかを理解することができる。また，治療がうまくいくような関係性がどのようなメカニズムで機能するのかといったこと，リスク要因や予防要因も探究することができる。臨床的問題を研究することは，問題行動を呈する症状に対してうまくいく治療の在り方を選択できるようになるだけではなく，より広義な

79

文化的，地域的，そして，その家族に存在するコンテキストを理解することもできるようになる。これらは，臨床的問題の一部，あるいは，家族機能に関する主な特徴となるからである。後述する同様な方法は，家族，因果関係，リスク要因，予防要因を理解するために用いられている。

2番目のタイプの研究は，家族心理学についての臨床的介入の効能と効果である。シンプルに見えるが，何によって効果があったのかを決定することは，実際にたいへん難しい。臨床的介入について成功する研究というのは，研究としての高い水準が求められる。その研究は実際のクライエントを対象にした，臨床場面に関連した状況ついての研究である。そこでは，ある一つの臨床的介入の主な構成要素の各々が明確に特定される。特定されるものは，介入やテクニック，ある

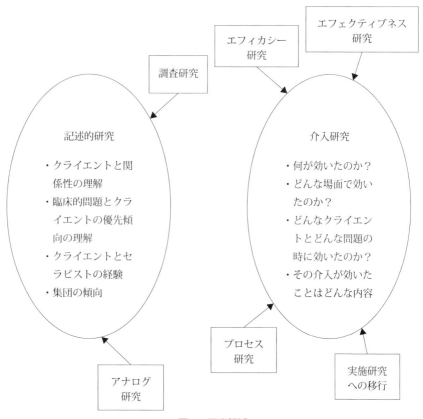

図 4-1 研究領域

いは治療プログラムやその成果を含み，それらは臨床上の変化のメカニズムに関連しているのである。変化のメカニズムは変化を引き起こすために提示され，クライエントの症状が緩和し，そこに至るセラピスト側の要因も明らかになる。そういった知見が，成果と介入の関係性を修正する可能性もある。臨床的介入に関する研究は，家族心理学における効果的な臨床実践の基盤を提供する。家族心理学における臨床的介入に関する研究について，何が独自性なのかということは，独自の相互作用を捉えるための方法論やアプローチの中にある。そして独自の相互作用は，現在呈している問題，治療的要因，人口統計学上の変数，モデル固有の変化メカニズムの間で生起している（Seedall, 2009; Sexton & Datchi, 2014; Sexson, Kinser, & Hanes, 2009; Sprenkle, Davis, & Lebow, 2009）。研究についてこれらのタイプの各々は，異なる臨床上の問いに対して，異なる情報を提供するのである。

家族心理学の研究タイプ

　家族心理学の研究におけるアプローチ方法は広範囲にわたる。各々のアプローチは，研究目的に適応するための特有なタイプといえるが，それぞれには強みや弱みがある。そして，そのアプローチは，家族に関するシステミックな三次元的視点と治療の成功を得るために重要なツールである。

　効果研究は，ある介入や治療プログラムについて，（治療していない場合と比べて）絶対的に，（臨床上で論理的な他の介入に比べて）有効性があるかどうかを検討している。（しばしば，ランダム化臨床試験［RCT］として言及されている）臨床的実験研究は，無作為研究の結果である。その無作為研究において内的妥当性が高いレベルであることが重要である。また，生態学的妥当性あるいは外的妥当性についてもある程度のレベルは必要である。RCT は，臨床的研究における伝統的な黄金のスタンダードであり，医学の研究で用いられる同様な研究と同じロジックを共有している（Wampold & Bhati, 2004）。比較実験研究によって，介入や治療が評価されるのである。それらの介入や治療は，体系立てられて開発され，関連がある介入や治療と比較して評価されるのであり，そのことによって研究において呈示された問いに答えることになる。それらの問いというのは，そのプログラムあるいは介入の効果があったのかどうか，誰と一緒の時に効果があったのか，どんな状況の時効果があったのかなどが挙げられる。比較実験は必ずしも無作為ではないかもしれないが，多くの伝統的な臨床実験についての方法論で

は，厳格に統制されている。

　伝統的に，効果研究（臨床実験あるいは比較実験のいずれか）には，３つのタイプがある。まず，**エフィカシー研究**は最も厳重に統制された条件で，治療が効いたかどうかを検証する。エフィカシー研究には高いレベルの方法論的統制が存在するが，実際の臨床的条件と異なるため限界がある。次に，**エフェクティブネス研究**は，治療上の介入に関する影響力について検証する。臨床家が真に直面した事象を再現するという条件で，実際の臨床場面を取り扱っている。３つのタイプの研究の中では，（伝統的な意味では）方法論的統制は低くなるかもしれないが，エフェクティブネス研究には高い適応可能性が存在するのである。エフェクティブネス研究は集団場面を対象に行われるため，伝統的なエフィカシー研究における実験的統制の高いレベルを適用することは不可能である。最後に，**調整要因に関する研究**がある。この研究では，特定のクライエントや問題，あるいはそれらをめぐるコンテキストが，治療とその成果に関する関連性の強さを緩和させるのか，あるいは影響を及ぼすのかについて検討する。

　プロセス−効果研究は，（既存で固有な面接プロセス内の）セラピーの条件と臨床的介入の成果を結び付けている。これらの研究は，エビデンスを基盤にする介入やプログラムにおいて，行動に関するメカニズムを同定するのに役に立つ。カップルや家族のような複雑な現象についての研究は，複雑な問いに向き合わなければならない。このことは，治療効果についての調整要因や仲介要因に関する研究において，すでになされている。**調整要因**というのは，クライエントシステム，コンテキスト，臨床的問題についての要因となり，それらの要因は，影響力に関する主な変数間の関係性に変化を与える可能性がある。例えば，青年期の子どものジェンダーや年齢は，決定的な変数である。なぜならば，検証されている治療が，全体のメンタルヘルスを対象としている中で，若い世代を含んでいるのかどうかを見極めなければならないからである。**仲介要因**もまた，影響力についての変数間の繋がりを明らかにする変数である。ある意味では，仲介要因は重要な関係性を創出する。例えば，前述した研究と同様な研究では，青年期のための治療プログラムは治療関係がうまくいった時に影響力を持つ。治療同盟を考慮しなければ，多くの治療プログラムはいかなる成果とも関連付けることができない。このように，同盟（仲介要因）は，治療とその効果測定の間にある複雑な形式の中で結び付きを提示する。

　臨床的介入についての研究は，今や調整要因や仲介要因を考慮することがスタ

ンダードになっている。なぜならば，クライエントについて，そして治療プロセスについて，その複雑性を研究することを可能にするからである。このようにして，調査や研究の潜在的な有用性が高まっている。研究がより具体的になるにつれて，具体的な介入に関する研究が増加し，関連ある調整要因や仲介要因の数が増え続けていることに着目できる。**変化のメカニズムに関する研究**は，最も具体的な研究の中にあり，その研究の中に，その治療モデルに特化して導かれる理論がある。

　システマティックなケーススタディは，臨床上のプロセスについての象徴的な視点を提供し，個人的体験をその変化プロセスの中で明らかにすることに特に役立つ。そして，そういった変化のプロセスは，臨床上のメカニズムや成果について理解を深めることに繋がるといえる。このような質的な研究は，治療上の変化プロセスについて検討する。そういった検討は，クライエント／セラピスト／場面といった個別的な視点から，あるいは，臨床実践で起こりうるさまざまな自然な状況という観点から行われる。これらの研究成果を一般化することには限りがあるが，そのモデルの中で，あるいは適用できる場面内においてプロセスを理解するために必要なエビデンスを提供する可能性はある。

　研究を実施することへの移行については，カップルや家族療法の介入や治療を集団場面での実践に移行する場合に，さまざまな事柄を考慮しなければならない。そのような研究では，**コンテキスト的な変数**（例えば，セラピストの変数，クライエントの変数，組織化されたサービスの配信システム）を取り扱う。そういった変数は集団に対して実施する研究が成功することを強化するか，あるいは限定させるかのいずれかである。これらの研究はエフェクティブネス研究と同様な方法論を用いるが，コンテキストによって影響される可能性を説明できる変数に着

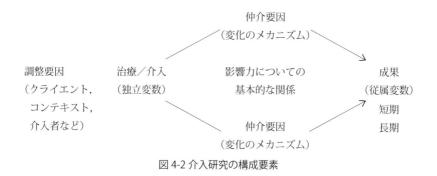

図4-2 介入研究の構成要素

目しなければならない。コンテキストというのは、集団を基盤にする臨床研究の中で、これまで確立された研究の成果を仲介するようなインパクトを与えるのである。

メタ分析という研究報告は、研究を通して共通の要素、新しい治療メカニズム、あるいは異なる結果について理解し、明確にすることに貢献する。メタ分析とは一つのテクニックである。そのテクニックを用いることで、研究を集め、数字的効果の大きさを決定する。多くの場面設定を通して研究結果の影響力や関係性を向上させ、体系的に数字的効果が要約されることになる。この方法論は、具体的な研究から臨床的に意味あるものへ抽出していく上で特に重要である。つまり、臨床実践に適用していくという方向性である。

家族心理学研究では，どんな研究が良いのか？

関係性システムと臨床的介入は、一つの方法やアプローチだけでは、その領域を適切に捉えて表すことができないといった複雑なものである。どういった研究が優秀かといった観点でも、一つだけの基準が存在するわけではないが、少なくとも、臨床上の治療に関する高いレベルの研究というのは、以下のことを含むべきである。それらは、（1）治療モデルの内容に関する明確な指定（例えば、治療マニュアル）、（2）モデルの忠実性の測定（セラピストの約束順守あるいは力量）、（3）クライエントの問題の明確化、（4）その治療をテストする上で、どういったコンテキストを提供すればよいかについての詳細な記述、そして、（5）臨床上の成果について具体的かつ十分理解できる測定方法、である。

最良の研究であるための研究タイプがあるわけではないが、研究をよりよく遂行するために用いられる基準はある。明確にいえば、ある一つの研究は、治療が成功するような介入を明らかにできるのではない。臨床上、最も有用な研究は、クライエントの要因、治療の影響、そして、具体的な変化のメカニズムの間で相互作用があることをベースとしている。その具体的な変化のメカニズムがカップルや家族研究において測定できる成果に結び付く。関係性を形作る相互作用を検討する上での特有の曖昧さや複雑さがあるのにもかかわらず、研究のエビデンスを評価する時に考慮すべき重要な領域を決定することはできる。また、その研究を臨床に有用なレベルにもっていくためにどのようにしたらよいかについても明確にすることができる。カップルや家族心理学における研究をするためのガイドラインがあり（Sexton et al., 2011）、臨床についての信頼できる研究は以下のよ

うな最低限の基準があることが示されている。

1. **再現可能で特定できる臨床的介入。**介入とは，セラピストの意識的で意図的な行動である。それは，クライエントの機能をさまざまな領域にわたって回復させる目的であることを明言する，という臨床的なコンテキストで行われている。治療的介入は，特異的個別的行動から包括的な治療プログラムやモデルに至るまで多岐にわたる。そういった包括的治療プログラムやモデルは，複雑性や特異性のレベルが上がっていることを指す。テクニックは，目指す成果について狭義の意味で，個別的で，単独の，関係を示す，構造化された活動である。対照的に，**治療プログラム／モデル**は，理論的な原則，臨床上の変化プロセス，変化のメカニズム，約束順守の測定を伴った包括的な治療パラダイムということになる（Chambless & Hollon, 1998）。Wampold（1997）は，誠実な治療について，臨床上の変化のために明確に連結されたメカニズムに関する輪郭を提示している。その変化というのは，そのクライエントにとって治療的であり，体系立てられ，個別化されたものである。明確にいえば，具体性が高い介入は，より再現可能であり，研究に開かれており，研究の質を担保する約束順守の度合いに対して修正可能なのである。具体的かつ再現可能な介入がなければ，その介入に対する臨床上の有用性について信頼があるということは難しい。

2. **包括的な研究のエビデンス。**一つの単独な研究では複雑な現象について説明することができない。同様に，エビデンスを評価できるような典型的な方法を有する研究の全てが，介入をテストする際にその研究が統計的な強みや方法論的な厳密さについてのみ信頼できるのである。強いエビデンスを決定するような伝統的なアプローチは，研究の方法論の質の評定についてだけは信頼できる。臨床的介入にとって何が包括的なエビデンスかを決めることは，内的と外的妥当性のバランスである。このバランスもまた，エフィカシー研究対エフェクティブネス研究として概念化されている。エフィカシー研究は典型的に内的妥当性に重きを置き，エフェクティブネス研究は典型的に外的妥当性を強調しているかのように見える。より具体的にいえば，絶対的なエフィカシーあるいはエフェクティブネスは，一つの治療が治療しない時に比べて機能したかどうかで決まる。対照的に，相対的エフィカシーに関する研究は，比較としてのエビデンスを提供する。つまり，一つの治療が実行可能な他の治療に比べて有効であったというエビデンスである（例えば，異なる手順の治療，他の治療モデル）。相対的エフィカシーは，ある具体的な臨床状況でどんな治療がベストかに関する重要な意味を持つ情報を提供する（Wampold, 2003）。その介入が他のさまざまな治療より優れていたという結果は，治療を施さなかった統制群に比べて優れていたという結果よりも，高い効果があったことを示している。

３．高いレベルであるが多様性のある研究の方法論。異なる研究の方法論は，介入や治療プログラムについてのエビデンスを判断するために，ユニークな視点を提示する。異なる疑問や異なる発展的なコンテキストにおいて，最も適切な研究方法は，より具体的な臨床上の疑問に答えられるように変化が起こることである。このように，方法論が優れている唯一の研究というのは存在しない。代わりに，家族心理学の介入／治療に関する研究は，介入／治療モデルについての内容（例えば，マニュアル）や介入／モデルの厳守の度合い（例えば，セラピストの約束順守あるいは力量）に関する明確な仕様書を含むことである。家族心理学の介入／治療に関する研究を，その成果を具体的かつ受け入れられる手段で利用することによって，クライエントの問題を明確に決定することもでき，介入／治療がテストできるようなコンテキストを完全に記述することができるようになる（Sexton & Gordon, 2009）。

システマティックな視点からすれば，臨床研究についての伝統的な黄金律の方法，つまり RCT だが，いつもベストとはいえない。あるいは最も効果的とはいえない。それが，関係を示すシステムにおける臨床上の変化についての問いに対する答えである。家族心理学では，RCT は必要ではあるが，効果的な臨床実践を理解し，評価し，促進するために十分なアプローチとはいえない。心理学的な治療では，エビデンスのさまざまなレベルについて考えなければならない。そのエビデンスが広義（治療しない時と比較して効果があること）から，具体的かつ臨床上の意味合いを持つ（なぜこの状況でこの人に効果があるのか）ということまでの，さまざまなレベルである。何が良い治療なのかを決定するのは，エビデンスが最も適切なレベルとしてマッチしているような，異なる方法論をベースとすることになるだろう（Sexton & Gordon, 2011; Sexton et al., 2013）。例えば，何が効いているのかを決める際に，RCT は絶対的かつ相対的な効果を検証するためのさまざまなツールを提供する（Kazdin, 2006）。しかしながら，その効果を一度確立すると，さらに微調整された臨床的に豊かな問いに答えるためには他のアプローチが必要になる。これらの方法には，量的研究，ケーススタディ，適合対照デザイン，そして，メタ分析が含まれる。各々の方法は，独自な価値のために用いられるというよりもむしろ，その事象における問いにフィットするように用いられる必要があるだろう。そして，同時に，確立された方法論の質にも見合うことが求められる。

４．クライエントと臨床的問題の多様性。エビデンスは，臨床の問題を抱える多様な

人々から体系立てられて集積され，具体的で再現できる介入や変化のメカニズムとして活用される。そういったエビデンスは，潜在的に関係のある情報として臨床家に提供される。クライエントは独特の世界観をセラピーにおける相互作用に持ち込んでいる。その結果として，研究の成果をさまざまな問題を抱える少数の人々にも適用できるので，臨床家はその治療がさまざまなクライエントにとって妥当性があるかどうかを知ることができるのである。そのクライエントは，白人の中上流階級の学生だけではない。したがって，研究で検証している実例に関連のある人々の層（例えば，人種，民族，性自認，社会クラス）の特徴を明らかにできることは非常に重要な意味を持つ。このように，臨床家は具体的な治療について固有の人々への適用性を決定することができる。

5．臨床的態度に関するメカニズムへの着目。臨床上の介入プログラムは，さまざまな具体的な臨床的変化のメカニズムから構成されていることが多い。そのメカニズムは，クライエントの変化に貢献することに積極的な材料から作り上げられている。ある介入には，他にはないような，はっきりとうまく連結された変化のメカニズムが存在する。変化のメカニズムが実験的に有効であったプログラムは，優秀なプログラムである。なぜならば，それらは介入の全体を通して役に立つからである。加えて，これらの共通した，あるいは，具体的な変化のメカニズムについての知識を得ると，臨床家は，介入プログラムに関する具体的要素に対して深く洞察することができるようになる。そこには，研究成果があるだけではなく，必要なプロセスに関する研究がある。それらの研究は，ある特定の介入のための行動を理論的に提示できる方法が，変化のために信頼性や妥当性のある方向性であることを示してくれる。その時に，私たちは自信を強く持って臨床実践を行うことができるのである。臨床家はそのメカニズムの中に有用性を発見し，特定のケースについてのユニークな特徴に対処することが必要である。

6．包括的な臨床的成果。家族心理学に関する研究では，時間をかけて多角的視点から，個人の変化と関係性の変化に注意を払わなければいけない。実際，カップルと家族の研究では，最初の成果である影響力として関係性の変化が起こる。成果に関する包括的視点は以下のような観点での変化を含んでいる。それらは，個人的機能，カップル／家族機能，臨床症状の減少，クライエントのウェルビーイングの全体的な度合い，あるいは，介入／治療を集団で遂行するための費用便益に関する分析などである。以上のことより，症状の減少はクライエントの日常生活での機能が変化したことに相当するわけではないことが推察される。加えて，カップル・セラピーの研究では，関係満足度は，たとえ関係不満足が治療の着眼点ではない時でさえも，しばしば一つの成果として計測されている。介入／治療に活用できる成果のタイプを理解することによって，研究の成果を臨床場面で適切に用いることができるよう

になる。

我々がすることに対して我々は何を知ってるのか？

　家族心理学に関する研究は，システミックなエビデンスに関する重要な知識の基盤を提供してきた。これらによって，家族システムの認識論とその結果である臨床的介入をサポートしてきた。同様に，そのアイデアをシステミックに適用することによって，どのように家族とその関係性の機能が発揮されるかについては，前のセクションでより多くの理解が得られたことだろう。これらの方法の成果について注目し，私たちがすることに対して私たちは何を知っているのかを考えてみよう。家族心理学の研究の主な２つのカテゴリーについて知っていることの全てを記述することは，本章の範囲を超えている。それらは，つまり，（１）クライエントと問題について記述し理解すること，そして，（２）臨床上の介入に関する研究である。しかしながら，可能な限りで知識の広さを提供することは重要である。次のセクションでは，研究の基盤について概説する。

認識論的視点についてのサポート

　一つの認識論についての妥当性を証明することは不可能である。認識論を理解する上で重要な方法として，文化的仮定をベースとした複雑な考え方があることを知ることだけである。それらの仮定は，研究するためには十分具体的とはいえず，十分定量化できるとはいえず，十分想定できるとはいえないのである。結果として，一つの認識論あるいは理論の含意に着目し，期待される関係性が生起するか否かを調べることが重要なのである。家族心理学についての認識論を研究するためには，例えば，システム論に関する生態学的でシステミックで発展的観点と，個人の行動との間に決定的な関係があるかどうかを調べなければならない。

　Sexton & Stanton（2015）は，クライエントと臨床的問題をシステミックな視点から記述している研究について包括的な報告を提供した。例えば，家族環境の特徴が精神障害に対する個人の脆弱性を強化することは既知のことである（Beach, Wamboldt, Kaslow, Heyman, & Reiss, 2006）。どの家族メンバーが敵意や批判を表現するかの程度と，どの家族メンバーが情緒的な精神病理に侵されているかの程度が，個人がうつ，躁，精神病のエピソードを表出する上で一つの要因になる（Hooley, Phil, Miklowitz, & Beach, 2006）。家族が表現する感情は環境的ストレッサーとして働く。そのストレッサーは，個人の遺伝的脆弱性と相互作用し，うつ，

躁や精神病を増強あるいは再発する可能性を高める。逆に，個人が呈する精神病の症状が家族関係を変化させるように強制することを示唆する知見もある。そういった家族関係というのは，家族メンバーの相互作用がうまくいっていないという結果であるかもしれない。そして，関係の葛藤が精神症状の進行に影響を及ぼしていく。家族が表現する感情とコミュニケーションの要因が，統合失調症の発症についての確実なリスク要因として決定付けられることに繋がる（McFarlane, 2006）。

　葛藤や拒絶，家族による情緒的サポートの希薄さ，効果的ではないコミュニケーション，貧しい愛情表現，虐待，不安定な愛着，というようなカップルや家族の関係プロセスは，個人のうつ症状と関連がある（Beach & Whisman, 2012; Bernal, Cumba-Avilés, & Sáez-Santiago, 2006）。例えば，うつにかかっている大人は効果のないペアレンティング（しつけ）を行いやすく，親子関係の葛藤を経験しやすい。結果として，このような関係の困難さが，親や青年期の子どもがうつのエピソードを呈しやすくするような傾向を促進してしまう。統合失調症患者に対する治療についての報告では，主に２つの知見が挙げられる。そこでは，一貫性のある着実なエビデンスが提示され，再発を遅らせ可能な限り再発を予防するために行った家族への介入が肯定的な影響を与えることが示されている（Dixon & Lehman, 1995; Hahlweg, 1987）。

　その研究の知見によると，症状が関係性システムに影響を与え，関係性システムは個人の行動と相互に影響し合い，そして，症状は家族心理学の主要なシステミックな原則に対して重要かつ強力なサポートとなるという。さらに，研究結果は成功する治療のための方法を導いてくれる。成功する治療とは，家族への介入に着目し，精神病の再発を予防し，かつ／あるいは，うつの治療に役に立つものである。将来，効果的な予防プログラムも導入されることだろう。その予防プログラムでは，精神疾患を予防するために役立つように，一人の人間を取り囲む生態学的で関係論的なシステムをターゲットにすることができる。

　これまで，家族や両親が子どもの発達には大変重要であるという見解について支持されてきた。子どもにとっての最初の社会的コンテキストとして，社会的能力や人間関係，自己統制のスキルを熟達させるために，家族関係と親の両方が重要な影響を及ぼす。激しい葛藤（怒りと攻撃），不十分なペアレンティング，そして，冷淡で支えとならない，あるいは面倒を見ないような家族相互作用がある家族は，子どもに精神病理を生じさせてしまう（Knutson, DeGarmo, & Reid, 2004）。

子どもに対して対応しない，あるいは拒絶するような家族力動は，子どもの行動障害や攻撃性を発展させてしまうことになる（Repetti, Taylor, & Seeman, 2002）。一方で，保護するようなペアレンティングの要因（ペアレンティングによる指導の質，頻繁に活動を共にすること，管理すること，子どもの時間を作ること，建設的なしつけの方向性）は，全て直接的に，肯定的な青年の発達に関連付けられる（Hutchings & Lane, 2005）。ペアレンティングの質は，最も影響力のある調整変数として認識されるため（Dishion & McMahon, 1998; Repetti et al., 2002），行動障害の問題を抱える子どもの治療に参与するポイントとしてしばしば活用される。臨床家が，数多くの社会集団的要因（例えば，社会経済的な地位，居住者の安定性）についての変化に合法的な影響を与えることはできないと感じるかもしれないが，臨床家はペアレンティングの方策を促進させることができ，環境要因に働きかける影響力として考慮に入れることが可能になる。

　最終的には，大きな集団や社会システムは，子どもの発達においてリスクと保護という両方の要因をもたらすことに高い確信が持てる。そして，リスク要因は，子どもの問題行動とメンタルヘルスの問題を始動させ，促進させる可能性がある。不利に働くような社会集団的要因は子どもや家族にさまざまな影響を及ぼすのである。子どもを回復に導く，あるいは保護するといったことを前提とするためには，同様な経験に対する個人の反応がさまざまな形で存在することが基盤になる。薬物使用に至る多次元的でシステミックな補完を決定する独自性のある研究がある。Sale ら（2003）は，内的および外的な要因の間の関係性，特に子どもが家族や学校との繋がりについて言及し，それが子どもの薬物使用を予測する上で最も重要であることを報告している。影響力に関するシステミックな方向性を決定する試みとして，3つの要因が挙げられている。すなわち，学校との繋がり，家族との繋がり，セルフコントロールである。外的なリスクや保護の要因としては，家族のスーパーヴィジョン，学校の予防的環境，集団の保護的環境，近所のリスクが，このモデルで提示されている。このモデルでは，家族の繋がりが，薬物使用に対して実質的に入り込む上での鍵となることが示されている。薬物使用に関しては，（内的，外的，そして基準となるような）保護となる影響力が相互に関わっていることが明確に支持されている。

　一つの認識論的視点を実証する方法はないが，システムの一部の間にある相互作用については検討することができる。システミックな認識論によって予測できる方法を用いて，そういった相互作用が働いているかどうかを突き止めることは

可能である。発達を踏まえた家族関係に関する詳細な歴史と，リスクと保護因子の研究は，以下のことを示している。それは，個人は関係論的かつ生態学的なシステムに大きく影響されていること，そして，個人の問題もシステムを変化させることである。したがって，家族システムの構造やプロセス（第3章，第4章参照）は，家族心理学領域の累積された研究によって支持されていることが明確である。

家族心理学の臨床的介入は効くのか？

　カップルや家族を基盤にした介入の効果に関する研究は，50年前から行われてきた。臨床的介入に関する研究は，心理臨床実践における基本的な問いは何なのかに着目している。心理臨床実践は50年以上も前に，Eysenck（1952）によって成長を遂げた。

a. この介入／テクニック／実践は効果があるのか？
b. どこで，何があれば，そして，誰に対して効果があるのか。つまり，どんな状況で効果があるのか？　どんな問題に対してなのか？　どんなタイプのクライエントに対してなのか？
c. 何に関して効果があるのか？　変化を引き起こす臨床上のメカニズムは何なのか？

　初期の研究では，（広義の療法としての）家族心理学が効果的かどうか，何に関して効果があるのか，誰と一緒ならばうまくいくかについて探求が行われた。これらの研究の報告は，説得力のあるエビデンスを産出し，さまざまな臨床的問題に関してカップルや家族への介入は有効であると結論付けられた（Gurman, 1971; Gurman & Kniskern, 1991, 1986）。家族療法は，広範囲にわたる具体的な臨床に関する問題についてポジティブな結果をもたらし，数多くの症状に対する治療について明らかにしてきた。Gurman & Kniskern（1991）は，カップルや家族の治療に関連する200以上にものぼる研究について，それらの効果を確認した。彼らは，広範囲のシステミックな実践は効果があることを見出し，さらに，家族葛藤に帰属する問題に関して家族療法は有効であり，多くの個人療法よりも効果的である可能性を示唆している。その後の報告では，Gurman, Kniskern, & Pinsoff（1986）が，1970年から1984年の間に出版されたカップルや家族に関する論文の報告に関して，47件もの論文に重なる部分があることを示した。Sexton, Alexander, &

Mease（2003）と Sexton ら（2013）は，システミックな家族療法とカップル・セラピーが，臨床的問題を呈する数多くのグループに対して具体的で効果的なアプローチであると同様に，広範囲の介入が可能であるエビデンスをベースとしたモデルであることを指摘している。最後に，Sexton ら（2013）は，最もシステミックな研究報告をデータとして導き，さまざまなモデルを支持するようなさまざまなレベルのエビデンスに関するカップルと家族心理学の研究を分析した。その知見では，広範囲に利用でき活用できる数多くの臨床的介入プログラムが，高いレベルのエビデンスに相当することが示唆されている。これらの結果を受けて，Sexton ら（2013）は，カップルと家族心理学を支持する論文は，少なくとも他の心理療法と同じくらい影響力の強さがあり，臨床的問題が著しく快方に向かうと結論付けた。

　質的な研究の報告もまた，以下のように示唆している。家族心理学による治療は，一つの効果的な治療形態であり，特に，関係の不満足に関しては広範囲の問題を取り扱うことができる。関係の問題に比較すればその程度は低くなるが，特定の個人が呈する問題に関しても有効であるとも報告されている。家族心理学による治療を全く治療していないグループと比較すれば，効果が上がることは非常に明らかであり，他の治療をしているグループと比較した場合でも，効果の程度は少し落ちるが効果は認められる。例えば，Sexton ら（2013）は，治療したカップルの約 40 パーセントが健康満足度の改善を経験したことを報告している。家族心理学による治療においてまだ有効性に関するエビデンスを提示できていないものもあるが，研究されているいくつかのタイプでは，クライエントの改善が他の治療様式と同程度であることを示せるといえる。

　数多くのメタ分析は，家族心理学についての広範囲かつ具体的な介入の両方に対して支持している。例えば，Shadish, Ragsdale, Glaser, & Montgomery（1995）は，システミックな家族療法についての重み付け平均効果サイズ（$d = .47$）が，集団療法と個人療法についての報告より下回っていることを示した。しかし，彼らは同時に，家族を基盤とした介入は，何も介入を受けないよりは効果が上がることも示唆している。Dunn & Schwebel（1995）によれば，カップル・セラピーは何も治療しないことに比べると変化を引き起こす上で効果があることが示され，さまざまなカップルの関係性において，治療後（$d = .79$）とフォローアップ後（$d = .52$）での変化が示されている。これらの結果について，認知，感情，そして関係性の質に対する通常の態度など，さまざまな成果を上げていることが明

白である。Shadish ら（1993, 1995）は，カップル・セラピーが治療をしない場合に比べて適度に有効（$d = .60$）であることを報告した。より具体的にいえば，彼らはカップル・セラピーの有効性が著しい2つの領域を指摘した。それらは，包括的な結婚満足度（$n = 16, d = .71$）とコミュニケーション／問題解決（$n = 7, d = .52$）である。

　家族心理学は具体的な臨床的問題に効果はあるのだろうか？　数多くの臨床的問題領域では，家族心理学による臨床的介入は非常に有効である。ほとんどの場合，非常に具体的でうまく構成された治療プログラムであり，特有の問題に対して最も優秀な成果を上げている。家族心理学が有効であるような臨床的問題の多くは，心理臨床家が実践で直面している非常に難しい問題であることも知っておくべきである（例えば，うつ，重篤な精神疾患，反抗挑戦性障害［ODD］，若者や成人の薬物乱用障害など）。

　例えば，統合失調症の治療は，家族心理教育（FPE）を通して，どのように，服薬順守や回復のような患者の進歩に反応するかについて焦点を当てる（McFarlane, Dixson, Lukens, & Lucksted, 2003）。以前の報告では，FPE は精神病のエピソードの再発を遅らせることに成功し，それは通常のケアに比べて50パーセント以上の確率で再発を減少させられたことが指摘された（Sexton et al., 2003; McFarlane et al., 2003）。最近の報告では，多様な文化的コンテキストにおいて薬物療法の補助としての心理教育的な介入の有効性が確認され，FPE は成人の統合失調症患者の治療に対してエビデンスを基盤とする実践として認められた（Bird et al., 2010）。さらなる研究の必要性はあるが，彼らはカップル・セラピーが女性のうつを治療することにも有効であると推論した。加えて，カップル・セラピーは，他の治療を補完する際に，薬物使用の成人に対する治療効果を向上させる可能性がある。

　家族システムのセラピーモデルが，児童期や青年期の問題行動に対する治療の選択として意義深いポジティブな成果を上げたこともエビデンスとなっている。Farrigton & Welsh（2003）は，統制された効果研究に対するメタ分析を行った。それは家族を基盤とするプログラムの異なるタイプの有効性に関する研究であり，そのプログラムは非行や反社会的な子どもの行動を予防する目的であった。その治療には大きな意義が見出された。また，若者と親のうつに対する治療において家族療法とペアレンティングプログラムが成功したことが示されている（Beach & Whisman, 2012; Paz Pruitt, 2007）。特に，研究の知見は，**愛着に基づく家族療法**とシステム統合家族療法は効果的なアプローチであることを示唆して

いる（Diamond & Josephson, 2005; Paz Pruitt, 2007; Trowell et al., 2007）。実
証されたエビデンスが累積され，行動に関する親のトレーニングが，注意欠如多
動性障害や反抗挑戦性障害（ODD）に関連する子どもの問題行動にポジティブな
効果を与えていることが示されている（Diamond & Josephson, 2005; Kaslow et
al., 2012; Roberts, Mazzucchelli, Taylor, & Reid, 2003）。同時代に存在した研究
では，家族に着目した**親子相互交流療法**，トリプルP，インクレディブル・イヤ
ーズという３つのプログラムの成功が達成され，それらは青年期直前の子どもに
対するマニュアル化された介入であり，エビデンスを基盤にしている（Sexton et
al., 2013）。

　家族療法は，拒食症や過食症，そして肥満の子どもや青年に対して有効である
（Carr, 2013）。青年期の拒食症に対して，６つのケースは統制されずに家族療法
の治療が行われ，５つのケースには無作為で家族療法の治療が行われたが，それ
らについて Eisler（2005）による説明的報告がなされた。治療後にはケースの半
分から３分の２の間で，青年が健康的な体重に至るという結論が得られたという
ことである。６か月から６年間にわたるフォローアップでは，60 ～ 90 パーセン
トの青年が完全に回復し，10 ～ 15 パーセント以下の青年が重篤な病気として分
類された。過食症の青年に対する２つの家族療法による治療では，支持的療法よ
りも効果があったことが指摘され（Le Grange et al., 2007），認知行動療法と同
等な効果があったことも報告された（Schmidt et al., 2007）。なお，認知行動療
法は，成人の過食症に対して選択されるべき治療として，明確に実証されている
（Wilson & Fairburn, 2007）。

　Waldron & Turner（2008）によるメタ分析では，青年の薬物乱用障害に通院
治療を行った 17 の研究結果について分析している。その被験者には，７人は個
人を対象とした認知行動療法（CBT），13 件のグループ CBT，17 件の家族療法，
そして，９件の最小限の治療を行った統制群を含んでいる。全ての治療の効果に
ついて平均値を取ったところ，0.45 であり，「効果が低い」から「ほどほどの効
果」の間であった。３つのモデルのみが薬物乱用障害の治療として確立されたモデ
ルの基準に達していた。それは，２件のシステミックな治療アプローチ（MDFT,
FFT）と１件の行動的アプローチであった（グループ CBT）。家族に着目したモデ
ルが３件追加されたが，有効である可能性として分類された。それらは，２件の
システミック・アプローチ（戦略的短期家族療法，MST）と行動的家族療法であ
った。治療を目的としたアプローチのいずれも，青年の薬物乱用に対する他の効

第4章　家族心理学の科学的基盤

果的な治療よりも優れていたとは明確にはいえなかった。

　家族心理学は何に対して効くのか？　私たちは効果的な家族療法における変化のメカニズムについて，広範囲かつ具体的な介入プログラムの成果に比べて，それほど多くのことを知っているわけではない。そこには変化についての材料を決定するための明確な影響力があるのだが，プロセス研究は複雑であり，通常は特有な治療介入プログラムの中に埋め込まれている。そして，その介入を届けるための特有なコンテキストが定められている。クライエントの効果に影響を与える治療プログラムの内外にある多次元的な変数は，分離して検証することが困難である。それらの変数は関係を示すものであり，ほとんどの場合セラピストと家族の間にある相互作用の共同体の中に存在する。カップル・セラピーと家族療法の成果における個別の効果を決定する目的で，関係を示す要因から別々の介入を分離させることは挑戦的なことである。変化のメカニズムは，セラピーを行う際に目的を持った介入の複雑なセットの中にある一部分ということになる。そして，変化が生起するようなコンテキスト以外で変化のメカニズムを理解したところで，それは実践的でも実用的でもない。

　データに関しては，多くのプロセス研究があり，以下の3つの領域内で行われている。それらは，（1）家族メンバーと治療同盟を確立すること，（2）葛藤的な家族相互作用を取り扱うこと，（3）家族相互作用を変化させること，である。包括的なリストではないが，主な研究知見が網羅されている。

　治療同盟。1978年に早くもGurmanとKniskernが，「肯定的な関係を確立するためのセラピストの能力は……夫婦・家族療法における重要な成果に関連付けられたセラピストの要因として，最も継続したサポートを受けることである」（p.875）と結論付けている。現今，検討されているように，同盟は「多次元的でシステミックな契約である。その契約というのは個人とグループの相互作用プロセスと，家族療法における治療関係の進展に関する影響について説明している」（Sexton & Datchi, 2014, p.20）。プロセス研究は，家族療法における同盟とクライエントの成果の間にある結び付きについて検討し，その関係を強めるような家族と治療についての変数を決定している。

　家族とカップルの否定的傾向と非難を減少させる。家族療法のプロセスについての包括的な報告では，一般的には，家族の否定的な傾向は時期尚早な終結となる前兆であるかもしれないと述べられている（Friedlander, Wildman, Heatherington, & Skowron, 1994）。しかし，葛藤／否定的傾向は治療に影響され

95

やすいという研究結果もある。例えば，Melidonis & Bry（1995）は，セラピストが家族メンバーの非難するような言動を減少させることができ，例外について質問し，肯定的な言動に選択的に注目することによって肯定的な言動を増やすことができることを明らかにした。同様に，リフレームによる介入によって，家族メンバーが家族療法の面接場面で防衛的なコミュニケーションを行う可能性を減少させることが示されている（Robbins, Alexander, Newell, & Turner, 1996; Robbins, Alexander, & Turner, 2000）。Diamond & Liddle（1996）は，セラピストが家族メンバーの間で感情処理に関する約束を作った時に，行き詰ったセラピーがうまく解決したことを示している。その約束というのは，ネガティブな感情をブロックして向き合い，生産的な会話を促進するような考えや気持ちを丁寧に説明することであった。

　家族心理学は多様なクライエントに効くのか？　家族心理学が多様な人々の層に対して有効であるのかという疑問は，家族心理学の研究の中で取り上げられることは少ない（Sexton et al., 2013）。行動障害，若者の薬物乱用，重度の精神病への心理教育，子ども／青年の内在化障害に関する家族療法の研究を例外として除けば，ほとんどの場合，研究の被験者は主として白人であり，ラテンアメリカ系ではない（Sprenkle, 2012）。MST と FFT の両方とも，アメリカ合衆国やヨーロッパの民族的にも文化的にも多様なコミュニティにおいて検討されている（Flicker, Waldon, Turner, Brody, & Hops, 2008; Harpell & Andrews, 2006）。もっとも最近の研究では以下のことが示唆されている。英国の民族的に多様な青年に対する治療では，MST が他の治療に比べて青年の行動に関する効果を強化したこと，ワシントン州において重篤な精神衛生上の問題を抱える少年犯罪者が MST に参加した際には再犯する確率が平均的に下がったこと，そして，問題行動に対する MST のポジティブな効果が，英語を話さないノルウェーのコミュニティで時間が経過しても継続されていることである（Butler, Baruch, Hickey, & Fonagy, 2011）。同じように，アメリカ合衆国とアイルランドで地域密着型の環境では，モデルどおりであるという高いレベルの約束順守のもとで実践されている場合に，FFT は少年犯罪者の常習的な犯行を減少させることが見出された（Graham, Carr, Rooney, Sexton, & Satterfield, 2014; Sexton & Turner, 2010）。

科学者−実践家を基盤にする家族心理学者になる

　臨床実践において科学を具現化するのは，科学者−実践家モデルであり，心理

第 4 章　家族心理学の科学的基盤

学の始まりからトレーニングと実践の中核である（Hilgard et al., 1947; Raimy, 1950）。このモデルは科学と実践の統合を支持して志向し，そしてこの分野に参入する新しい専門家と熟練した実践者の両方に関係している。Belar & Perry（1992）によれば，科学者－実践家モデルの目的は批判的思考ができること，そして科学的基盤と専門性の実践のギャップに橋渡しできることであるという。Jones & Mehr（2007）は，科学者－実践家モデルの核心に関する 3 つの重要な前提を明らかにした。第 1 の前提は，心理学者が必要な知識と技術を発展させてくれるという期待である。それは，心理学者は科学的知識を創作しては消費し，有効な心理的介入を助長できるように臨床研究の方法を熟達させ発展させるために行っている。第 2 の前提は，成功する実践とはどのようなことから構成されているのかについての知識基盤を発展させるためには，研究が必要であるということである。第 3 の前提では，臨床実践と研究活動の両方おける直接的な介入が，重要な社会的事象に関する研究に対して交互作用効果を作り出すということである。要するに，科学者－実践家モデルを理解するための究極の目標は，クライエントの利益を最重要課題とし，実践の発展と強化のために，システマティックな科学的方法を用いる専門家になることである（Jones & Mehr, 2007）。

　現実的には，科学者－実践家の役割を引き受けることは簡単なことではない。さまざまなタイプのプロセス研究や効果研究，そして，クライエントやセラピスト，臨床的な変化プロセスについての広範囲の研究から，それらの研究結果は，実践家の臨床的意思決定プロセスに活かされることになる。成功している科学者－実践家は，臨床的治療プロセスの中で手引きを見つけるために，広範囲の膨大な科学的知識を消費する実践家である。このように，科学を実践に翻訳することは，非常に複雑な研究の集合体が前提であり，臨床に関する知識や技術は，臨床上の意思決定のために実用化されている。さらに，研究結果を発展していくためには，実践家はもはや数少ない学術誌を読むことで最近の研究によく通じているということにはならない。実際，関連のある全ての研究に遅れないでいるためには，毎月 627.5 時間かかるだろうと推量されている（Walker & London, 2007）。成功するためには，科学者－実践家は，研究で語られた言葉を，自身特有の実践についての疑問に答えて情報提供がなされるように翻訳できなければならない。そのためには，実践家はどんな研究が役に立つか，どのようにそれをうまく使うか，そして，どのようにその限界を理解するかについての知識を持っていなければならない。科学を実践にうまく翻訳するための基礎的な知識として，介入のレ

97

ベルやエビデンスのレベルについては後述することにする。

　科学を臨床実践に翻訳する難しさは，この２つの領域がリンクしている在り方，あるいは科学と実践の間にあるスペースについて対処しなければならないことである。このように考えると，それは，概念モデルによって明確に定義されていない，もしくはモデルに付随する能力として気付かれてこなかった領域の間を翻訳するプロセスである。一つの新しいモデル（例えば，科学者－教育者）が必要とされているわけではない。その代わりに，科学者－実践家モデルについてより包括的定義について議論し，科学を実践に翻訳できる基礎的かつ専門的な能力を決定し，記述することにする。概念モデルに対してアプローチするために，２つの重要な観点を浮き彫りにする。それらは，概念モデルに関するエビデンスレベルと，実践に関するエビデンスレベルである。それらをリンクさせ，領域間にある情報を取得して発展させることで，より良い総合的な治療に至るための方法を駆使することができるのである。

　表 4-1 は，あるエビデンス・アプローチのレベルが等しい時に知りうることが，科学者－実践家モデルの中で活用されていることを示している。表 4-1 では，Sexton & Gordon（2009）が，家族心理学のためのエビデンスを評価するガイドラインを挙げ（Sexton et al., 2011），家族心理学の最近の実践プログラムに適用している。一番強力なエビデンスを持つものは，最も信頼できるプログラムであり，正確に行えば，基礎研究で得られた効果と同じ効果に至ることを示す。一番弱いエビデンスを持つものは，臨床上の介入プログラムとして用いるには信頼性と妥当性が低いことになる。

研究－実践の弁証法

　研究と実践の間に見つけられた葛藤といったこと以上に明確な弁証法を提示しなければならないのであれば，おそらく家族心理学は入り込む余地がない。長年にわたる研究－実践のギャップは，エビデンスを基盤にした治療や科学的基盤の臨床的治療の手続きを用いる環境の中で，討論や論争が進行中である。気高い願望がある一方で，研究と実践のギャップは，科学者－実践家モデルを本当の意味で理解することが難しく，心理学の主要な概念として大部分は実現化されていないことを物語る。代わりに，多くの専門家は自身が科学者なのか実践家なのかのどちらかだということを明らかにしている。この分裂は実際のところよく理解できる。科学者は一般的に法則定立的（グループと類似性）なレベルの情報に着目し，実

第4章　家族心理学の科学的基盤

表 4-1 家族介入のためのエビデンスのレベル

エビデンス のレベル	レベル 1	レベル 2	レベル 3
プログラム と介入	「エビデンスに通じた治療／介入」 ・補助的な家族心理教育行動に関する家族を基盤とする介入 ・最優先のグループを基盤とする家族療法 ・グループと個人の家族治療（GIFT） ・グループ集中家族トレーニング（GIFT） ・医療家族療法 ・支持表現療法に関心があるペアレント ・システム統合家族療法（SIFT）	「期待できる技術，介入，プログラム」 ・青年期移行プログラム（ATP） ・シカゴペアレントプログラムコーチ ・行動化する子どものコーチング ・理解し合うペアレントグループ ・家族強化プログラムへの対処 ・全般的家族療法 ・集中家族療法 ・瞑想トレーニング ・ソリューションフォーカスト STEPP ・家族強化プログラム ・全般的「家族フォーカスト」治療 ・全般的家族トレーニング	「エビデンスを基盤にした治療プログラム」 ・認知行動療法（CBT） ・多次元的家族療法 ・マルチシステミック療法（MST） ・親子相互交流療法 ・遷移の家族—FIT 家族チェックアップ ・ペアレントフォーカスト介入 ・ペアレントマネージメントトレーニング ・愛着に基づく家族療法 ・機能的家族療法 ・インクレディブル・イヤーズ ・トリプル P ポジティブペアレンティング ・KEEP ・オレゴン社会的学習センター

践家は個性記述的（個人や独自性）なものに着目する。時間と共に，これらの重要な相違点は，科学者と実践家の役割の違いを助長させることになった。研究－実践のギャップが大きくなったことは，トレーニングに関する主要な科学者－実践家モデルの再定義を求める声を引き起こした。科学者－実践家モデルは，1949年の臨床心理学に関する大学院教育についてのボールダー会議で確立され，学者－実践家あるいは，教育者－実践家モデルについてさらに着目されるようになった（Committee on Training in Clinical Psychology, 1947; Raimy, 1950）。

　研究と実践のギャップの本質は，科学とアートの間にある葛藤としてまとめられうる。家族心理学はアートであり，科学でもあり，その間にあるギャップは弁証法的な葛藤であることを示したい。前章では，弁証法を反対の構成概念の間で

発見される葛藤として記述している。この葛藤を解決するための共通の方法は，二者択一の態度を取ることであった。つまり，科学か実践かというような，一つの構成概念あるいは別の構成概念を選択することである。2番目のアプローチとしては，欧米特有ではあるが，ヘーゲル哲学の弁証法を採用することである。それは，他の概念によって一つの概念を止揚することを通して葛藤解決を探究するものである。つまり，否定された概念を取り入れ，対立概念の両方に密接に適合するような統合された概念を創造することである。エビデンスを基盤にした活動や実践としての科学を，エビデンスを基盤にした治療活動として概念化することは，科学と実践の葛藤についての調和を追究することである。すなわち，科学という領域は，治療オプションを一般化する変数を検討することである（法則定立的）。そして，実践の領域は，これらの治療オプションを実行することであり，観察されるクライエントシステム独特の観点を支持するような方法で行われる（個性記述的）。

　ヘーゲル哲学の弁証法は，カテゴリー化によって未だ制約されている。しかしながら，葛藤の解明はテーゼ（命題）とアンチテーゼ（反対命題）を統合することにある。そこで，より東洋的なアプローチを提案したい。それは，科学と実践の間にある葛藤を少しも解決しようとしていない。むしろ，領域間の調和をただ求めているに過ぎない。したがって，科学者－実践家モデルを，例えば，ある地域の臨床科学者モデルとして折り合いをつける必要はない。また，臨床家によるプログラム企画モデルを非科学的なものとして見なす必要もない。調和を強調するということは，音楽と代数が両者とも数学の表現であるということと同様な方法で，研究と実践が両者とも科学の表現であることを示している。実際，どのようにアートと科学が認識され，表現されるかといったことを除けば，両者の間に違いはない。

　家族心理学は，システミックな認識論を前提として独自に構成され，研究と実践の科学の両方を全体の両側面として受け入れている。家族心理学者は翻訳家である。いわゆる，知識を行動に移行させているのである。その行動は独自のコンテキストにおいて固有の時間に固有のクライエントと共にある。研究と実践の間を移行することに着目するのは，優秀な科学者である証であり，科学的研究の主要な役割である。その科学的研究では，専門家のための心理学という傘下で広範囲の活動の理解と実践がなされている。さらに，科学と実践が共有する能力について明確にすることは，一方が両者の懸け橋として概念化される以上に強力な土

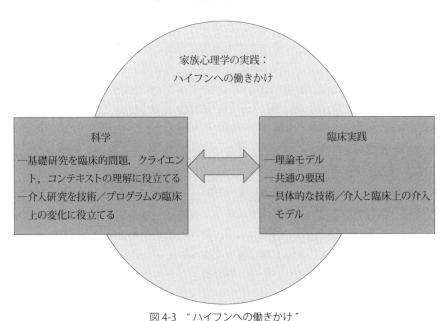

図 4-3 "ハイフンへの働きかけ"

台を提供する。つまり，科学と実践がはっきりと異なる領域であるという見方から，同じ構成概念の側面であるという考え方へのシフトが必要になる。研究と実践は同じコインの表裏であり，クライエントの変化という同様なプロセスを理解するために各々が独自の観点を提示していることが考えられる。したがって，方法論的な診断とシステミックな科学に関する累積された知識と専門的になされる臨床実践の両方が必要である。そして，援助を求めるクライエントに最も適応した治療というものはない（Sexton, Gordon, Gurman, Lebow, Holtzworth-Monroe, & Johson, 2011）。このように考えていくと，心理学における研究と実践は，科学とアートの両者の表れであり，両者の関係性は各々の成功に重要である。この事実を認識することは，両者の間にある人為的なギャップの大部分を乗り越えるための潜在可能性を提供する。興味深いことは，最後には代数と音楽のように，研究と臨床実践の根本的なプロセスが非常によく似ているということである。

結論：次のテーマは？

研究を仕事に活かして統合するように取り組むことは，時々，思った以上に難しいこともある。そして，研究と実践のギャップを操縦することがいつも容易な

わけではない。特に，その研究結果が自身の先入観や大切にしてきた信念とマッチしない時には大いに奮闘することであろう。懐疑的な態度になるのは当然である。継続して学び続けている包括的な治療介入の複雑性を（介入から治療プログラムへ）統合することは容易ではない。クライエントの問題の特異性が（広範囲から具体的に）ますます増していくという複雑性も，実践で起こりうる力の働き，あるいは，システムのコンテキストの特異性が増加していくという複雑性も統合することは容易ではない。加えて，そこには，ただ考えるべき治療以上のものがある。例えば，セラピストとしての人物像が，どんな臨床的介入，あるいは，どんな治療プログラムを実施する上でも，同様に重要な特性となる。しかしながら，研究の力動的かつ絶え間なく変化する性質，複雑性，そして実践に適合させることが時々難しいことであるにも関わらず，家族心理学者が道案内として用いる原則は提供され続けている。第1章で述べたように，それは，専門家について定められた3つの大きな柱の一つである。複雑性を有することは，研究が臨床的介入や臨床的方針の発展に関して，実質的かつ価値のある情報の源泉であるといえない，ということを意味するのではない。もし，前述したことが容易なのであれば，それは良かったかもしれない。しかし，システミックな認識論が役に立つという喜びは，一度に多角的な側面を抱えて向き合うための学びの中にある。それらの側面のいくつかは，それら自体を統合することに役立つであろう。その一方で，他の側面は力動的な葛藤を経験し，抱え込まれ，共に向き合っていく必要がある。

　私たちの前提は，セラピストが臨床実践をクライエントと共に行うことに対して，エビデンスの基本を持つことが重要である，ということである。ある領域では，実践を指導する明確なエビデンスがある。別の領域では，適合する治療が存在しない。そういった領域では，活用可能な関連する実地経験主義のエビデンスを，治療としてどのように情報提供するかを臨床家は探さなければならない。もし見つからなければ，実践家はその領域で最も良く確立された共通因子を用いるべきである。そして，その領域における成長を促進するために新しい革新的なアプローチをテストするための実践を行うべきである。

　次のセクションでは，方向性を変え，家族心理学の臨床実践についてのプロセスを導く地図に着目する。そのセクションは，「範囲をマッピングする」ことから始める。そこでは，システミックな家族心理学の実践についての共通原則に焦点を当てる。本章の科学的基盤の次に来る章では，アセスメントとケース・プランニング，そして，家族特有かつカップル特有の臨床的介入について述べる。

第2部

家族心理学の臨床実践

第 5 章

臨床実践の領域をマッピングすること

地図は図ではない。意味を明らかにし，意味を説明するものである。つまり，私
とあなたをつなぐ橋であり，私たちが気付いてはいないがすでに結び付いてい
る全く異なる考え方をつなぐ橋でもあるのだ。

——Reif Larsen

　理論や研究が一体となって，どのようにカップル間の臨床的な問題が発展する
のかということや，最も有益で効果的に肯定的な変化を促すのに役立つ介入を明
らかにする様は，家族心理学の臨床実践において見て取れる。理論と研究によっ
て信頼にたる臨床的に有益なモデルが創られれば，地図によって研究と理論から
治療関係という複雑な一場面へと媒介する余白の地形図を読み解くことが可能と
なる。相互作用的なセラピスト－クライエントシステムにおいて，セラピストは
研究モデルや理論的アプローチを有効な介入へと実用化する。このような作業を
行う時，家族心理学者は何をすべきかだけでなく，クライエント固有のシステム
の領域，つまり，セラピーが進行するにつれて偶発的に増加していく治療関係へ
の要求に，いかにして絶えず順応するかを知っていなければならない。

　家族心理学の臨床領域において，地図というメタファーは有用である。家族心
理学の臨床地図を小道と考えると，その小道に沿ってしっかり進み，誰がその旅
路にいるのかという複雑さや状況の多様性があるのであれば，結果的にはクライ
エントにとって肯定的で容易に気付くことのできる変化がもたらされている。家
族心理学の歴史的かつ現代的なあらゆるエビデンスベースド・モデルは，辿るに
値する地図を提供している。地図製作を学んでいる学生は，ニーズに従って地形
図や主題図，道路図，政治地図，人口分布図などのような地図の多様性を用いる。
このことと同じように，家族心理学におけるそれぞれの理論的地図も，クライエ
ントや関係性，臨床的問題を覗くレンズに関する特有の焦点や重点があるはずな
のだ。それぞれの理論的地図には，治療の目的やプロセスについてのさまざまな

105

視点がある。しかし，家族心理学のあらゆる理論的地図にも共通の核となる要素があり，その地図がシステミックな原理に基づいていることで，全てのカップルや家族への心理的介入に影響を与えているのだ。確かに，中には私たちがその場で呈示できる特定の要素について焦点を当てるモデルもある一方で，さまざまな要素を選択するモデルもある。これらのアプローチに共通しているものは，臨床的な変化のプロセスとしての関係性や介入，そしてプロセスの特徴である。

　家族心理学を独自のものにしているその特徴はまさに，治療的変化の領域をマッピングすることを複雑にするものと同じである。変数の数を考えてみれば，セラピーとは，クライエント，セラピスト，コンテキスト，そして出来事や問題の歴史と特性による複雑な相互作用である。システム論の考え方は，治療的変化の領域を地図として描くには有用で実用的なツールである。なぜならシステム論の考え方では，包括的で一貫したフォーマットにおけるコンテキストやプロセス，相互作用に注目するからである。実際，システム理論とは，家族心理学における変化という領域に一貫性と包括性をもたらすものである。変化というプロセスの複雑性とシステミックな特性の知識があることで，家族心理学者はどこでどのような介入を出すのかについてより明確で効果的に考え，謙虚な姿勢を持つことができるのである。

　理論や研究と同じように，システミックな思考によって，複雑な領域である臨床的な変化をマッピングするという科学に重要な基盤がもたらされる。その目的は，変化のシステミックな見方だけでなく，家族心理学における治療の生態学的焦点に備わっている中核的な要素や緊張関係について説明することである。地図というメタファーを用いて，私たちは心理療法の動的視座に立ち，カップルおよび家族治療における変化のプロセス上の早期，中期，後期の核となる課題および目標に焦点を当てながら，本章を締めくくりたいと思う。

家族心理学における治療的変化の領域をマッピングすること

　臨床的に効果的であるためには，家族心理学の地図は多くの特徴を必要とするだろう。例えば，その地図には目的がなければならない。それはつまり，地図には目的と目標があるだろうということであり，それらは良い変化までの道のりに沿ったチェックポイントのようなものである。また，家族心理学における地図には，方向性がなければならない。つまり，地図は紆余曲折ある道のりに実用的な道しるべや情報を提供するはずなのだ。したがって，家族心理学における便利な

第5章 臨床実践の領域をマッピングすること

地図とは，**目標志向**である。始まりと終わりの地点があり，治療の初期から中期，後期の局面を通して道しるべを示してくれるものなのだ。良い地図とは**具体的で関連性があり**，セラピストに技法や道に沿った標識をもたらす。そしてセラピストは，家族心理学の理論によって，治療プロセスの概要がそのプロセスに沿って関連する結果の目印と共に提供されることで，旅路が計画通りに進んでいることを確認することができるのだ。

　初期のシステム理論はシンプルなアプローチだったため，別々の行動を一度の面接で解決することを狙っていた。初期のシステム理論に基づく治療目標は，システムの働きを強めながら家族システムに異なる働きをもたらすために，ホメオスタティックな機能を取り除いたり，崩壊させたりすることであった。現在のシステミックな臨床モデルは，動的で関連性があり，多面的な視点をあらゆる治療，つまりアセスメントや関係構築，問題の見立て，目標設定，介入，そして終結までの一連の流れに共通する特徴をもたらす。これらのモデルは，変化をエピジェネティックなプロセスと見なす，システミックな治療計画である（Sexton, 2010）。治療的変化におけるシステミックな視点には，治療の領域を真に理解することに不可欠な4つの要素がある（Sexton & Stanton, 2015）。

- 関連のある要因は，参加者間の相互作用や関係性に言及する。
- 家族療法家の理論／モデル，技法，または介入における**意図的な介入**。これらは，クライエントが属するシステムの変化を促すことが意図されている積極的な変化のメカニズムである。
- **変化のプロセス**。変化のプロセスは，変化の側面において最も理解されず，考察もされないものであるが，それが最も重要なもののうちの一つであることが多い。もっと臨床的変化のプロセスを理解し，マッピングするためには，理論を現実と確かな研究に結び付ける経験が求められる。良好な臨床的変化は，静的介入（変化のない研究）や，単に強力な治療同盟を結ぶことよりもはるかに多い。むしろ，それは家族心理学者とクライエントの（治療）システムが共に歩む道のりの連続である。臨床的な治療の初期では，（変化を促す）治療関係を構築し，中期ではタイミングを計って臨床的介入を行い，最終的には，治療の状況と進行している変化の安定と維持において，変化が生じる。
- エビデンスに基づいた治療とは，個人やカップル，家族の行動，関係性のパターン，物語の支持，そして多角的な観点から進行中の治療プロセスを導いている信念にまつわる，システミックで信頼性のある臨床的な情報によって示された変化の地図で

107

ある。

　生態学的で，弁証法論的であり，システム論的でコンテキスト的かつ機能的であることを強調するシステミックな視点が，継続している変化に対して最も効果的なアプローチを体系化し，効果を得るための足場を提供する。つまり，システミックな視点によって，アセスメントや同盟構築，問題の見立て，目標設定，介入，終結といった全ての治療に共通する特徴に，動的で関係性に関する多面的な視点がもたらされる。確かに，現在のいくつかのシステミックな治療や介入では，治療とは個別の限定された実践ではなく，積み立てられたエピジェネティックなプロセスとしての変化を検討していく，システミックな計画として展開することを考慮している（Sexton, 2010）。

　私たちは家族心理学的アプローチを，臨床治療における変化の力動まで理解しようとする時，多面的な視点に注意を向ける。Sexton, Ridley, & Kleiner（2004）は，治療的プロセスをシステミックな複雑さと治療からなるさまざまな要因の相互関係を識別する多層的な変化のプロセスと見なす，橋渡しのモデルを提供している。

　システミックな治療における固有なモデルのそれぞれに特有の治療的介入アプローチがあり，それは多様な治療モデルの臨床的なメカニズムに一致する。しかし，システミックな治療モデルには，数多くの共通する介入方法があり，それはシステミックな臨床的介入の広がりと多様性を表す具体的なアプローチを通じて共有されている。続く節では，私たちはシステミック・アプローチがセラピストの役割，治療同盟，治療目標の見立て，共通の臨床的介入を含む，臨床治療における中核的な要素として視野に入れている共通の手段に注目する。臨床治療というコンテキストには３つの重要な構成要素がある。それは，セラピスト，クライエントシステム，そして彼らの間で築かれた関係性である。

セラピストの役割

　システミックな介入モデルは，セラピストを治療システムの中心的役割と見なす。治療システムにはクライエントシステムや，治療モデル，治療が実施されている面接室での関係性の相互作用も含まれている。セラピストは，彼または彼女がその二者間やシステムに影響する個性を超えて，重要な役割を果たす。Sexton（2007）は，セラピストが「治療プロセスにおける独立した要因と重要なつなぎ

第 5 章　臨床実践の領域をマッピングすること

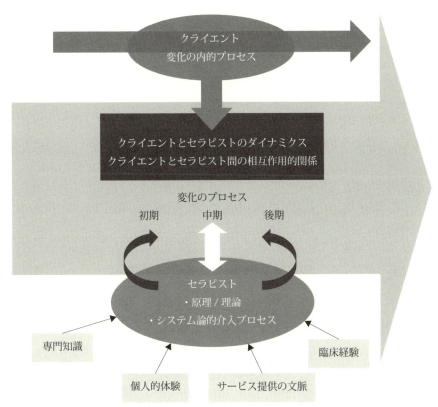

図 5-1 臨床的変化の構成要素（Sexton, Redley, & Kleiner, 2004）

役の両方として」（p.106）機能することを提案している。そのようなセラピストの役割とは，治療モデルをクライエントや家族に備わっている特性に適応させ，調整しながら，変化の中核となるメカニズムやプロセスを促す（Sexton, 2010）。Alexander（1988）は，構造と支援の調和を示すものとして，システミックな治療におけるセラピストの役割についてはじめに説明したものの一つである。より最近では，エビデンスに基づいたシステミックモデルにおけるセラピストの役割について，Sexton & van Dam（2010）では，効果的な治療に不可欠な臨床的手順（モデルの構造）と，創造的な関係の相性（支援）の間におけるダイナミックな調和として説明されている。

　構造と支援の提供者としてのシステミックなセラピストは，クライエントの関わるシステムに対して臨床モデルを変換させる（Sexton, 2007）。そうするため

に，セラピストは近年，良い心理療法と関連付けられている数多くの共通した主要な技法（例えば同盟構築，共感，理解や尊重）を用いて，治療モデルの変化のメカニズムを機能させる。しかし，これらの共通した主要技術や関連のある要因は，システミック・アプローチでは，複雑に入り組んでいる。というのも，多数のクライエントが常に観察されており，多数の関係性があらゆる治療的相互作用にあるからだ。セラピストの役割のうち，困難を要するものは，個という部分ではなく，家族全体を導き，協働し，支援することである。セラピストは支援と構造を臨床上の相互作用の方向性と目標のために提供する。

　効果的な治療を提供する際の特異な要因は，クライエントシステムに反映される多様な視点の間で，同盟を築き活かすための取り組みによって調和の保たれた支援と構造を提供している。Sexton & van Dam（2010）は，セラピストのこの役割について治療モデルをクライエントまたはその家族特有の構造およびプロセスに適応し調整しながら，変化の中核となるメカニズムやプロセスを促す効果的な仲介役と説明した。

クライエントまたはクライエントたち？

　臨床的治療のための個人へのアプローチでは，そのクライエントを同定することは簡単である。つまり，それはあなたの前に座っている人であり，あなたの支援を求めている人である。実際，最初の臨床的介入は多くの場面で，心配や不満，紹介時の特有な兆候，症状，もしくは個人の行動に対して行われる。家族心理学の提案する最も顕著な特徴のうちの一つは，兆候や症状，もしくは行動を提示する際に，関係性のパターンや物語，個人の背景（成育歴）などのコンテキストを踏まえて考慮されるべきということである。結果的に家族心理学者は，たいていの場合，臨床的な治療を開始するような個人の兆候や症状，行動などをシステミックな問題として見なすのである。このことは，個人の問題も同じように，その人が一員であるカップルや家族の問題であることを意味する。家族心理学においてクライエントとは，システムと関係を持つものである。それは，重要な入り口であり，アセスメントのための分析やコンテキスト上の個人という重要な構成要素が，治療へのきっかけとなるのだ。したがって，家族心理学者は，（システムに属する全員に肯定的な影響を及ぼす）カップルや家族全体に役立つという目標を持ったクライエントシステムに対して，個人それぞれの出来事や意図のバランスを保たなければならないため，治療は複雑になる。これは，家族心理学者が常

第5章　臨床実践の領域をマッピングすること

に，合同もしくは家族での治療を行っているというわけではない。つまり，クライエントの関心ごとや，治療変化の目的は，システミックで関係性の幅広いコンテキスト上にあることを意味するのである。

治療関係

　全ての専門家において最も関心が向けられている治療の特徴とは，治療的な関係についてであろう。表面的にその関係は，他の肯定的でサポーティブな人間関係に極めてよく似ている。そこで治療関係とは，クライエントの心を開き，治療に専念し，動機付けを高め，変化を促すスキルを得るために役立つような状況を作り出す会話や相談における関係性のことである。しかしながら，治療関係は，クライエントと治療を進めているセラピスト以上の累積的な要因からなる。それは，クライエントとセラピスト間の空間を作り上げる相互作用や意味，影響力を備えているのだ。セラピスト－クライエントシステムの相互作用は，第3章と第4章で述べたものと同様のシステム原理によって結ばれ，影響を受けている家族と同じようなものである。カウンセリング上の関係は，関係性の規則やパターン，意味からなるものである。治療的である時，それらは具体的な介入の準備を整え，変化のメカニズムを導くのである。治療関係のシステミックなレンズに特有のものは，クライエントが考え，感じ，異なる行動をするように促す際に，関係そのものがサポーティブで影響力のある基礎的な効力を生み出すと考えられていることである。

臨床的介入──共通または特定の因子

　これまでの心理療法のプロセスに影響を与えてきた，いわゆる共通因子か特定因子かという大きな議論がある（Sexton & Stanton, 2015）。Duncan ら（2013）や Sprenkle ら（1999）では，心理学の規律や家族療法の領域にとって過剰な特異的変化モデルが足かせとなっているため，クライエント中心で成果に基づくような共通因子のモデルを検討するべきであると初めて述べられている。興味深いことに，共通因子という動きは目新しいものではない。カウンセリングにおける共通因子という考えは，1936 年に公刊された Saul Rosenzweig の文献にまでさかのぼる。その中で彼は，心理療法の流派を超えて，共通因子には変化を促す責任があると述べている。1936 年のその文献以来，私たちは心理療法に関する文献の中で 30 近くもの共通因子のリストを見出した。例えば Frank（1971）は，変

111

化を起こす共通因子として，極めて情緒的な繋がりのある関係性，クライエントの悩みを説明する根本的理由，クライエントの問題の原因に関する新しい情報提供，セラピストの個人的資質を通じた支援に対するクライエントの期待の膨らみ，成功体験の提供，そして，感情喚起の促進の６つを挙げている。近年では，新しい共通因子のリストが現れてきたが，それらは上記のような初期の概念から作られ続けている。Orlinsky & Howard（1986）は，カウンセリングに関する文献の中で，共通因子を治療契約，治療的介入，治療的な結び付き，クライエントの自我関与，治療の実現の５つに分類した。同様に，Grencavage & Norcross（1990）は，クライエントの性格，セラピストの資質，変化プロセス，治療構造，治療関係という５つの上位カテゴリーを特定した。さらに彼らは，あらゆるカテゴリーを超えて，最も同意を得られた変化を説明する性質は，治療同盟の構築（56％），カタルシスの機会（38％），異なる行動の獲得と実践（32％），クライエントが抱く肯定的な期待（26％），セラピストの良い資質（24％），変化の論拠の提示（24％）であると述べた。

　共通因子はこれまでに，初期の質的な報告や個人療法と家族療法の効果研究におけるメタ分析によっても裏付けされてきた。個人療法の分野では，初期のメタ分析的研究によって個人療法が（治療を受けていない群と比較して）成功を収めていることが判明したが，研究対象であった幅広い理論的アプローチにおける差異が特定されることはなかった（Smith, Glass, & Miller, 1980）。これらの初期の研究結果は，より現代のメタ分析によって再現されてきたが，それでも従来の心理療法の流派による治療の有効性を量的に差別化することはできなかった。カップル・セラピーや家族療法に関する報告でも，結果は同様であった。質的な報告（Gurman & Kniskern, 1981; Gurman & Kniskern, 1986）や，メタ分析（Hazelrigg, Cooper, & Borduin, 1987）は，カップル・セラピーや家族療法全般に強い主効果を見出した。それらは，特定のモデルの実践における弁別的な有効性を明示することも裏付けることもできなかったのである。特に有効なエビデンスのある特定のモデルは，本来積極的であったり，非常に指示的であったりする（Hezelrigg et al.1987）。カップル・セラピーや家族療法研究の最も新しいメタ分析では，これら初期の結果が追認されている（Shadish & Baldwin, 2002）。

　したがって，個人アプローチであれシステミック・アプローチであれ，共通因子が有効な心理療法に貢献することに疑問はないように思われる。問題は，家族心理学者が複雑で多層的な内的プロセスを進めるように，臨床治療の領域をマッ

ピングする役割を十分に果たすために不可欠な指針を，共通因子によるモデルが示せるかどうかである（Sexton, Ridley, & Kleiner, 2004）。私たちの見解では，これまでに概念化されているものでは決してなしえないと考えている。まず，共通因子は神経学を変えることはないが，神経学が変わる時に人は恒久的に変わるというだけである。続いて，共通因子は変化を促す方向性を示すことはない。共通因子は，環境やコンテキストといったものを提供するのである。その中で変化が生じるが，変化のプロセスについて説明するものではない。したがって，どんな治療方針を最初に選択し，続いてどうすべきであり，さらにどうしていくのかといったことを知るための，最も基本的な要求への指針を臨床家は得られないのである。Sexton & Alexander（2002）は，臨床家たちが変化を促す際，包括的な原理を得ていることで十分にその役割を果たすことができると主張している。その原理とは，クライエントや彼らの問題を地図やシステマティックな一連の手順のように説明するものであり，それらが変化のプロセスを描き出すのである。概念的原理があれば，臨床家は臨床的な判断を下すことができ，手続きに関する地図によって，望ましい結果を得る可能性が高まるのである。地図が果たすこととは，その旅における成功率を高める指針を示すということである。地図があっても，旅路での出来事の説明をすることや，予期していない出来事に立ち向かうための危機判断を下すことはできないのである（例えば，起こりうる全ての出来事を説明すれば，遅れをとってしまうだろう）。どんな旅にでも起こる出来事であるかどうかにかかわらず，その結果は方向性のある地図によって大きく左右する。旅の独自性や豊かさは，その地図があろうと楽しい謎のままである。なぜなら，その道中での回り道や珍しい標識，音，出来事を知るすべはないからである。しかし，地図のプロセスがあれば，臨床家はクライエントシステムの本質的で動的な要求に対して能率よく反応することができ，良い結果をもたらす可能性を高めるのだ。

変化に関連する構成要素

これまで，共通因子が変化プロセスに影響を与えること，また，それらが臨床治療においては不可欠であると同時に不十分であるということを述べてきた。共通因子は次の2つの理由によって，それら自体では不十分なのである。1つ目の理由は，共通因子によって変化が生じる環境が整う一方で，共通因子があっても変化を促す道筋を示すわけではないからである。2つ目に，共通因子だけでは複雑

な多重システムの視点に対処できないからである。このことは，直感に反するものであるように思われる。というのも，本来心理療法とは，関係性を築く対人的なプロセスであるからだ。具体的な臨床的介入の有効性や理屈にかかわらず，参加者間の関係性というコンテキストこそが治療となるのである。Rogers（1970）が最初に注目したのは，心理学における人間中心主義という伝統に根付く臨床変化のためのセラピストの必要条件と呼んだものである。それは，共感，肯定的関心，自己一致であるが，これらの要因が効果的な心理療法と同義になるのである。Rogers のセラピストに関する一連の基本的な特徴は，（初期ではクライエント中心療法と呼ばれていた）人間中心療法が人気を博したその副産物として，1950年代や 1960 年代に広く知られていた。

- 共感，自己一致，肯定的関心。セラピストの共感に関する重要性は，臨床的介入によるモデルやアプローチとは相異なっている。共感とは，クライエントの視点から世界を見たり，クライエントと同じように物事を考えたり，感じたり，そしてクライエントの経験を共有することである。共感を表現するプロセスは，クライエントが見ているように世界を見ることができる者としてのセラピストを，クライエントが経験していることに依っている。また，セラピストの共感は，強力な治療同盟の有用な予測因子でもあるのだ。肯定的関心とは，無条件でクライエントを人として受容し，無条件の尊重を払うセラピストの感情である。温かさとは，尊重を伝える技量のように，明らかに関心の一部である。自己一致とは，セラピー中にセラピストが自由かつ深く自分自身を表現できる技量のことである。Rogers は，セラピストの感情が本物でなければならず，クライエントを騙してはならないと確信していた。多くのモデルがこのようなセラピストの資質を強調してはいないが，セラピストが不一致の状態ではほとんどがうまくいかない傾向にある。
- 尊重とは，あらゆる臨床的関わりの戦略の基本という中核的な態度である。その辞書的定義は，「その人自身の能力や資質，成果が引き出す，人や物に対する深い称賛に関する感情」（Oxford Dictionary, 2015）である。尊重とは，単に理解しているという状態ではない。むしろ，クライエントシステムの困難を受け入れられることであり，カップルや家族がそのような状況でもできる限り機能でき，うまく乗り越える力やリソースがあると信じることである。尊重とは，セラピストのクライエントへの理解と共感を超え，カップルや家族固有の要求に向けて実践的な支援を提供することを意味するのだ。
- 望ましい変化への希望や期待。希望とは，セラピストとの面接後に，クライエントが何か良くなる見込みがあり，セラピストとその状況や方針に沿ってやっていくこ

第５章　臨床実践の領域をマッピングすること

とにコスト（時間やエネルギー，お金）を掛ける価値があると信じられる時にクライエントシステムに生じる感情である。希望があれば，困難から抜け出せる方法が得られるかもしれない。このように説明される希望は，面接への取り組みや動機の中心となる。希望は，セラピストがクライエントの努力や向上を確信し，いかにそれが些細であろうとも積極的に高める時に生じる。つまり，なぜそこに問題があるのかを解明しようとするのではなく，今ここで問題をうまく解決しようとすることに焦点を当てることで，希望が生まれるのだ。

治療同盟

　50 年以上にわたって，私たちは上述したような共通因子が重要ではあるが，効果的で治療的な変化プロセスの基礎を生み出すためには決して十分ではないことを学んできた。実際，セラピーは健康的な関係性（誠実さ，尊重，強さ）に共通する特性に基づいて組み立てる一方で，治療的な関係性は非常に多様である。治療同盟とは，すでに述べた関連のある共通因子に一貫した支援ではない。Bordin（1994）は，治療同盟が Rogers の述べた個人の資質以上のものである可能性について初めて言及した。彼によれば，良い治療同盟とは，次の３つの構成要素があるとされている。（１）セラピーの目標に関するクライエントとセラピスト間の同意。（２）治療の課題とは，患者が治療に持ち込む問題について取り組むことであるという同意。（３）患者とセラピストの結び付きの質が，変化を促すには十分であるという信念。これらの特性の構成は，クライエントシステムとセラピストの関係の交渉に由来する。

　それは極めて単純であるように思われる一方で，先に述べたような同盟は，カップル関係や家族関係というコンテキスト上では極めて複雑である（Sexton & Stanton, 2015）。例えば，家族療法においてセラピストに求められる態度として，ある家族メンバーと築く同盟が，別の家族メンバーとの同盟や家族システム全体にいかに影響を与えるかということに注意を払いながら，治療しなければならない（Pinsof & Catherall, 1986; Rait, 2000）。クライエントの視点や経験を妥当にする一般的で少し単純な実践には，一人の家族メンバーがセラピーの目的や課題に対して他の家族メンバーよりも非常に強い合意をセラピストと得ていると他の家族メンバーに認識された場合，家族間に亀裂が生まれるというさらなる複雑さや危険性があるのだ（Pinsof & Catherall, 1986）。例えば，あるセラピストが，父親がアルコール依存症であり，彼の問題に取り組みたいと言う一人のクライエン

115

家 族 心 理 学

トと面接していたとする。彼女は，父親の状態が家族全員に悪影響を及ぼしていると述べた。そこでセラピストは，家族合同面接を設定し，家族の一人ひとりになぜここにいるのかと尋ねることにした。クライエントはまず，彼女が父親のアルコール問題だと思っていることや，それが家族に悪影響であることについて説明した。明らかに彼女は他の家族が自分の肩を持ってくれるものだと思っていたが，それどころか，家族全員が彼女こそが父親を受け入れないために問題を起こし，事を荒らげている人物であると指摘した。言うまでもなく，セラピストと彼女との治療同盟に対する家族の見方は，どんな有効な家族介入をするにも重大な欠点となっていたのだ。興味深いことに，Robbins et al.（2000）は，異なるタイプのシステミックな治療モデルが功を奏するためには，さまざまな同盟の在り方が求められていると結論を下している。具体的には，機能的家族療法では青年とその親とのバランスの取れた関係性によって，多次元的家族療法では親との強固な関係性によって，治療同盟が最も機能するようである（Sexton, 2010）。

　システミックな視点から，治療同盟によってセラピストは，さまざまな利害関係者の中でセラピーの目的や課題についての合意を得て，複数の個人と多層レベルで情動的な繋がりを持ち，相互関係的なプロセスを作り上げる必要が生じる（Friedlander, Lambert, Valentín, & Cragun, 2008）。Friedlander ら（2011）は，システム論に基づいた良い治療同盟は，治療プロセスでの取り組みやセラピストとの情動的な結び付き，クライエントシステムとセラピストが治療での目標を共有できているというような治療システムにおける安全性に，基づいていることを示唆した。また，治療同盟の構築は，臨床的な治療プロセス全体と切っても切り離せないことについて言及することも重要である。実際,協働による同盟構築は，多くのシステミックな臨床モデルにとって治療早期における一般的な臨床的介入であるが，治療が効果的に進むための必須条件ではない。

　図 5-1 では，カップル・セラピーや家族療法のコンテキストにおける同盟の複雑さについて説明している。ここで留意すべきは，同盟はクライエントシステムが認識すればするほど強力であるということである。しかし，カップル・セラピーや家族療法の面接には，複数のクライエントがおり，そのそれぞれがセラピストとの同盟を結んでいる。このことは，一人のクライエントの同盟がセラピストとの間で強くなるにつれて，他のクライエントのセラピストとの同盟が弱まりうることを意味する。見方によっては，治療同盟は臨床的な変化プロセスに向かう個人間によるある種の錬金術をもたらす。その理由は，治療同盟とは臨床的関係

116

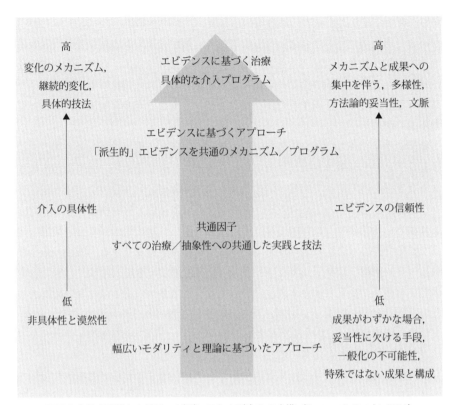

図 5-2 家族心理学におけるエビデンスおよび介入の水準（Sexton & Datchi, 2014）

性の特徴であるだけでなく，それ自体が臨床的介入となるからである。つまり，治療同盟によって変化や成長，研究や理論がもたらす輪郭をはるかに超えるような転換への機会が与えられるのだ。クライエントとセラピストの間に臨床的に適切な愛着関係が形成されれば，治療同盟はそれ自体を超える。治療同盟によってクライエントシステムの要求に応えるためのセラピストの準備が促されるため，セラピストはエビデンスに基づく研究や理論からエビデンスに基づく実践へと変換し，そこでセラピストのスキルが，変化や成長を誘発するクライエントシステムの個々の強さや家族のリソースと一体となるのである。

家族心理学における臨床的介入

臨床的介入が道具として語られているのを耳にすることは珍しくない。実際，一般的な比喩は，心理学者は（ハンマーやノコギリと同種の）便利な道具を手に

家 族 心 理 学

取り，すぐに取り出しやすい道具箱へとしまい，目前の課題に特殊な道具（介入）が必要であれば使用できるというものである。しかし，家族心理学では介入とは個々の道具をはるかに超えるものである。介入は，セラピストの意図的な特殊な行動から，望ましい治療効果の見込みを高めるといわれている特殊な変化のメカニズムを促すように仕組まれた，一組のシステミックで複雑な関係性の段階にまで及ぶのだ。

　家族心理学者たちに用いられている治療や介入は，治療的なコンテキストにおける介入という活動または行動であり，クライエントが望ましい結果を得られるような支援を目的としている。治療的介入は，単体の行動から包括的な治療プログラムにまで及ぶものであり，そのプログラムは包括性と特殊性のいずれの程度も高めることを表す。具体的には，（1）**技法**（限られた範囲の望ましい結果を伴う一つの行動），（2）**介入**（うまくいけば望む結果を達成できる可能性のある技法），（3）**治療プログラムまたはモデル**（研究に基づく理論的原理や，臨床的変化のプロセス，変化のメカニズム，そしてセラピストへの支持の程度に影響される包括的な治療）である。最高水準での特殊性を帯びるこれらの技法や，介入，または治療モデルは，最も追認される傾向にあり，そのため臨床的な信頼性を得るより高い可能性を有している。

　特殊なカップル・セラピーや家族療法のモデル（第7章および第8章参照）のそれぞれに，理論的な前提に基づいた独自の治療技法がある。しかし，システミックな臨床的介入という共通した側面もあり，それによって，臨床的問題を維持する典型的な相互作用パターンや，信念体系，幅広いコンテキストによる要因に対処している。一般的な介入の中には，問題を維持する相互作用パターンを崩壊させ，問題が生じない相互作用パターンを築くことを意図するものがある。一方で，家族を拘束している物語をより開放的で柔軟性のある信念体系や物語へと再記述できるように家族を支援することを狙う介入もある。さらにそれらは，歴史，コンテキスト，構成上による悪影響を修正し，コンテキスト的な強さを築くことを目的としている（Carr, 2013）。そこで，システミックな変化の介入は，より大きいシステミックな治療モデルの一部分であることが多く，その治療モデルには時間をかけてお互いに積み重ねて治療を進める段階がある。

一般的な介入

　次の8つの臨床的介入は，臨床的な変化を目指す一般的な家族心理学的アプロ

ーチである（Sexton & Datchi, 2014; Sexton & Stanton, 2015）。これは完全なリストではないが，システムの下にある特定のモデルにとって最も一般的な臨床的介入の範囲を説明しようと試みるものである。さらに特殊な臨床的介入は，続くカップル・家族療法に関する章で述べる。ここでは，それらの特殊なアプローチのそれぞれに，共通した要因の側面を見ることなる。

1. **同盟に基づいて得られる治療目標。**治療同盟という取り組みにある一つの意味は，セラピストとクライエントシステムの合意は，単なる管理上の問題ではなく，関係性を築くプロセスの中心的な部分ということである。実際，治療目標を設定するそのプロセスはまさに，セラピストとクライエントシステムの同盟に基づく関係性のための一つの要因である。Bordin の効果的な治療の概念化には，課題や目標への合意は個人の繋がりと等しく重要な要素であるという考えがある。治療目標とは，単なる契約や合意以上のものである。むしろそれは，治療で扱われている課題や問題に対して共有された考えを表しており，治療プロセスにおける取り組みに影響を与えるのだ。

この重要な構成概念をより理解するために，どのように治療目標が設定されるのかを考えてみよう。臨床的な問題に対するシステミックな視点（3章参照）によって，クライエントという個ではなく，より大きなシステミックで生態学的なコンテキストへと視点が移った。私たちの誰もが人間として内省するという能力を備えている。社会心理学は私たちに，どのように人間が体験する問題や役に立つと信じている解決法を捉えているかに対して，内省プロセスが重要であることを示してきた。実際，クライエントやクライエントシステムが治療にやってくるその時まで，彼らはかなりのエネルギーと注意を向けて，直面している問題や出来事の原因を特定しようとしたり，その問題や出来事に対して何をすべきであるかを判断しようとしたりしている。社会心理学者は，人々が問題から作り出す帰属，つまり，彼らがある出来事の責任を誰に負わせるのかということに関心を向けている。私たちの誰もがそうであるように，クライエントはこの帰属プロセスに関する視野が限られているのだ。言い換えると，彼らは説明しようとしているコンテキストの中にいるのだ。したがって，人間として彼らは基本的な帰属バイアスに全力を尽くす傾向や（Runions & Keating, 2007），彼らが直面している問題の源としての責任を外部に帰属させようとする傾向があるのだ。このような枠組みを用いて，Sexton（2010）はセラピーの目標としてではなく，個人的な視点

119

を反映するにすぎない問題の定義として，クライエントがセラピーに持ち込む問題について説明した。問題の定義とは，事実に基づく帰属プロセスというだけではない。問題の定義には，帰属への感情的反応も含まれているのだ。そこで人は，連続する関係性の順序やパターンを助長し，問題や出来事に対するクライエントやクライエントシステムの視点に「合わせる」のだ。これらの問題定義を治療目標へと改善するためには，問題や出来事をコンテキスト化やリフレーミング，シェイピングによって，家族全体の枠組みに合わせる必要がある。このような改善によって，クライエントの個人的な要望は関係性のコンテキストに入り，（たとえ別々であっても）クライエントシステムに属する全員を含む関係性に焦点が当てられるため，関係性のコンテキストとは（非難のない）同盟に基づいているのだ。

　2．意味変化を促すリフレーミング。リフレーミングとは，あらゆるシステミックなセラピーにおいて最も普遍的な技法の一つである。当初は，初期のコミュニケーション理論家（Watzlawick, Weakland, & Fisch, 1974）や戦略的心理療法によって有名になり，家族心理学の領域ではよく知られるようになった。リフレーミングが起源を持つのは，認知心理学における帰属や情報処理概念（Jones & Nisbett, 1971; Kelley, 1971; Taylor, Fiske, Etcoff, & Ruderman, 1978），社会心理学における社会的影響プロセス（Heppner & Claiborn, 1988），問題定義の意味バイアスに関するより最近のシステミックな概念（Claiborn & Lichtenberg, 1989）や，社会構成主義による概念（Gergen, 1995; Friedlander & Heatherington, 1988; Sexton & Griffin, 1977）である。一般的なリフレーミングには，多くの名前が付けられており，肯定的意味付け，肯定的意味の発見，治療的介入などがある。ラベルや特定の方法にかかわらず，良いリフレーミングによってオルタナティブな認知や帰属の視点が生まれ，それらは意味を持つ出来事を再定義するのに役立つ。したがって，リフレーミングによって出来事を取りまく否定的な意味が弱まり，情動的な意味の方向性が変わるのである。リフレーミングのメカニズムには，問題行動の原因に対するオルタナティブな説明をしたり，オルタナティブに問題を構成したり，全てのことが見えている様とは違うことを暗に意味するユーモアを用いたりすることである（Sexton, 2010）。リフレーミングがあれば，クライエントは一連の出来事を概念化する新しい枠組みを手に入れ，この概念化のための新しい手段によって，問題が維持されるのではなく解決に向かう可能性が高まるのだ（Carr, 1995）。例えば，ある夫がスポーツを視聴していると口うるさい妻にい

つも批判され，彼の心が休まる時がないと主張する。そこでセラピストは，「私には，あなたのことをとても愛している人が，"口うるさい"というラベルを貼られてまでも，あなたと集中した時間を過ごしたいという望みを持っているように思える」とリフレームするのだ。

3．関与や動機を高めるためにシステムの同盟の中で関係性を構築すること。クライアントとの同盟の中で関係性を発展させることは，クライアントシステムの関与や動機を高め，変化へ導くのに役立つ中心的な介入である。家族メンバーが異なる目標を示したり，セラピーへの投資の程度が異なっていたり，どうすれば変化が起きるのかという意見が衝突したりするという点で，セラピーの目標や課題への信頼や合意を促すことは，複雑なのである。家族の同盟は，治療における問題や進むべき方向性に関する家族全員の同意を得る際の家族間の意見の相違に対処する上で，家族を支援することで強化される。確かに，共通の治療目標を得る必要のある全員の同意というのは，家族メンバー間の同盟を構築し，維持するための手段であり，信頼を高め，消極性を減らし，家族メンバーとカウンセラーとの否定的な非難を減らすことで，目標を共有しているという意識が高まる（Friedlander et al., 2008）。この文献では，家族間で目標を共有しているという意識を高めることは，家族メンバーがいずれは有意義な変化へと導く新しい役割や考えに対するリスクを負うように勧める時の，価値ある最初の一歩であると指摘している（Friedlander, Escudero, & Heatherington, 2006）。

4．行動変化を促すための関係構造の変化。最も初期のシステミックな臨床的介入の一つは，家族構造を変化させることを目的にしていた。すでに述べたが，構造的家族療法によるアプローチは，臨床的な問題の維持に関与し，必然的に生じる三角関係化を調整することを重視している（Minuchin, 1974）。そのセラピーでは，典型的な家族相互作用をやめさせ，家族構造を変化させる。そのためには，サブシステム間の迂回の中断や症状を呈す個人がとらわれている三角関係化との境界線をより強固かつ明確にする（Haley, 1976）。アプローチは，具体的に観察される相互作用や相互作用を変えるための治療戦略によって（極めて指示的から非指示的に至るまで）異なるが，それらの全てがカップルや家族が新しい相互作用パターンを取るのに役立つ意味を付与する。

5．変化を維持するための対人的能力の改善。全ての関係性の相互作用パターンには，他の多くの社会的能力の中でも，コミュニケーションを取ったり，問題を解決したり，対立に対処する能力がある。社会的スキルがほとんど獲得されて

いない場合に問題を維持したりその解決が阻まれたりする一方で，各個人がこれらの能力のうちの一つを改善すれば，彼らはカップルや家族の相互作用をうまく機能させ続けられるようになる（Carr, 2013）。能力やスキルの獲得による介入は，たいていの場合，クライエントシステムに表れている関連のあるリスクや保護的な要因を対象にする。保護的な行動を作り上げるには，クライエントの行動スキルを対象にすることで，彼らの能力を高めて無数の課題（コミュニケーションや，子育て，管理，問題解決，そして対立の解消）を十分遂行できるようになる。このことが，うまく家族が機能する発端となる。リスク行動が減少するにつれて，問題行動はもはや，人間関係という家族システムにおいて何の役割も果たすことはなくなる。家族の保護的な要因が高まれば，そのクライエントはエンパワーされ，避けることのできない新しい困難にも対処できる能力を得るようになる（Sexton, 2010）。良い例は，セラピストがあるカップルに彼らのコミュニケーション（相手の気に入らないことばかりを見たり聞いたりする傾向）に関する否定的なフィルターに気付かせ，そこで肯定的なフィルターを再び作り，彼らが好むことや相手の良い面，彼らがすることの良い側面に目を向けて意見を言うようになることだ。

　6．問題の外在化と例外の発見。外在化とは，ナラティブ・セラピーの一部として発展した実践である（White, 1989）。それは，人は問題と関係を持っており，その人が問題ではなく，問題がその人の中にあるわけでもないという視点を得る介入である。外在化は問題が人の外からやってくるものと見なす（例えば，他者との関係の中で，文化によって，制度によって等）。その目的は，問題をその人の性格や欠点としてではなく，その人の外的なものとしての問題であることを強調することである。問題の外在化は問題の意味を変え，長所と区別することで，問題をコントロールできるようになる（Roth & Epston, 1996）。その良い例は，セラピストが「拒食症が君を襲ってる。どうやって撃退するかい？」と尋ねることだ。拒食症という診断が外在化され，それを対処するための精神的なゆとりが生まれるのだ。

　7．否定や非難を減らすことで変わる関係性のパターン。進行中のセラピーにおいて，未解決の否定的または対立的な家族相互作用は，残念な結果や早期の結末を迎える可能性がある（Alexander, Barton, Schaivo, & Parsons, 1976; Friedlander, Wildman, Hetherington, & Skowron, 1994）。否定や非難が減れば，家族の中により多くの肯定的な相互作用が増え，希望が見えてくる。そのためには，関係性

第5章　臨床実践の領域をマッピングすること

にリフレーミングをすることが有効であることが分かっている（Robbins et al., 2000）。最近のシステミックなモデルの中には，否定や非難を減らすことにより，関係性のパターンの変化や関連した信念，その他コンテキスト上の要因を妨げるような家族内のリスク因子を減らす手段の一つとして用いられているものもある。結果的に，システミックに非難や否定を減らすことが，システミックな治療の初期目標であり，うまくいけば，さらなる変化への障壁を壊してくれるのだ（Sexton & Alexander, 2003）。

　8．変化を維持するための再発防止。セラピーを経てクライエントは，以前は苦悶や怒り，否定，非難などが目立っていた状況に対応できているという感覚を抱くようになる。それに続く望ましい結果に伴って，個体かつ集団としての家族に自己効力感の認識が芽生える。このような急上昇は，家族もしくは家族メンバーが，彼らの対応力を脅かされ，自己効力が減少するという再発の可能性を高めるようなハイリスクな状況を経験するまで続く。仮に悪化すれば，認知的不協和を感じることは珍しいことではなく，それによって個人への帰属や非難の帰属が促され，本格的に再発するという可能性が高くなるのだ（Sexton, 2010）。再発を防止することは，セラピーにおける新しい相互作用パターンの一部として変化を確立させることに役立つ。新しい相互作用パターンによって，将来の困難にも抵抗することができ，新しい行動を維持するという安定した関係性がもたらされる。ある人がハイリスクな状況に効果的な対処をする時，その人は自己効力感が高まる感覚を得ることが多い。新しい行動が増え続けている時，家族は次々に来るハイリスクな状況に効果的に対処できることを経験しており，問題が再発するという可能性はかなり小さくなるのだ。

変化のプロセス

　これまで述べてきたような臨床上での道具は，変化のプロセスを促すためにクライエント独自の要求にそれらが適した時のみ有効である。したがって，良い結果をもたらすシステミックな実践には，関係性の変化メカニズムを通じてセラピストと家族を導くような理論的な地図の構造と，適切な理論的モデルを巧みにクライエントのニーズに合わせられるようなセラピストの創造性がある（Sexton & van Dam, 2009）。

　例えば面接の初期では，主要な目標のその多くが家族に基づいた問題の見立てと，システミックな協働の目標設定をすることである。治療の初期に，関係性の

123

パターンや物語, 信念に割り込むように介入することが重要である。というのも, それらが問題や治療目標に対する協働で家族中心の見通しを持つのに妨げとなるからである。治療の中盤では, 具体的な介入が社会性のあるスキルの獲得や信念, 物語の変化という多様性に焦点が置かれる。それらは, 主要な懸念を解消するのに妨げとなるのだ。治療の最終段階では, 反復的なパターンの変化を追求する中で整理された共通した問題の見立てや, 関係性スキルの改良されたレパートリーは, 治療的変化を強化し, 維持することに役立ち, さらにクライエントが属するより広いシステムの問題にも対処できる新しい手段を生み出してくれる (Sexton, 2010)。最近のエビデンスベースド・モデルの治療の多くが, エビデンスに基づく変化メカニズムからシステミックな臨床手順までを含む同様の継時的プロセスに組み込まれている (Sexton et al., 2013)。例えば, 機能的家族療法では, 治療への取り組みと動機付け, 行動の変化, そして一般化という 3 段階のアプローチに従っている (Sexton, 2010)。同様に, 多次元的家族療法でも, 5 段階のアプローチが採用されている (Liddle & Diamond, 1991)。

初期：問題の見立てと治療目標

いかなる FP 治療の初期であっても, セラピストとカップルや家族は関係性を築く必要があり, それはすでに述べた役割によって定められる。良好な治療関係の支持的で関係性のある中核的条件においても, 狙いと達成すべき目標設定がある。そのような目標は, クライエントや問題, セラピストのいかんにかかわらず, 変化への重要な最初の一歩である。これらのような初期の面接における家族心理学的な臨床的介入には, 次のような具体的な目標が数多くある。

- ・治療への取り組みと動機付け
- ・治療同盟の構築
- ・アセスメントによるクライエント, 関係性, コンテキストの理解
- ・達成可能で関連があり, 機能的な目標設定

システミックな治療において, 臨床的問題や治療目標に関する具体的な定義は, セラピストとクライエント間の取り引きによる契約や合意以上のものである。それどころか, 問題の見立てや治療目標は互いに構成し合うものであり, 治療目標を定めることでクライエントはセラピーを彼らと関連付け, 家族メンバー間に同

盟を築くことで変化のプロセスを促すのだ。さらに，問題の見立てと治療目標によって，初歩の問題解消に拍車がかかり，対立の管理が可能になる。治療的であるために，問題の見立ては次の2点を要する。（1）セラピストが提示したシステミックかつ主題ごとに関連する推測や仮説を通して，家族が面接中に話し合った情報と，（2）家族の動機付けを高め，家族を行き詰まらせる可能性のある信念を再構成するというやり方で，この材料を枠付けることである（Sexton, 2010）。このアプローチは，家族メンバー各々が立場間の相違や類似についてはっきりと話すようになるにつれて，彼らの望みや要求が尊重されるようになる時，その可能性を切り開く。その一方で，セラピストは家族が最終的には合意できる目標を立てるように促すのだ。

　初期の目標が達成されれば，それはさらなるより具体的な介入の段階へと導く。これらの目標を達成することは，将来の段階を設定することに勝るということに注目することは重要である。それどころか，セラピストとカップルや家族による共同作業を通して初期の目標が達成されたのであれば，その結果は関係性というムード，治療プロセスへの寛容さと投資，まだ変化ではないものの新しいことに取り組もうという意欲においては重要な変化となる。

中期：治療目標を達成するための具体的な介入

　家族心理学的治療の中期では，具体的な治療目標の達成へと向けて，関係性という基盤と初期段階におけるクライエントの変化をさらに展開していく。この段階は，臨床的問題の包括的な理解と見立てによって構成される。具体的な臨床的介入は，信念やパターン，特定の問題があるシステムという組織に狙いを定めている。具体的な変化の技法は，存在している問題の変化を促すための関係性の変化に役立つ。例えば，あるカップルがお互いにどのようにコミュニケーションを取るかということや，どのように家族ルールを取り決めるかということに関して，セラピストの働きかけを得るかもしれない。家族心理学者は具体的な技法について精通している必要があり，それによってより良いコミュニケーションや話し合い，問題解決，そしてその他の社会的な関係性のスキルの獲得が促されるのだ。この段階での良い変化は，それがテクニックや技法が発揮される中にあるのと同じくらい，どのようにセラピストが実行を促すかと強い関係がある。このことが意味するのは，セラピストが変化のメカニズムをカップルや家族の独自性にうまく調和させることをよく理解しているのと同じように，セラピストが進行中の変

化を調整し，順応させ，生み出すということである。良い結果をもたらす家族心理学的介入とは，カップルや家族に調和するように順応させ，調整されているものであって，家族に彼ら特有の機能の在り方を介入に合わせることを要求するものではない。このように治療の中期では，問題に対して最善の介入を用い，それらをカップルや家族に合わせるようなやり方で実行することを目的としている。

治療の終結：変化の強化と維持

　システミックな視点から，臨床的変化とは複雑なものである。それは，望ましい結果のために最善の変化メカニズムを探し出して実行することを求めるだけでなく，いかなる変化も常にシステムのホメオスタティックな影響の下にあり，それは安定を促す際に自然と変化に抵抗するからである。このことは，治療の初期での重要な変化が維持されるだけでなく，強化，安定，一般化されることで，その変化がカップルや家族の新しい関係性のシステムとして定着しなければならないことを意味する。

結論：次のテーマは？

　これら家族心理学的実践における無二の特徴は，生態学的，システム論的，弁証法的，そして機能的「糸」と結び付けられており，お互いに絡み合っている。生態学的「糸」とは，個人内，個人間，環境水準に影響を与える他領域の治療的変化を識別する私たちのアプローチに象徴される。臨床実践は，個人特性や家族の相互作用パターン，セラピーの支払いシステム（管理医療などの）組織的配送システムのような環境的特性によって，阻まれたり促されたりする。家族心理学における臨床作業もまた，同様の関係性のパターンや信念体系，システムの構造や組織化を伴っているという点でシステミックである。システミックな変化プロセスも同様に，意図や影響力があり，親密な関係性とはほとんど類似しない専門的な関係性としてだけでなく，支持的で思いやりがあり，尊重に満ちた関係性として弁証法的である。家族心理学的支援を求めるクライエントは，極めて良い援助を受けられるが，それは十分な臨床的意思決定や考え抜かれた治療的介入を成し遂げるための，並外れた臨床経験や重点的な研究に取り組むことで得られる。セラピーは機能的なプロセスであり，その中で家族心理学者はクライエントシステムにおける多様なクライエントや，個人間の相互作用という複雑なプロセスを援助する。そのプロセスがクライエントを引き込み，同盟を構築し，そして獲得

可能で機能的，つまり問題のある状況や症状，心配事などを解消するよう計画された目標を形成する。

臨床的変化を科学的かつ効果的にすることが目標である一方で，それははるかに複雑であり多くのことが不明のままであるということには注意しなければならない。何が変化を生むのかということが分からないままでは，セラピーは進展しない。時が経つにつれてこの分野はよく知られるようになった。しかし，私たちが何もかもを知り，理解することは決してないであろう。家族心理学者のように，科学，研究，理論，臨床的叡智といった中心的な要素を用いて臨床領域をマッピングすることが最もセラピーに貢献できるであろう。実際にAPA（2006）のエビデンスベースド・プラクティスの推進委員会は，最善の治療とは，最も利用可能な研究成果，臨床家としての判断力や経験，クライエントの価値や目的に沿う介入の適用性を併用することであると示唆しているのだ。

これから続く3つの章では，個人やカップル，家族のアセスメントに対するシステミックなモデルにおける中核的概念と，理論的に正当でエビデンスに基づいている臨床的介入プログラムに着目する。

第 6 章

ケース・プランニングと臨床的アセスメント

画家は単に子どもの外見的な輪郭を学ぶことによって子どもを描写するのではなく，動作と振る舞いを見ることによって，子どもの性格を把握し，それからあらゆる構えで彼を描くことが可能となる。

——Ralph Waldo Emerson

　カップルと家族の治療において，セラピストが正しい方法，適切なタイミングで正しいことを言う時に，一見不思議な瞬間がしばしば生じる。それは，治療的な相互作用におけるパラダイム・シフトの瞬間であり，治癒の手助けとなる。同様に，治療的なやり取りの中で，クライエントが何かを聞いたり経験したりすることで，解決を妨げてきた障壁を超えて前進する道を開く瞬間もある。まるで魔法的で深淵なものに見える家族心理学の臨床的介入は，総合的な臨床知見の専門性が高いほど細かく調整されるため，全ての良い治療は基礎的で総合的なアセスメントとケース・プランニングに基づいて実施される。

　家族心理学におけるアセスメントの目的は，現在の個人や家族／カップルの機能や主な関心の対象となるシステムを理解することである。クライエントの分析を通して，関係性および社会的なシステムの中心的パターン，信念，コンテキストを評価することで，問題とされる行動がどのように論理的に正当化されているのかを知ることができる。心理学におけるアセスメントの複雑さを考慮すると，評価をするために，しばしば主観的な観察と客観的測定を組み合わせる必要がある。興味深いことに，システム理論は，伝統的な法則に基づくアセスメントや診断モデルと必ずしも合致しない。実際，初期のカップルおよび家族療法の家族心理学的な介入モデルは，伝統的な診断および評価プロセスにおける根本的な客観主義，直線的な因果関係，還元主義の否定に基づいていた。その代わりに，初期のシステミックな臨床モデルは，個々の行動特性のクラスターまたは標準化された測定値の得点ではなく，今現在の相互作用と関係性のプロセスに記述の焦点を

当てていた。家族療法家は，主観的な臨床判断を重視しながら，客観的な評価に反応する姿勢も維持しているため，家族心理学は中立的な立場を取る。客観的な評価がより正確な診断に繋がることは明らかであるが，臨床的な判断も同様に有用である（Dawes, Faust, & Meehl, 1989）。この点に，家族心理学と夫婦・家族療法との機能的な違いがある。しかし，入れ子構造のシステム（個人内，対人関係，環境）の評価を必要とする家族心理学の生態学的な性質は，評価プロセスにおいて，法則定立的（客観的）であるだけではなく，表意的（主観的または特定のクライエントシステムに特有な要素）でもあるため，より深いアプローチに適している。クライエントの原家族の詳細な分析を含む定性的なアセスメントは，より一般的で客観的なアプローチでは考慮されないが，診断およびケースの見立てに対して有用な情報を提供する。

　今日の家族心理学におけるアセスメントでは，家族のプロセス（例えば，結束，温かさ，サポート，管理，他のリスク因子）に焦点を当てるものから，家族やカップルの関係，個々の症状，治療自体の進行プロセスを測定するものまである。研究が法則定立的で臨床的アセスメントが表意的であることを強調すると，アセスメントと治療が研究知見と関連しないように見えるかもしれないが，実際には研究知見とアセスメントはコインの表裏の関係である。家族心理学者は科学者で，臨床の科学者は科学研究者と同様に仮説生成と検証に基づいて行動している。冒頭の引用で述べたように，臨床および客観的評価の目的は，関連する仮説を生成するための情報を臨床家に提供することであり，この情報が治療を形作る（Goodheart, Kazdin, & Sternberg, 2006）。仮説は，新しい情報を参考として形作られ，解釈され，再構成される。家族心理学は，仮説生成を治療プロセスの全体を通して行うことで，人間の状態に対して科学的にアプローチする。

　本章の目的は，臨床治療の2つの重要な側面の概要を提供することである。具体的には，アセスメントとケース・プランニングについてである。アセスメントとケース・プランニングは治療の中で重要な役割を果たし，クライエントシステムの個々のニーズを満たすために，必要な調整と適応領域を特定することを可能とする。評価の指標および技術に関する包括的なリストは，他の専門的な文献に記載されている（Beavers, Hampson, & Hulgus, 1990; Fischer & Corcoran, 2007; Holahan & Moos, 1983）。ここでは，現在および将来の評価指標が適合するシステミックな認識論の足場を説明する。本章では，家族心理学の実践におけるアセスメントと臨床ケース・プランニングの役割を検討することから始め，特にアセ

スメントとケース・プランニングへのシステミックなアプローチに焦点を当てる。

臨床的アセスメントと臨床的ケース・プランニングの役割

医療検査や医学的な診断と同様に，心理的アセスメントについて考えることは一見容易である。医学的には，症状を参考として，治療するために必要な特定の治療法を正確に理解するために診断テストを実施する。しかし，心理的なプロセスは，特に家族やカップルを対象とする場合，より複雑である。関係性のシステムを理解するためには，ある個人の内的なプロセスだけでなく，カップルまたは家族の各メンバー間の関係性の在り方も理解する必要がある。つまり，アセスメントにおいては複数の視点から得られた情報を考慮しなければならず，その情報は診断と治療に役立つような有意義な形で，セラピストによって生成，解釈されなければならない。そのためにも，アセスメントに対する家族心理学のシステミックな視点には，医学的なモデルに基づいて臨床家が採用しうる評価タイプとは異なる多くの基本原則がある。家族心理学における臨床的アセスメントは以下の通りである。

- 治療が開始され，最終的なやり取りが終了するまで継続する**動的かつ関係的なプロセス**。このプロセスでは，治療目的を達成するために，複数の利害関係者間の協働的なプロセスを含む。
- **表意的かつ法則定立的**であることは，評価プロセスにおいて個々のクライエントの特性，広範な規範，組織に特有な基準を重視することを意味する。
- 個人やクライエントのシステム全体に影響を与える重要な関係性や関連する環境要因を含むような，個人特有の要因の理解を超える**マルチシステミックプロセス**。

個々のアセスメントは心理社会的機能，発達，精神医学，医学，学問的な歴史という要素が含まれるが，家族のアセスメントでは，これらの評価領域をより大きな全体の構成要素として理解する。つまり，クライエントの地図を作成するためには，家族心理学者が異なる次元の情報を提供する必要があり，そのためには，クライエントに対して独特な視点を持つ必要がある。一般的に，クライエントが彼らの話をセラピストに伝達する時，セラピストは彼らの思考，感覚，または行動の仕方を変えるために，彼らの生活に存在する重要な他者への要求に着目する。個々のアセスメントにおいて，セラピストは目の前に存在するクライエントの言

第6章　ケース・プランニングと臨床的アセスメント

葉のみを聞かねばならない。しかし，家族のアセスメントにおいてセラピストは，機能的および機能不全の対人関係，思考プロセス，影響，およびクライエントの個人的および集団的行動を直接観察しながら，目の前の家族の機能に関する情報を得る。家族のアセスメントにおいて，関係性の力動は，セラピールームに存在する関係性が増加する程に指数関数的に増加する。例えば，セラピストと一人のクライエントが存在する場合，個人間の交流は2つの方向がある。部屋にもう一人居る場合は，潜在的な対人経路の数は9に増え，部屋に4人いる場合は16に増える。潜在的な交流は複雑であるため，個人療法が必要とする指示よりも，多くの指示が必要となる（Patterson et al., 1998）。

　システミックな視点では，アセスメントとケース・プランニングも臨床的な変化のプロセスに貢献することを認識している。

- システミックな視点は，クライエント／家族／カップルの独特の輪郭に対する介入の仕方，治療がどのように進行しているか，治療がクライエントに及ぼす影響について，家族心理学者に不可欠なフィードバックを提供する。例えば，ある時点では，薬物乱用の治療は個人に対して厳密に行われ，クライエントの重要な関係性を破壊するという共通の結果があった（Goldberg, 1985）。薬物乱用の分野では，治療の個人内要因だけでなく，対人的要因も考慮する必要性を認め始めた。今日では，薬物乱用のケース・プランニングで，個人，カップル，家族に対する治療を取り入れることは一般的である。
- システミックな視点は治療計画の中心的な部分であり，クライエントの臨床的な問題の原因となっている可能性がある個人的，関係的，コンテキスト的な危険性や保護因子を特定するために役立つ。
- システミックな視点は，**治療動機を高める**方法である。臨床的な聞き取りは，機能を評価すると同時に，それ自体が治療的な側面も持つ治療計画の作成に役立つ。問題の協働的な見立ては，クライエント懸念の性質を正確かつ多次元に理解するだけでなく，治療的な同盟を通して合意と動機付けを構築することによって，治療も強化する。また，心配事についても家族が共通の視点を提供することで，治療的な変化に不可欠な部分を構成する同盟を家族内に生成する。
- システミックな視点は，客観的でも主観的でもない複数の評価視点を招くための**足場**と，クライエントシステムの複数のレベル（個人内，対人関係，社会）で情報を得る方法を提供する。例えば，個々の臨床家はクライエントの行動に関する伝統的な機能分析を行うことによって，クライエントの運転恐怖症を治療し，最終的には，リラクゼーション，呼吸法，系統的脱感作などの伝統的な認知行動療法の介入を利

用するケース・プランニングを提案するかもしれない。しかし，システミック・ア
プローチは対人関係の情報を取り入れるため，セラピストはその情報から，クライ
エントと夫の間での議論の最中に恐怖症が始まったこと，彼女が離れようとした時
に強引に彼女の車のカギを奪い，茂みに投げ込んだことを知ることができる。カッ
プルだけでなく個人の問題にも焦点を当てる必要があるという認識を持ちながら，
対人的な力動から個人の恐怖症を理解することで，システミック・アプローチは異
なる視点から効果的なケース研究と治療を据える。

臨床的アセスメント

　家族心理学の実践では主に３つのアセスメント領域がある。（１）クライエン
ト，カップル，家族に焦点化する診断，（２）治療プロセスおよび治療の影響を評
価し，記録することを目的とするプロセス，そして，（３）治療結果の評価または
治療が成功したかどうかの判定である。

　それぞれの領域における評価の目的は，何が正しかったのかを判断するのでは
なく，治療目標を達成する上で，治療中に生じうる潜在的なリスクと保護因子を理
解し，治療目標の達成を促進することである。第３章では，リスクおよび保護因
子という観点の理論的根拠に焦点を当てた。家族心理学では，生物心理社会的評
価をすることで，「特定なタイプの家族コミュニケーション・パターンを特定の個
人の精神障害の発生に段階的に関連付ける」（Miklowitz & Clarkin, 2003, p.357）
といった，家族の心理療法にアプローチする。その上，生物心理社会的評価は家
族の個々の強さと家族の資源を発見し，この情報は治療において利用されるかも
しれない。家族システムの評価は複数のレベルで行われるべきである（Grovetant
& Carlson, 1989; Snyder, Cavell, & Heffer, 1995）。

1. 診断的アセスメントは，クライエントの臨床的な関心事や懸念，機能レベル，重
   要な関係性の特徴や相互作用を理解することに焦点を当てる。評価は行動にも焦点
   を当てている（早期に，クライエントの機能や関連する臨床的問題を理解するため
   に役立つ）。しばしば，この種の評価は臨床症状（うつ病関係性の葛藤など）に焦
   点を当てている。しかし，システミックであるためには，診断的アセスメントは行
   動あるいは症状を超えて，歴史的／世代継承的な影響，関係パターン，コンテキス
   ト的／生態学的リスクと保護因子，信念／物語，帰属などの生態学的およびシステ
   ミックな背景から検討する必要がある。

第6章　ケース・プランニングと臨床的アセスメント

　すでに指摘した通り，心理療法のアセスメントは形式的・客観的な評価と主観的な臨床観察の二側面がある。Snyder ら（1995）は，システムの次元の観点（個人，二人一組，核家族，拡張家族システム）から家族の評価にアプローチすることを提案している。各サブシステムは他のサブシステムから影響を受け，他のサブシステムに影響を及ぼすため，これらのシステムは個別に扱うのではなく，社会性の再帰的な性質を認識しながら総合的に行うべきである。

　さまざまな点で，診断的アセスメントの目標は，個々人がテーブルに何をもたらすのかを理解し，カップルや家族単位の関係性のパターン形成に対して，どのように個人が影響を与えるのかを理解することである。そのような形で影響する共通因子は，クライエントの以前の関係パターンであり，この関係パターンが彼らの信念と物語を形成し，行動パターンの輪郭を形作るかもしれない。さらに，各クライエントは，情報への反応および処理に影響を与える生物学的および生理的な傾向を持っている。

2．**プロセス評価**は時間の経過と共に進行する治療において，継続的で一貫してなされる評価である。評価変数としてのプロセスは，現在，臨床の現場で多くの注目を集めており（Bickman, 2005; Pinsof, 2013; Sexton, Patterson, & Datachi, 2012），全ての良い治療はクライエントからのフィードバックを得る必要がある。プロセス評価の現行モデルはより長期的な治療結果を予測するために，治療の進行プロセスで，種々の治療的要因を測定する質問紙を用いる。例えば，良好な治療エピソードでは，治療同盟が必要となる。クライエントの関係者の視点から治療同盟を継続的に測定することは，クライエントのニーズが満たされているかどうか，またはニーズを調整する必要があるかどうかを評価する際にセラピストを助ける。プロセス評価は，クライエント視点での治療の進行に対する継続的な測定も含まれる。進行状況の情報は，セラピストに効果的な治療を行い，必要に応じて治療を調節する機会を与える。

　家族療法の実施において継続的に評価を収集し，得られた情報を統合するための有用なシステムが多くある。例えば，ノースウェスタン大学の The Family Institute は，STIC（Systemic Therapy Inventory of Change）と呼ばれる個人，カップル，家族との治療同盟とクライエントの進捗を確認するために設計されたマルチシステムおよび多次元的な測定フィードバック・システムを開発した。STIC

133

の開発者は，個々のクライエントだけではなく，提示される問題に関係する人を含むシステムへの介入によって治療を行うと考える（Pinsof, Goldsmith, & Latta, 2012）。STIC システムでは，インテーク面接（STIC INITIAL）および各セッション（STIC INTERSESSION）の前に，クライエントは質問紙に回答する。STIC INITIAL の形式では，クライエントの基礎情報に関する質問から始まり，クライエントの基礎情報に基づいて，2つから6つのシステム尺度に続く。このシステム尺度では，個々の問題と強み（IPS），家族の起源（FOO），恋愛パートナーとの関係（RWP），家族および家庭の問題（FH），子どもの機能に関する親の認知（CPS），親子関係の質（RWC）を尋ねる。例えば，恋人と子どもがいるクライエントの場合，子どもは2つの尺度（IPS と FH）に回答する一方で，クライエントは6つ全ての尺度に回答する。6つ全てに回答するためには45分程の時間がかかる。これらの最初の結果に基づいて，治療の最初から変化を生み出す主要なターゲットに焦点が当てられる。その後の各セッションでは，事前にクライエントは治療の形式にあった治療同盟の測定に加えて，短い STIC INTERSESSION に回答する（Pinsof et al., 2012）。

　全てのデータは，オンライン上で提供される臨床プロフィール（CP）の一部になる。CP はグラフと分析結果を提供し，変化を生み出す主要なターゲットを強調することで，臨床家の意思決定プロセスを支援する。これらのターゲットは，典型的には1ケースにつき6つの重要な因子を含む（Pinsof et al., 2012）。また，STIC からのフィードバックは，協同的な方法で，治療プロセス全体にわたる治療計画を立てることに繋がる（Pinsof et al., 2012）。Pinsof ら（2012）は，STIC はセラピストとのコラボレーションを促進し，クライエントの関係性における問題領域を認識する機会を提供することで，クライエントを励ますことができると述べている。例えば，STIC はクライエントに自身およびパートナーの進行中のデータを表示することができ，それを解釈し治療に用いることで，重要な役割をクライエントに与える。

　機能的家族療法（FFT）は，行動障害を持つ青少年や家族への効果的な根拠に基づく治療モデルである（Alexander et al., 2000; Sexton, 2010）。多くの根拠に基づく治療と同様に，FFT は，多くの効果検証の試験から青少年の行動の問題を軽減し，家族機能を改善し，家族の葛藤を減らすことに成功したことを示した（Sexton, 2010）。最近の FFT の効果研究では，特定の地域を対象として調査した結果，FFT はモデルに基づくセラピストの実践において，最も上手くいっている

ことが示された（Sexton & Turner, 2010）。

このように，複雑な地域において実施する際，潜在的な効果を最大限にするために，セラピストは忠実で厳密に順守するためのモデルを必要とすることが明らかとなった（Sexton & Turner, 2010）。FFT の臨床フィードバック・システム（CFS; Sexton, 2010 Care4software により可動）は，Bickman, Sexton, Kelly の努力と仕事の成果である（NIMH：RO 1 MH087814）。FFT-CFS は，最先端の Web ベースのコンピュータシステムを使用して，臨床家，介護者，青少年，および教師が回答したアンケートを使用して情報を収集および管理する。電子的なデータ入力により，実践家やスーパーヴァイザーは馴染みやすいフィードバック情報をすぐに利用できる。

FFT-CFS は，モデルの忠実性，クライエントの治療結果，および配信サービス型のプロフィールに関して，セラピスト，スーパーヴァイザー，管理者，評価者，および研究者にリアルタイムで情報提供する独自の単一システムである。FFT モデルはその特殊性により，治療，トレーニング，および臨床家のモデル遵守について，他の特異ではない治療介入では不可能な形，すなわちシステマティックな方法でモニタリングすることが可能となる。したがって，FFT-CFS には，臨床的な意思決定と参加者に基づく調査ツールの両方がある。

FFT-CFS には，測定の核とシステマティックなフィードバック・システムがある。FFT 臨床測定尺度（FFT-CMI）は測定の核であり，臨床実践の主要領域を継続的に測定することは，それが適切な形で実施された場合，FFT の質が向上するという仮説により構築されている（Sexton, 2010）。FFT-CMI は，クライエント，セラピスト，スーパーヴァイザーによって回答される簡潔かつ心理的に安全な尺度から構成される。これらの尺度は，電子または紙媒体（手動でシステムに入力できるように）で行うことができ，臨床的な意思決定に関わる中心的な 4 領域を知らせることができる。具体的には治療計画（サービス提供，ケースの概念化，セッション計画），治療計画およびプロセス（家族関係の要因，同盟，段階的な進展，一般的な改善，症状レベル），モデルの忠実度（スーパーヴァイザーおよびクライエントの視点からのセラピストのモデルの忠実度）とクライエントの治療結果（家族および症状の変化）が含まれる。

FFT-CFS の臨床的なフィードバックでは 3 つの主要な領域がある。第 1 領域の尺度は，青少年の行動変化という主要な目標を中心にしながら，青年の機能的な症状レベルを測定する。第 2 領域の尺度は，治療モデルに関連する要因の範囲内

で，システムに所属する全メンバーに対してセッションの目標が与える影響を段階的に評価する。第3領域の尺度は臨床的なフィードバックであり，クライアントが進行状況について報告する。FFTは家族合同面接を用いる家族療法であるため，測定とフィードバックのいずれも，複数の個別な視点（青少年，介護者など）に基づいており，システムの複雑さと有用性の両方が高まる。

3．治療結果の評価は，セラピストや，治療を受けた個人，カップル，家族に起きた変化の程度を測定することを可能にする臨床的な評価領域である。治療結果の評価は，治療の前後の変化を測定する点において，研究と関連することが多い。しかし，現代的な評価手法は，このタイプの評価をより大きな臨床的な評価領域に移行してきた。治療結果の測定は，サービスを提供するセラピストと機関が，クライアントの臨床的なニーズをどの程度効果的に満たすかを測定する指標として役立つ。治療結果を正確に測定するためには，治療のターゲットとなっていた，個人，カップル，家族における臨床的に重要な機能の領域に焦点を当てる必要がある。新技術の開発に伴い，日常的な測定は全ての実践的な家族心理学者の範囲内にある。

ケース・プランニング

　個人，対人関係，家族およびコミュニティの生態学的レベルから得られる客観的および主観的な臨床的アセスメントは，理論的な仮説を生成する目的で，照合，分類，要約，解釈が必要な大量の情報を生み出す。これらの仮説は，関連するケース・プランニングを作成するための議論の場を提供する。典型的な治療計画は，より大きく具体的な目標や目的を明らかにする。

　優れた治療計画は，具体的な目標が含まれており，その目標の達成が，より大きく包括的な治療目標の達成に繋がるように計画されている。大部分の精神的健康および地域密着型の治療システムは，治療目標を生成するために必要なモデルおよび個別的な要素を備えている。治療計画は，以下の情報の領域基盤上に構築される。

・人口統計的なデータ
・問題と症状の提示
・心理社会的な歴史
・関連する検査，医学的および精神医学的な歴史

第6章　ケース・プランニングと臨床的アセスメント

・臨床的および客観的なデータの理論的な評価
・診断
・治療目標
・治療的介入
・予後

　セッション計画は，必ずしも明確なプロセスとは限らないが，治療計画の一部である。ただし，各セッションのターゲットとなる特定の目標を識別することは可能である。セッション計画は，セラピストがクライエントのニーズに応じて協働的にセッションを実施しないというわけではない。むしろ，セッション計画は，クライエントシステムと協働的に治療目標を達成するために，必要な方向性を提供するような整理された議題として機能する。したがって，典型的なセッション目標は，カップルまたは家族の経過における活性化および介入に焦点を当てる。セッション目標は，中核的な初期プロセス（同盟の構築，動機付けの強化），中期段階（カップルや家族へのシステミックな介入），後期段階（再発防止，維持，システムのサポート）へと変遷する可能性がある。

家族心理学における臨床的アセスメントの実践（プラクシス）

　家族心理学において，Carr（2009）は臨床的アセスメントを反復的な再構成プロセスとして記述している。このプロセスでは，面接自体が3つの共通領域に焦点を当てることで，家族機能に関する仮説の生成と検証の手段として機能する。共通領域としては，家族関係のパターンを維持する問題，信念と物語を維持する問題，社会的なコミュニティシステムの影響力の問題が挙げられる（Carr, 2009）。
　アセスメントとは，主に関係性のプロセスである。家族心理学の評価データの多くは臨床面接によって得られ，セラピストはデータ収集だけでなく，家族機能の直接的な観察を行い，評価の生成に役立つ重要な情報を明らかにするために議論を主導する。実際的な実践では，セラピストの治療プロセスが時間と共に展開するにつれて，臨床的アセスメントが進む。心理学者は心の科学者であり，そして研究者のような臨床科学者として仮説の生成と分析に基づいて行動する。最初の紹介段階，インテーク面接や検査から導き出される臨床的および客観的なアセスメントの目的は，治療を活性化するような仮説を生成するためのデータを臨床家に与えることである（Goodheart et al., 2006）。仮説は，新しい情報に照らして

137

生成され，解釈され，再構築される。仮説の生成は治療プロセスの全体を通して起こり，人間へのアプローチにおいて，家族心理学を明確に科学的にする。次のセクションでは，最初から最後までの評価プロセスに沿って，システミックな思考の構造と冒頭に提示した原則が実践状況でどのように機能するかを示す。紹介段階から，インテーク面接，治療プロセス，ケースの終結までの評価について説明する。

　紹介段階。家族心理学の紹介段階における2つの重要な側面は，紹介の取得と管理である。最初の電話連絡の段階では，知覚された問題の性質，最も関与している家族メンバー，家族内での問題児，家族のケアに関わる他の専門家（例えば，法制度，医療／病院，学校）などの重要な情報を明らかにできる。家族心理学者は，（1）治療の対象が単独か家族であるか，（2）家族が対象となる場合，最初のインテーク面接に誰の来談を求めるか，という最初の決断を下す必要がある。また，家族心理学者は，最初の電話での会話から，彼女／彼のサービスに対するいくつかの考えを確認する必要がある。

　臨床的インテーク面接。インテークおよび初期の面接では，進行中の治療に対する規則，形式，構造を提示するために設定される。電話での連絡はクライエントシステムの最初の評価点になるが，インテーク面接では正式なアセスメントが開始する。臨床的なインテークの形態は，個人および家族のための情報を容易に収集できるように構築する必要がある。紹介の管理においては，多領域のチームでの作業に家族心理学の特殊性や本質を強調することが認められる。家族心理学者は治療のためにクライエントの動機付けを高めることに加え，彼／彼女が受けている他のサービスを確認する必要がある。クライエントまたはクライエントシステムが，特に専門家の提案や裁判所の要求に基づいて行動している場合，何を求めているのか不透明であることが多い。彼／彼女が必要な治療を実行する能力があることを確認する必要がある。

　インテーク面接は進行中の心理療法に規則と構造を提供するために設計されている。最初に焦点化するべきことは，各家族メンバーが自分の経験を可能な限り率直に共有できる安全な場所を作ることである。家族メンバーの間には勢力差があるため，心理学者は治療中の発言に関して，家族に約束させる必要がある（例えば，家族が面接室を離れて帰宅した時に，発言内容を非難し合うことがないように全員からの同意を得るなど）。このことは不可欠な配慮で，以降の面接におい

第6章 ケース・プランニングと臨床的アセスメント

て約束を忠実に守っているかを確認する必要がある。臨床的なインテーク記録の形式は，個人や家族の情報を収集できるように構成するべきである（Patterson et al., 1998）。

第3章で述べた通り，3つの共通領域（関係性のパターン，物語／信念，現在の行動に対する歴史的で多世代的な影響）は関係性システムのシステマティックな機能を描写する。これらは，関係の構造（境界，階層，同盟など）とカップルおよび家族の関係プロセス（同盟，責任，強固さ，差別，柔軟性，適応性，境界）に影響を与える。面接のプロセスをガイドする評価のレベルがある。家族メンバーの個別的なアセスメントでは各メンバーの安全性を評価し，自分や他の人に危害を加えられる危険性があるメンバーの安全を確保するために，必要に応じて適切な措置を取る必要がある。家族メンバーの個別的なアセスメントには，家族全体の機能に影響を与えている可能性のある神経症，パーソナリティ障害または精神病の評価も含まれねばならない。研究では，神経症を示す家族メンバーが他の家族に神経症を伝播する可能性が示されている（Katz, Beach, & Joiner, 1999）。さらに，心理学者は，家族メンバーの精神的健康に影響を及ぼすような家族内の関係葛藤をアセスメントする必要がある。

二者の関係プロセスには，過剰な感情表出や歪んだ感情などの機能不全的なコミュニケーション・パターンが含まれる。これらは，家族内の同盟関係者，感情的・言語的・身体的な侵略，カップル間の関係における不安と回避の量，カップルにおけるネガティブなフィルターなどと関連する。カップルにおいては，変化しそうもないことを許容する能力について評価するべきである（Gottman, 1999; Gurman & Jacobson, 2002）。両親の評価に用いられる客観的な指標は，結婚満足感尺度（Snyder, 1981），育児ストレス尺度（Abidin, 1995），性的機能尺度（Derogatis & Melisaratos, 1979），子どもが認知する親の行動尺度（Schaefer, 1965），夫婦間調整尺度（Spanier, 1976）がある。

家族関係システムの評価においては，第3章で述べた家族機能の領域（家族間の同盟，育児スタイル，世代間の境界，家族の階層，家族の役割，家族の意思決定など）に対して焦点化する。家族の社会ネットワークも評価する必要がある。密集した支援的な社会ネットワークは，個人，カップル，家族の病理に対する予防的な手段として役に立つ。強力な社会ネットワークは，対処するための資源となりうる（Han, Kim, Lee, Pistulka, & Kim, 2007; Perry, 2006）。家族の社会ネットワークは家族以外から資源を引き出しうるが，同時にストレスと葛藤を高める

139

こともある。例えば，教会や学校の活動は家族の強みの源泉と見なされるかもしれないが，家族との生活から特定の家族メンバーを遠ざけるため，家族のストレスや負担の主要な原因となり，資源の喪失を招くかもしれない。一方で，拡張されたシステムは，家族の生活のために機能する連携や同盟の源泉となる可能性もある（Hartman, 1995）。

　　ベッキーは彼女の実母が家族に寄生していると述べるマークに対して苛立ち，毎晩母親と電話で1時間以上も会話をして過ごした。母親との電話の際に，ベッキーは母親からの苦情（主に父親について）を聞いて多くの時間を費やしていたが，母親にマークのことについて愚痴を言うこともできたし，母親はしばしば物思いに沈みながら同情的に「なぜ私たちはこの二人の男を捨てて，子どもを連れてカリフォルニアに引っ越さないのか？」と言った。

　　この例から分かるように，ベッキーと彼女の母親は，彼女らの関係性が助け（発散することが良いという信念）になっていると考えているかもしれないが，実際には両方のカップル関係にとって有害であることが判明している。

　拡張されたシステムは，クライエントの社会資源の関係性の図（エコマップ）やジェノグラムを通して分析され，家庭生活への資源または負債と解釈される家族およびコミュニティ要因の測定を可能にする。エコマップやジェノグラムを使用することで，心理学者は，多世代家族の力動，学校制度，宗教的な義務，スポーツなどの外部のプログラム，および関係する法的および医学的システムが家庭生活に与える影響を評価する必要がある（McGoldrick, Gerson, & Petry, 2008）。
　治療のためのインテーク面接では，**家族の心理社会的な歴史**を把握することが含まれる。心理社会的な歴史は，家族心理学者に3世代にわたる家族の相互作用および機能パターンの概要を提供する。家族心理学者は3世代の家族から主要な人物を探す。具体的には，家族メンバーが生活の中でしてきたこと，生活を送ってきた場所，宗教的な遺産，あらゆる重大な身体的または心理的な疾患，アルコールや薬物乱用の歴史（または他の脅迫的行動パターン），身体的または性的な虐待の歴史，家族の死因，そして，最も重要なことは家族が協力する方法である。心理学者は，家族のコミュニケーション・パターン，家族の同盟，特定の家族間葛藤に関する情報を収集する。家族の心理社会的な歴史は現在の世代になるほど，

情報がより詳細になる。心理学者は，現在の家族メンバーに関する情報を入手する必要がある。具体的には，誰が家に居て，誰が家から離れているか，過去および現在において誰が結婚や離婚をしているか，当てはまる場合は子どもを伴う再婚家族についてである。また，家族の生活について具体的なエピソードを家族メンバーから確認することは，個人の生活様式や家族が協力して取り組んでいる話題を特定し，診断的な評価を把握するために役立つ。例えば，カップルがどのように出会って，関係性を築いてきたのかを記述することは，カップルの治療が成功する可能性を左右する診断上の価値がある（Gottman, 1999; Mosak & Pietro, 2006; Stone & Hoffman, 2005）。

　家族の精神医学的，発達的，内科医学的な歴史は，治療と関連する可能性がある発達的な問題，病状，精神医学的な歴史を特定するのに役立つ。例えば，ケースが行動的な問題を伴う場合，心理学者は出生時の異常および小児期の頭部外傷などに関連する発達上の問題があるか否かを知りたいと考えるだろう。副次的な情報（例えば，成績表，医療記録，養育手帳）は，アセスメント像を充実させるのに役立ちうる。さらに，過去の外来患者または入院患者の精神保健サービス記録や最近の向精神薬の使用状況は有用な情報である。最後に，すでに述べた通り，自死または希死念慮のアセスメントを行うことは重要である。この中には，主要な症状，問題，クライエントが受けている治療，クライエントが日常的に関与する人，今のタイミングでクライエントシステムがセラピーに来た理由などが含まれる。また，薬物やアルコールの使用，自殺傾向，暴力的または殺人的な傾向，過去または現在の虐待経験，精神状態，身体的な健康状態を理解することも重要である。

　現在のコンテキスト。家族の環境的なシステムの評価は，家族のニーズを満たすのに十分な収入を得ているか，安定した家庭生活のために十分な食べ物と安全な場所，安全で感じの良い隣人，医療やウェルネスケアへのアクセス，十分な身体的な資源，家族，友人，隣人などの有意義な社会的な繋がりを含めて考える。クライエントシステムは幅広い親族と関わり，集団の活動に参加し，文化的または民族的な意味または価値を他者と共有するだろうか？　子どもにとって肯定的または否定的な教育経験とは何か，また，仕事や達成において満足するために役立つ教育経験とは何だろうか？

　診断。総合的なアセスメントは，最も現実的な診断に繋がる可能性が高い。すでに述べた通り，家族心理学者にとって診断は興味深いジレンマを提起する。家

族心理学者は蓄積された情報を取り込み，それを家族の凝集性の診断的な記述に取り入れ，家族内で適切な個人に診断を割り当て，家族全体に対する関係的な診断を割り当てる。診断には，障害の疫学，病原性，個々の家族の発達プロセスが反映されるべきである（Maxmen & Ward, 1995）。しかし，Gottlieb（1996）は，個人の診断と共に関係性の診断の必要性を示唆し，「システムの二者以上の人々の相互作用の機能不全パターンが存在する場合，システムの少なくとも一人以上のメンバーの機能レベルが低下する（p.19）」と述べている。Patterson ら（1998）は，「個人と家族の両方の診断を併用する実践的，倫理的，論理主義的なジレンマについては，全く明確に描かれていない（p.173）」と指摘している。診断をどのように管理するかについての議論では，心理学者は，特定の患者の個人的な診断や関連する家族プロセスと家族機能における重要な症状の両方に焦点を当てている。彼らは，第三者の支払人が抱える緊急性は，しばしば個々の診断（例えば，治療の認可および返済）を必要とすると断定し，したがって家族心理学者は個人の診断について知識を持ち評価する必要がある。しかし，家族心理学に対するコンテキスト的なアプローチは，家族心理学者が家族や問題の全体性を考慮しながら個人の診断的な評価をする上で役立つだろう（Patterson et al., 1998）。

　治療計画の作成。家族心理学者は，客観的および主観的評価によって収集された全ての情報を取り上げ，（1）家族が問題を説明や定義するために用いてきた方法よりも，対処可能な定義や説明の仕方を模索する，（2）家族に初期評価と治療の提案をする，（3）家族が抱える問題を治療し，家族診断から得られた問題を扱うために，エビデンスに基づく治療経過（治療目標と介入）を考案する（Hanna & Brown, 2004）。

　　ベンの数年分の成績表と彼の担任との会話を精査すると，ADD に合致する可能性があるパターンを示し，正式な ADD アセスメントが有用である可能性を示唆した。ところが，正式なアセスメントバッテリーからは，ADD を否定するような結果が得られ，特性不安および状態不安のレベルの上昇が高いことが示された。心理学者は，ベンの人生における不安に影響を与えている可能性がある家族の力動を探し始め，すぐにベンに離婚への恐れを植え付けていたかもしれない両親間の緊張関係があったことを発見した。

　ループを閉じる。治療の成功に必要な同盟を構築するための中心的なステップ

は，カップルまたは家族と面接を行い，印象，アイデア，提案された目標について議論することである。診断や臨床的な印象を議論するためだけの面接ではなく，カップルまたは家族とセラピストの目標を一致させ，オープンで包括的なプロセスを開始し，成功に対する希望と期待を高めるような，治療的な介入の機会だと考えている。なお，最初の面接後の典型的な中断率は 30 ～ 40%だということを覚えておくことは重要である。このように，面接は以下のことを実行する治療的な機会である。

・ カップルと交流して，情報を得る。
・ 治療のプロセスを記述し，同盟を構築する。
・ 家族の共通の目標を見つけて，強化する。
・ クライエントが解決可能な問題の定義を記述することを手助けするプロセスを開始する。
・ 将来のセッション計画を立てる。

これが何を意味していて，そして次のテーマは？

　システミックな視点の反復的で生態学的な性質は，アセスメント，診断，治療計画および介入の一見単純なプロセスを複雑に見せることができる。心理学的な実践は，各アセスメントが成功する治療の中核的な基盤を阻害あるいは促進しうる点で，実際には複雑である。システミックな視点を持つためには，アセスメントが治療を成功させるための多くの側面を構成する統合的な「糸」として考える必要がある。したがって，家族心理学におけるアセスメントは，非直線的であり，より関係性に焦点を当てており，発達的で，治療のプロセス全体において継続していく傾向がある。

　前章までの議論では，研究と実践の相互関係を明らかにした。次の 2 つの章では，家族心理学におけるカップルと家族に関連する治療理論に焦点を当てるために，地図を拡大する予定である。私たちは，厳密なエビデンスに基づく研究を土台とし，エビデンスに基づく実践において重要な有効性を示した理論に焦点を当てる。

第 7 章

家族に焦点化した臨床的介入モデル

理論上，理論と実践に違いはない。しかし，実践においては違いがある。
——Yogi Berra

　システミックな認識論における革命が起きた時，最も初期の家族心理学的治療モデルは，本質的により臨床的で，非特異的であり，創設者の独自性とカリスマ性に基づいていた。同時に，そのような初期のアイデアは将来のより具体的なアプローチの基盤を形成した。これらのモデルは歴史上の単なる遺物ではなく，家族やカップルを対象とする時の臨床実践に共通する中心部分となる。そして，初期の家族心理学的治療モデルは臨床家がクライエント，問題，および臨床的変化を理解するために必要な包括的なレンズに対して，アイデアをもたらしたり優先順位を付けるための理論的な視点を与えてくれる。

　家族心理学の初期には，家族療法的介入を評価する方法やツールはほとんどなかった。そのため，初期のモデルはより理論に基づいていた。例えば，構造的，戦略的モデルは第 1 世代の家族療法アプローチの一つであった。MDFT（多次元的家族療法）や MST（マルチシステミック療法）のようなモデルは，エビデンスに基づいたアプローチとして，深刻な社会的ニーズ（青年の薬物乱用や非行）から出現した。さらに，FFT（機能的家族療法）のようなアプローチは，1970 年代に初めて開発された伝統的なモデルであり，広範かつ精密な研究による開発と評価努力が行われた実証に基づくモデルである。それぞれのモデルは独特である一方で，分析の中心単位や臨床的問題や臨床的変化を理解するための共通の認識論として，家族やカップルに共通したシステミックな視点を共有している（第 5 章を参照）。これは，一見すると個人の問題が実際には他の家族に関わるものと見なされ，介入が個人ではなく家族全体に向けられていることを意味する。しかし，それらの中心となる伝統的モデルは（ 1 ）問題を維持する行動パターン,（ 2 ）問

144

第7章　家族に焦点化した臨床的介入モデル

題となる拘束された信念システム，（3）歴史的，コンテキスト的，構成的な要因を重視する点で異なる。

　本章では，5つの家族中心の臨床的介入モデルに焦点を当てる。カップルおよび家族心理学的治療が行なわれる範囲を示すためである。その中には，関係性のパターン，歴史，コンテキストに焦点を当てるものもあれば，意味や帰属に焦点を当てるものもある（第3章を参照）。そのようなアプローチのうち，構造的／戦略的，多世代的アプローチの2つは伝統的なアプローチであり，研究よりも理論を重視している。実行可能ではあるが，提案されている変化のメカニズムの結果を裏付ける特定のエビデンスはほとんどない。他の3つのマルチシステミック家族療法，機能的家族療法，多次元的家族療法はより最新のエビデンスに基づくアプローチ，臨床経験に関する最も優れた研究の統合，最も現代的で臨床的に関連のある心理学的理論，そしてクライエントへの価値を表している（Institute of Medicine, 2001; Sexton & Gordon, 2009）。本章で扱うモデルは以下の通りである。

1．**構造的，戦略的**アプローチ。主に家族やカップル内における行動的交流やパターンに焦点を当てる。
2．多世代的アプローチ。現在の交流や相互作用の基礎として関係のある歴史的な影響に着目する。
3．マルチシステミック家族療法。家族中心のモデルであり，非行や問題行動を起こした青少年を援助する。主に統合的であり，家族が直面している大きなコンテキストやシステムの問題に焦点を当てる。
4．機能的家族療法（FFT）は合同的およびシステミックな家族療法であり，精神的問題あるいは非行行動の青年をターゲットとする。FFT は契約と治療の動機付けを重視しており，問題の解決や行動の変化に対して家族に焦点化したアプローチを用いている。
5．多次元的家族療法（MDFT）は強みに基づく，生態学的，統合的モデルである。青年の薬物乱用や問題行動をターゲットとするサービスにおいて家族の力動を動機付けたり利用する。

　伝統的で論理的，または実証的であるかどうかにかかわらず，全てのアプローチは私たちが効果的な治療的変化を計画し実行するために，個人やカップル，そして家族を理解するために用いるレンズである。それらのアプローチが共有して

145

いるものは，成功した理論や臨床モデルの重要な要素に焦点を当てている点である。つまり，（1）機能している家族や問題のある家族の両方の機能を記述する論理的基盤，（2）独自のアセスメントの焦点を特定する臨床モデルやマップ，変化のメカニズム，肯定的変化を促進するために設計された技術／介入である。この節では，それぞれのアプローチを定義する特有の特徴について説明する。

　家族に焦点化した臨床的介入に一つの章を費やすことにはいくつかの課題がある。一つの章では，この内容に関する多数のマニュアル，訓練プログラム，書籍，文章，論文，ジャーナルは言うまでもなく，広範囲な介入理論やモデルを正当化することはできない（Gurman & Kniskren, 1991; Sexton et al., 2003; Sexton & Lebow, 2015; Bray & Stanton, 2009）。加えて，治療は包括的，システミック，そして複雑な心理的介入であり，二重記述が減るとそれらのダイナミックさや関係的性質を失う可能性がある。さらに，一冊の教科書で，現在の家族介入モデルを概観したり範囲を示すことは不可能な課題である。この章は，アプローチの包括的なリストではなく，研究や臨床的知識，および優れた実践の統合を示すモデルを概観することを目的としている（Sexton et al., 2013; Sexton et al., 2011）。以下の節ではそれぞれのモデルについて次の点を考慮して取り上げる。

- 家族やカップルがどのように機能するかを記述する理論的原則
- 臨床的問題が発生するメカニズム
- 介入の主な目標，または家族機能のどの領域が主な目標であるか
- 臨床プロセスと主な臨床的介入
- セラピストの役割
- 研究成果

理論的基盤モデル

構造的／戦略的臨床モデル

　メンタル・リサーチ・インスティテュート・グループの初期の考えとシステミックな考えに基づいて，Salvador Minuchin（1974）は個人や家族メンバーの問題の理解や治療において家族構造が必要であるという考えを提唱した。彼は，構造は境界によって分けられる家族のサブシステム間の相互作用を包含するというモデルを提唱した（Nichols, 2013）。構造は，より広い社会的コンテキストの中で作られ，役割の定義や期待を確立する。家族が行動や取り決めのパターンによ

って時間をかけて家族をやりくりしていくうちに，独自のデザインを作り上げる。それらのパターンは利用可能な選択肢を制限したり，人生の困難に対する適応的な対処を排除する（Minuchin, 1974, p.89）。構造的家族療法（SFT）は家族療法の中で最も広く実践されているアプローチの一つであり，その原則はより多くの最新の実証に基づく治療モデル（多次元的家族療法）に進歩している。

　理論的基盤。構造的モデルは，家族の関係性のパターンを通して，カップルや家族関係を理解するために，主要な側面として関連するパターンや家族の関係構造に焦点を当てている（第3章参照）。例えば，肯定的な家族機能には階層的組織（両親の権力が子どもの力や権力を上回る）が必要である。より小さいサブシステム（両親やきょうだいサブシステム）は家族の全体的構造の中で機能する。境界はサブシステムとより大きなシステムの間の相互作用の性質を決定する。硬直（サブシステムの独立や離脱を促進する限られた相互作用）から境界の拡散（親密性や絡み合いを引き起こす頻繁かつ強力な相互作用）のような幅がある。理想的な境界は極端さを避け，他のサブシステムのニーズにあった適切な反応ならびにほどよい自立性を可能にすることである（例えば，両親の権力や配偶者のプライバシーを維持しながら，情緒的な繋がりとサポートが可能な親子の境界のことである；Nichols, 2013）。

　家族や関係構造は，一定の期間にわたって静的なパターンではなく動的なパターンでしか見ることができない。家族は交流的パターン，つまりどのように，いつ，誰と誰が関連しているのか，どのような状況で，どのような条件なのかという反復によって機能している。それらのパターンが時間をかけて繰り返されると，それらは家族や関係構造の一部にとってより好ましいパターンとなる。それらのパターンは機能するために好ましいパターンとなるのである。そのような家族構造と家族の相互作用のパターンはルールに支配され再帰的になるという一貫性を持っている。ルールには，明言されている**明らかなもの**や明言されない**暗黙なもの**があるが，それらは非常にまれに違反されることがある。例えば，父親と母親の意見が食い違った時に，子どもは両親の葛藤から気をそらすために，不適応行動をしなければならないというのは暗黙の家族のルールである。実際に，家族の相互作用の**再帰的なパターン**はたいてい暗黙のルールによって支配される。そして，暗黙のルールは繰り返される家族の相互作用のエピソードを観察することで推測することができる。

　構造的介入モデルは特に提携と呼ばれる，家族のさまざまなメンバーの構造的

構成に注目している。提携の一形態である同盟は，３人のうち２人によって共通の関心が共有されることである。連合は３人目に対抗して２人が結び付く関係的なプロセスである。家族構造の提携は，安定しており，家族やカップルの機能に対して一貫性をもたせるものや，三角関係化（ある人がもう一人の人の葛藤に引き込まれた時）や変化を妨げるような迂回の三角関係化を作るような問題のある提携が含まれる。全ての関連のあるシステムのシステミックな基盤において映し出された安定性と変化の２つの力は本質的には対立するものである（第１章と第３章を参照）。正常な家族は問題の欠如によって区別することはできない，つまり全ての家族は問題を抱えている。実際，正常に機能している家族は，変化する状況やコンテキストの中で適応し再構成するプロセスで，形を変え変化をし続けているのである。内部および外部の家族の適応や変化には，提携や家族の継続性の維持を可能にする強固で柔軟な境界の両方を必要とする。

　このモデルによると，家族内の個人の臨床的問題は固すぎる境界や葛藤的な迂回的三角関係化によって生じる。それらのパターンは抑うつや青年の行動問題のような問題の発生，促進，維持だけでなく，家族メンバーの一人が病理的になった時に，その安定性を維持することにも役立つ。例えば，葛藤を迂回する三角関係化は，潜在的，あるいは顕在的であるかにかかわらず，両親が互いに対して援助を求める時に発生する。これは親子の連合（もう一人の親に対してもう一人の親に子どもが味方する時）が子育てのプロセスを複雑にする場合にも起こりうる。家族システムが閉鎖的になりすぎて，成長して家族から離れることが困難になったり，日常生活の問題を解決するための新しいアイデアやリソースの探索が困難になる時，境界は問題となる。そして，家族メンバーが３つの異なる道を選択することで連合は家族の機能を破綻させる。その道とは，高度な結び付きや目的を持った関係性を構築したり，継続すること，あるいは第三者を含めるということである。その第三者は家族の他の世代の誰か，あるいは家族システム外の誰かである。

　臨床的治療の目標。SFT の主な焦点は提示された問題を解決することである。一見すると明らかなように見えるが，これらのモデルが実用的アプローチであることを示している。それが学校での問題行動，家族の葛藤，あるいは他の臨床的問題であろうと，行動の変化は問題を維持する根本的な家族構造から生じる。この時，SFT には４つの具体的な治療目標がある。それは提示された問題の解決，問題を維持する根本的な家族構造の変化，家族が感じるストレスの低減，家族の勢

力関係を復元することである。

　プロセスと介入。構造的家族療法家は，目的意識が強く，活動的で指示的である。全てのモデルと同様に，具体的な臨床的戦略と治療プロセスの段階の両方がある。

1．セラピストが家族システムに入ろうとするアコモデーションやジョイニングがある。この段階ではセラピストと家族同盟が構築される。構造的アプローチによって，セラピストが家族に適応し，家族のルールや相互作用パターンと同じ方法で関わる時に生じる。
2．理解やアセスメントの段階は，セラピストが境界の質や柔軟性，サブシステムの相互作用パターン，家族発達の段階，ホメオスタシス維持のために症状がどのように働くか，現在の症状（家族に襲いかかる内的および外的問題のストレッサー）が生じるコンテキストについての仮説を立てるためにセラピストが家族の機能を観察する時間である。アセスメントは，主に家族の臨床的観察に基づいて行われ，家族機能が働いていない点を確認し，日常的なやり取りがうまくいくような行動パターンを特定する。
3．家族の再構築は介入の一部である。ここで，構造的家族療法家は積極的に介入して家族の構造を変化させる。目標は家族構造の核を再編成する指示を出すことである。これは説明ではなく，セラピストの指示と指導によって行われる。したがって，家族のセッションの目標は，意識を高めるのではなく，行動を変えることである。これを達成するために，セラピストは古い交流パターンを止めて，連合や三角関係化を阻止し，家族を再調整して新たな相互作用を作りあげる。そのために，セラピストは以下の介入技術を使用する。

・エナクトメント──セラピストが家族メンバーとして行動したり，中心的な交流パターンに従うことを勧める。
・ふりつけ──セラピストが家族に新たな相互作用パターンで行動するように指示する。
・境界に印をつける──サブシステム周辺と家族全体を対象とした新たな境界をセラピストが特定し，家族に印を付けさせ，認識させ，創造させる。
・ストレスをエスカレートさせる──ここでの目的は家族の核パターンと構造をより明らかにすることで，それらを確認し変化させることである。
・課題を割り当てる──セラピストは家族構造が変化するような具体的な指示を家族に与える。

149

家 族 心 理 学

- 症状を利用する——症状を誇張したり，目立たせずに処方したり，症状を再ラベルする。
- 雰囲気を操作する——セラピストは強みや家族のリソースに焦点を当てて希望をもたらすために，問題やIP（問題と見なされた人）からシステム全体に焦点化する。
- 養育，教育，指導

4．変化の維持は変化プロセスの最終段階である。変化を戻そうとする安定性の恒常的な力は臨床的変化技術の使用に付随する。この段階は家族が第二次変化を遂げたり，家族構造の変化を助けることを目的としている。

Bowen の多世代的家族療法

　多世代的モデルはその名の通り，家族が特定の信念を持っていたり，問題のある相互作用パターンを行うような**歴史的，コンテキスト的，構成的要因**の役割を強調している。多世代的なモデルはMurray Bowen の研究によって示されている。彼は，精神科医であり，家族プロセスとしての感情障害や感情的な単位としての家族を概念化するシステム理論に影響を受けている。そして，このモデルでは，核家族を超えて拡大家族や多世代家族に及んでいる（Hargrove, 2009）。

　理論的基盤。多世代的モデルはカップルや家族に影響を与える歴史的，コンテキスト的な関係的勢力に焦点を当てている（第3章参照）。この観点から，現在の家族における生活の問題を生じさせるのはクライエントが生まれた家族関係によるものである。家族の問題は家族の相互作用パターンや関係の三角関係化を介して次世代から次世代へ複製される多世代の現象と見なされる。その結果，家族は家族自身で意思決定や選択をすることが不可能になってしまう。

　Bowen（1978）は，家族とは根本的に感情的なシステムであると考えた。脅威を受けた時，家族の不安が生じ，家族は感情的に動き，問題の相互作用パターンが繰り返される。家族は抱える不安の程度が異なる。つまり，比較的脅かされずそれほど不安を見せない家族もいれば，非常に脅かされ一貫して高いレベルの不安を経験する家族もいる。家族が経験する不安の高さによって家族メンバーの分化の程度が決まる。高い不安を示す家族は自我が未分化な集団に分類される，それはつまり，絡み合いや融合という特徴のある非常に親密で感情的な関係である。不安が低い家族は家族内で高いレベルでの分化と自立を促進する（Carr, 2012,

150

第 7 章　家族に焦点化した臨床的介入モデル

p.160)。

　ある世代の症状が次の世代へ引き継がれるのは Bowen が家族の投影プロセス
として説明したものである。Bowen によれば，精神病理は家族の投影や多世代に
わたる伝達プロセスによって生じる。家族の投影は両親が自分自身の未熟さを子
どもの一人に投影する時に生じる。子どもは最も未分化な家族メンバーとなり，
最も症状を呈する可能性が高くなる。この投影の影響を避ける子どももいるが，
一般的には家族の感情プロセスに関与し，分化度が低くなり，避けることはでき
ない。そのような子どもたちは同程度に分化度の低さを共有するような結婚相手
を選択することが多い。その結果，家族のルール，役割，習慣が固く絡み合いな
がら不適切に作り上げられ，分化を繰り返し回避することで，原家族から次の世
代へ制限された分化の問題を継承する。

　あるものは，自分自身を感情的に家族から切り離すことで投影プロセスに反応
する。感情的切断は感情的に 1 人以上の家族メンバーから切り離すことによって，
三角関係化に関わることで生じる家族のプレッシャーに対処する方法である。感
情的切断は物理的接触がほとんどなく，心理的には未解決の原家族の関係的問題
の重要性を否定することである。切り離す程度が大きければ大きいほど，新たに
誕生した家族において問題のある原家族関係を再現する可能性が高くなる。個人
に投影された不安に対する解決策は，このプロセスと区別されるべきである。個
人の分化は知能的で感情的なシステムの分離を含む。精神内の分化が生じた時，
個人は強い感情を衝動的に表出せず，むしろこれらの感情を反映して行動の方針
を選択する。この精神的な分化によって人は原家族における，感情的に動かされ
る問題のある相互作用パターンを繰り返さないようになる。家族や両親への未解
決の感情的反応は，私たちを危険にさらし，新たな大人の関係性や家族の中で，
原家族の関係的パターンが繰り返されやすくなる。

　「分化は感情的または物理的に他人と接している際，自分がより重要になった
時に自分の感覚を維持するための能力である」(Schnarch, 1997, p.56)。バラン
スの欠如は，融合や未分化を引き起こす。それは他者に反応したり，自分自身の
目標を見失ったり，他人の問題に巻き込まれることと定義される（Richardson,
1984)。融合は他人との「一体性」の幻想である。未分化とは自己の感覚が他の
人から得られることである。つまり，私たちは自己との関係に基づいて偶発的に
アイデンティティを作り上げるのである（Schnarch, 1997, p.59)。目標志向とい
うのは，自分自身の価値を明確にして重要なことを決めることができ，他者にそ

151

れを表現して伝えることができるということである。分化は，感情を思考から切り離し，重要な他者の存在の下で自分自身を維持し，離脱しないようにする能力である。それは激しく感情的な関係に直面した際に，自己の感覚を維持する能力である。分化は相互に関連するための能力，すなわち，重要な他者の幸福に関心を持ちながら自分自身の成長に焦点を当てる能力である。

治療の目標。治療の目標は，不安を調整し感情的切断と家族の投影を避けることによって，個人の分化と家族メンバーの親密性の維持のバランスを取ることである（Goldenberg & Goldenberg, 2013; Hargrove, 2009）。このバランスを取りそこねると，「ストレスフルな状況に適応するシステムの闘争」を示す症状が生じるだろう（Hargrove, 2009, p.292）。Bowen の家族システム療法は家族が客観的に自分達の機能を理解するために，セラピストを家族の感情的反応の抑制を助けるコーチと見なしている (Hargrove, 2009)。Bowen の多世代的家族療法では，以下の点でカップルに役立つ。

・ 分化的になることで，原家族のプロセスの理解から再帰的に誘導されることや，感情的に揺さぶられる相互作用パターンを避けることができる。
・ ダイレクトに他の家族メンバーにお互いについて話し，個人的な話題やゴシップを避けるような一対一の関係性を育てることができる。
・ 彼らが経験している原家族との融合や分化の低さの程度を認識する。
・ 出生家族において，いかに現在の生活問題の管理能力に影響を与えているかについての洞察を得る。

プロセスと介入。多世代的家族療法の治療アプローチは家族において個人の自己分化を促進することを第一の目的としている。目的は個人対個人の関係性を親と作ることであり，そこで個人が感情的な反応性を減らしたり，感情的な家族の状況による三角関係化を脱却するため，自己の観察のスキルを使うことである。そのために，セラピストはクライエントに対して，両親やきょうだいを面接に招待したり，原家族のメンバーと治療外の話し合いを設定するように指導する。それらの相互作用の目的は三角関係化の再交渉と融合的または切り離しの関係性から個人対個人の関係性に置き換えることである。例えば，進行中の家族会議ではそれに続いてカップルのセッションおよび最終的には家族セッションを含むかもしれない。そして，そこには原家族のメンバーが参加するかもしれないし，他の

例では個別に実施される可能性もある。

　多世代的モデルの多くは,家族の一人や二人,または家族の多人数で一緒に取り組むように計画されており,家族の一人を変えることで家族システム全体に浸透して変化するという考えを持っている。セラピストは個人内の洞察や変化を促す。つまり,変化の主なメカニズムはプロセスの質問を使うことで不安で感情的な反応を減らすことであり,それは感情的なフレームからより認知的なフレームへと移行するプロセスで人々を落ち着かせる。セラピストは感情的な反応性を短くすること,理論的な考えを促すこと,問題の詳細ではなく相互作用のプロセスに焦点化することを目標としている。セラピストは,非難の代わりに自分の信念を述べたり,他者の代わりに自分を変えることに焦点を当てることで,クライエントが「あなた」よりも「私」の姿勢を使うことを援助している。セラピストは,それぞれの家族メンバーがシステムの問題が維持されている状況で,満たしている役割を特定し認識するために,関係性の実験を行うことができる。例えば,セラピストはパートナーに,遠ざける／追跡者,追跡者／犠牲者／救助者の役割を認識,特定させ,彼らの役割を変化させることができる。セラピストは,その問題に対してはその個人が行動のプロセスを決める選択肢を持っていると捉えることによって,2つの選択肢のジレンマを使うこともできる。1つは,好ましくより分化度の高いもので,もう1つはより分化度の低い選択肢で意思決定するものにとって嫌なものであり,追求される可能性が低いものである。最終的に,Bowen の家族システム療法では,セラピストのモデルはいかに分離して三角関係化から抜け出し,感情的反応を抑えるかを実証することによって関連性を区別した（Guerin,1976）。このアプローチで使われる臨床的ツールは,ジェノグラムである。ジェノグラムはクライエントカップルの家系図を描いたもので,3世代前に遡る。ジェノグラムおよびそれに基づく議論によって生成されたデータに基づいて,セラピストは関係性において生じている問題についての仮説を立てる。

　セラピストの役割。セラピストはコーチのように行動し,合理性を強調し,子どもと夫婦との間に治療的な三角形を作り出そうとする。安定した三角形は,セラピストが感情的に関わらないことによって形成され,その時生じている緊張を拡散させる。この安定した三角形は内容ではなく,プロセスに基づいている。十分に有意義であるように活発でなければならないが,客観的で十分に冷静である必要がある。セラピストは,カップルの関係性における感情の程度について,軽度,中度,重度であるかを見立てる。感情が高ぶってきた時,家族により考えさ

せ，感情的にさせないように質問する。

エビデンスに基づいた臨床的介入モデル

マルチシステミック療法（MST）

MST は，家族とコミュニティに基づいた治療モデルで，その根源は家族システム論である。それは理論的には慢性的な行動的問題，青年期における深刻な感情障害を扱うために設計されたものである。MST はもともと少年の犯罪者とその家族の臨床的ニーズを扱うために 1970 年代後半に開発されたものであり（例えば，Henggeler et al., 1986），それ以来，青年期における重度の感情障害，若者の暴力と犯罪行為，少年の性非行，アルコールおよび薬物依存，児童虐待といった問題を扱ってきた。このモデルを支持する研究のエビデンスは，家族と共に青年の重度の反社会的行動を扱う時に最も強力となる。MST はコミュニティ場面で広く実装されており，最も研究されている家族中心のアプローチの一つである（Henggeler & Lee, 2003; Sheidow, Henggeler, & Schoenwald, 2003）。

理論的基盤。事例の概念化と介入戦略の開発と実現を導く 9 つの原則がある。（中核的原則の詳細については，Henggeler & Lee, 2003; Sheidow, Henggeler, & Schoenwald, 2003 を参照）。

- 適合を見つける：特定された問題と幅広いシステミックなコンテキストとの「適合」を理解する。
- 肯定的な面と強みに焦点を当てる：治療的相互作用は変化のメカニズムとしての強みを強調する。
- 責任感の増幅：介入は家族メンバー間における責任的行動を促進するように計画される。
- 現在へ焦点化され，行動が方向付けられ，明確に定義される：介入目標は具体的で明確に定義された問題を対象とし，進行状況を追うための基準が設けられる。
- 連鎖に焦点を当てる：介入は問題が維持されている行動の連鎖をターゲットとし，治療によって家族の相互作用を変化させ，向社会的サポートを高めるように設計されている。
- 発達的適応：介入は青年の発達のニーズに適しており，仲間との関係や学問などにおける青年の有能感の構築を重視する。
- 継続的な努力：介入は集中的であり，家族の一人ひとりにおいて日常的あるいは習慣的な努力を必要とする。

154

第 7 章　家族に焦点化した臨床的介入モデル

・評価と説明責任：効果はあらゆる観点から継続的に評価される。
・一般化：介入は養育者があらゆる場面で家族メンバーのニーズに協力できるようにすることで，長期的な変化の維持を実現するように計画される。

　MST サービスの提供は，家族介入のモデルに基づいており，それは家族の治療やドロップアウトの防止に効果的であることが実証されている。MST を行うセラピストは一般的にマスターレベルの訓練を受け，4 〜 6 の家族の事例を扱う。また，3 人から 5 人のフルタイムのセラピストとスーパーヴァイザーからなる小さいチームで働く。サービスは，治療への障壁を最小限にするために，家庭や，学校や近所のセンターのようなコミュニティに基づいた場面で提供される。治療は時間制限されており，一般的には 3 カ月から 6 カ月間で，自己効力感や費用対効果を促進することを目的としている。セラピストは必要に応じてサービスを提供し，危機を回避するために，1 日 24 時間，週 7 日間，毎日利用可能である。臨床的手順の完全な説明については，Henggeler, Schoenwald, Borduin, Rowland, & Cunningham（1998）を見ていただきたい。

　主な目標。MST の主な目標は，青少年が深刻な臨床的問題を効果的に管理し解決するスキルの獲得を支援することである。さらに青年期に生じる可能性のある潜在的問題を家族が予防できるように，努めている。若者に影響を及ぼす因果関係や維持要因のさまざまなシステムを踏まえて，MST のセラピストは家族の生態系の資源を利用して対応する能力を成長させる。セラピストは，葛藤を減らし，コミュニケーションを改善し，家族の結び付きを改善し，行動のモニタリングを向上するために家族レベルで介入する。青少年の問題に関わっている場合，治療法は両親や片親の機能に取り組むこともあり，養育者は治療概念に必要不可欠と考えられている。また，MST セラピストは，逸脱した友人や社会的スキルの乏しさなど青少年の問題に関連するピアレベルの要因にも取り組んでいる。しかし，セラピストは養育者が青少年の環境，特に学校環境との相互作用の調整を援助することに焦点を当てている（Sheidow et al., 2003）。
　プロセスと介入。MST はそれぞれの若者と家族に個別化されているため，セッションごとに段階的に特徴付けることはできない。養育者はアセスメントと介入の主要なターゲットである。MST の治療はセラピストと家族の協働作業である。MST の原則を利用して，セラピストは相乗的な相互作用を最大化することを見立

155

家　族　心　理　学

てた方法で介入を選択し取り入れる。MSTを通して，セラピストは観察，相互作用，面接，および該当する公式記録（例えば，学校の出席記録，保護観察違反）を介して情報を得る。MSTのプロセスは主に以下の手順で行われる。

・セラピストは，家族メンバーと利害関係者のそれぞれが望む治療結果を聞き，治療の重要な目標とそれらが具体的な方法でどのように測定できるかについて参加者のコンセンサスを得る。
・セラピストは，問題となる行動の理解や適合を促すために，家族や他のシステムを評価し，若者や家族が生きるシステム（すなわち，家庭，学校，仲間，コミュニティ）の状況において，これらの行動がどのような意味をなすのかを評価する。家族のアセスメントは，事例の概念化，計画，実施，評価といった相互に関連するステップを通してセラピストを導くために使用されるMST分析プロセス（「Do-Loop」）として記述される。
・家族と臨床チームは臨床的問題の仮説を立てた要因の優先順位を決め，これらの要因をターゲットにした介入を開発する。それらの介入が実施され，実施が監視され，見立て通りの実施に対する障壁が特定される。
・最後に，セラピストはそれぞれの介入の有効性について複数の視点を集める。もし，収集された情報によって介入が成功していなかったことが示唆されるならば，セラピストとチームはDo-Loopの始めに戻り，家族や他の参加者と協力して行動の「適応」を再概念化し，問題とそれに続く介入の潜在的な要因に関する新たな仮説を生成する。

　研究成果。エビデンスベースドの治療モデルとして，MSTは臨床試験や地域社会の成果を測定する広範囲な研究基盤を持っている。7つのランダム化臨床試験と1つの準実験的デザインで構成された8つの公開研究の知見はMSTの有効性を裏付ける根拠である。最初のMSTの成果研究は準実験（Henggeler et al., 1986）であり，少年犯罪に対するMSTの短期的有効性を評価した。研究結果によると，家族関係の改善，青少年の行動的問題の減少，非行少年との繋がりの減少が示された。この研究の後には，慢性の暴力的な少年犯罪者を対象とした3つのランダム化臨床試験が続いた。Henggeler, Melton, & Smith（1992）は，MSTが地域密着型の有期刑の代替手段としての役割を果たした時，治療後にMSTは通常の少年司法サービスよりも家族や友人関係を改善するのに効果的であることを見出した。MSTで治療を受けた青少年の中で，再犯率は43％低下し，59週間のフォロ

ーアップで自宅外への配置は64％減少した。慢性的な性犯罪者を対象とした別のランダム化臨床試験では，Borduin & Schaeffer（1998）がMSTが治療後の青少年の精神医学的症状を減少させるのにより効果的であり，1.7年間のフォローアップでは通常の少年司法サービスよりも有期刑率を50％減少させることを明らかにした。薬物乱用の青少年を対象とした2つのランダム化臨床試験では，青年期の薬物乱用の短期的な減少が示されている（Henggeler et al., 1992a; Henggeler, Pickerel, & Brondino, 1999）。別の研究では，物質関連の逮捕が長期的に減少することが示されている（Borduin et al., 1995）。また，重度の感情障害を伴う青年の治療にも成功していることが報告されている（Henggeler et al., 1999b）。

ランダム化臨床試験に加えて，MST研究者は全国の地域提供型組織として広まる前に，モデルの内的妥当性を維持するために設計された品質保持システムを開発した。MSTの治療原則への遵守と臨床結果との関係を調査している実証研究もいくつか存在する（Henggeler et al., 1999; Schoenwald, Sheidow, & Letourneau, 2004）。これらの研究はセラピストの遵守と組織的な特徴が，治療後に両親が報告した子どもへの成果を予測することを示している。

機能的家族療法（FFT）

FFTは，システミックでエビデンスベースドであり，マニュアルによる，家族を基盤とした治療プログラムである。また，青少年に影響を及ぼす広範な問題（薬物の使用および乱用，行動障害，精神的健康の懸念，不法行為，および家族に関連する問題を含む）と，広範囲にわたる多民族，多文化，地理的コンテキストにおける青年とその家族の治療に成功している（Sexton & Alexander, 2002; Sexton, 2006; Sexton, 2010; Sexton, 2015）。FFTは過去30年以上にわたり進化し，統合的理論，臨床実践，経験的エビデンスの基盤を土台としている。そのモデルは現在，非行，暴力，薬物使用，危険な性行動，不登校，行動障害，ODD，破壊的行動障害，その他の外在化障害など，さまざまな不適応行動を伴うリスクのある11歳〜18歳の若者を治療するために設計されている。

FFTは多くのモデルと同様に，優れた臨床実践の原則（治療関係を作り，クライエント中心になるなど）に基づいて，構築され，今日成功する治療の「共通因子」と呼ばれるものを全て含んでいる。治療の主な焦点は，クライエント経験（認知，感情，行動）の複数の領域と，家族システム（個人，家族，コンテキスト的／多重システム的）内および周辺の複数の視点に重点を置いた家族関係シス

テムである。治療プログラムとして，FFT は短期間の家族療法的介入を行い，軽度から中程度の症例では 1 時間のセッションを 8 ～ 12 回，より深刻な場合は最大 30 時間の直接的介入がある。このプログラムは，危険にさらされている青少年が少年法や精神保健システムを利用しないための予防措置としても機能している（Alexander, Pugh, Parsons, & Sexton, 2000）。

　理論的基盤。多くの理論，臨床，研究を基礎として構築したものによって介入プログラムが構成されている。FFT の臨床的モデルは，治療的介入の基礎として深刻な作用を示す行動によって示される関係パターンに焦点を当てている。この観点から，青年の特定の問題行動は，家族の行動や関係のパターンを維持するための兆候といえる。家族関係のパターンは青年の保護因子になるものもあるが，リスク因子となるものもある。これらのリスク因子と保護因子が共に変化のターゲットとなる。指針は家族の機能，臨床問題の原因，変化の原動力と動機付けの要因，各家族の特定のニーズを満たす方法でそれぞれの家族に対処する方法の方向性を理解するための枠組みをもたらす（Sexton & Alexander, 2003）。

　FFT は，全ての行動が，青少年，親，家族システム，コミュニティ，および拡大家族など，複数の相互作用的な構成要素を持つマルチシステム・リレーショナル・システムの一部であるという原則に基づいている。この観点から，特定の問題行動は，関係的パターン内に埋め込まれ，マルチシステム・コンテキストにおける多くのシステムの影響を受ける。家族は，FFT での最初の作業のための重要な参加者であり，アセスメントのポイントである。FFT は，家族の内部に介入することで，最初は家族内での変化の障壁に対処し，新たな向社会的行動を特定するのに役立つ。FFT は 6 つの基本原則（Sexton, 2015）に基づいて構築されている。

1．行動はマルチシステムのコンテキストにおいて**最もよく理解される**。FFT は全ての行動が青少年，親，家族システム，拡大家族など，複数の相互作用的な要素を持つマルチシステム・リレーショナル・システムの一部であるという原則に基づいている。
2．FFT では家族システムが理解と介入のための主要な焦点である。
3．**同盟に基づく動機付け**は，臨床的変化プロセスの中心部分である。動機付けは以前に説明したタイプの治療同盟の成果であり，そこで成功した変化が雰囲気に反映され，希望，変化への期待，責任感（内的な統制の所在），そして同盟のポジティ

ブな感覚が家族内で共有される。

4．リフレーミングによる意味の変化。FFT において，リフレーミングは家族中心の方法であり，重要な出来事を再定義して否定的感情を減らすのに役立つ代替的で認知的な帰属的視点を作り上げ，出来事に対する感情を違う方向に転換させる。そして，リフレーミングはクライエントが将来の変化のための新しい方向性を見つけ，家族の苦しみの責任を分かち合うように家族を互いに結び付ける（最初は暗黙であり，その後は明示的に）。

5．得られる目標の変化。FFT モデルは，家族を誰かにとっての「健康的な」バージョンにしたり，家族や個人の「性格」を再構築するのではなく，家族の価値，能力，スタイルに「適合」する達成可能な結果を追求することを目指す。

6．エビデンスベースドの臨床的意思決定は，より地域を基盤にした結果をもたらす。現実の臨床現場で，臨床家は，治療する患者のニーズに合わせて治療を決定する必要がある。

プロセスと介入。FFT は一連の「介入技術」以上のものである。むしろ，システミックであり，具体的な臨床的，理論的原則が備わっている臨床変化プロセスと，治療的症例やセッションの計画を導くシステミックな臨床プロトコル「マップ」に基づいている。臨床モデルでは理論的に統合された指針の原則と，セッション内の目標を具体化するための規定の臨床的「マップ」を統合する。それらは，治療プロセスを導くための段階的モデルに結び付けられる。変化のプロセスは，（1）変化は同盟に基づく動機付けを促進することを前提とする，（2）行動の変化は，はじめに意味の変化を必要とする。これは，主に意味の妥当性と再帰属を含むリフレーミングに基づくプロセスによって行われる，（3）行動変容の目標は，家族の文化，能力，および生活のコンテキストにおいて可能な適切なものでなければならない，（4）介入戦略は，各家族の固有の性質に合致するものが尊重される，という4つの理論的に統合された規定原則によって導かれる。

FFT の変化「マップ」や臨床的プロトコルは，システミックかつ時間的に組織化された中心メカニズム，具体的な目標，および臨床プロセスとしての FFT の実行により生じた成果である。FFT には3段階の臨床的介入がある。各段階には，これらの目標に対応するための具体的な目標と介入戦略がある。FFT の段階的な目標は，「小さな目標」，または家族の持続的な変化のための中間的なステップが必要である。FFT モデルは，治療介入の3つの段階からなる段階に基づく臨床的変化のモデルである。

（1）契約と動機付けの段階。契約と動機付けはセラピストと家族が最初に出会った時から始まる。この段階には3つの主な目標がある。バランスの取れた同盟（家族メンバー間，それぞれの家族メンバーとセラピスト間）を構築し，家族の非難と否定的感情を減らし，治療の契約と動機付けを構築するような家族に焦点化した共通の問題を定義する。それらの初期の相互作用で求められるのは，家族が自らの立場や感情，懸念を支持される感覚を体験することによって動機付けを促進することである。また変化に対する希望の感覚や家族心理学者やセラピーがこれらの変化を促進するのに役立つという信念についても同様である。否定や批判が減ると，家族の中でのより肯定的な相互作用が希望を育てる。

（2）行動変化の段階。行動変化の主な目標は個人と家族の特定の危険な行動をターゲットにして変化させることである。それは，家族内での特定の保護的なスキルを構築することで可能となる。危険な行動の変化とは，家族機能の成功に寄与する無数の課題（例えば，コミュニケーション，育児，監督，問題解決，葛藤の管理）を完全に実行する能力を高めるために，家族の行動スキルをターゲットとすることである。リスク因子は，家族がこれらの一般的な課題に取り組む際により保護的な行動を起こすうちに減少する。この段階は（他の多くのアプローチと同様に）カリキュラムに基づいたものではなく，家族が提示した顕著な問題に対する新たなスキルを適用させることで，家族内での目標が達成する方法で行われる。行動変化の段階には，（1）個人および家族のリスクパターンの変更，（2）家族の特有の関係機能に合致する方法，（3）その家族が得られる変化と一致する方法，（4）これらのコンテキストで，それらの価値が伴う，という4つの主な目標がある。

　　行動変化の計画は，リスクの高い青少年の集団において，多くの家族における共通のリスク因子（リスクと保護因子の初期の議論を参照）を対象としている。これらの目標には，コミュニケーション，問題解決，葛藤調整，育児の変化が含まれることが多い。

（3）一般化の段階。一般化の段階では，焦点は家族行動の変化から他の領域に広げることに変わる。この段階では，家族と外部世界との境界に焦点が当てられている。再び，セラピストは所定のカリキュラムに基づく方法を用いるのではなく，家族の顕著な問題の議論に参加することによって，この段階の目標を達成する。この段階には，3つの主な目標がある。まず，行動変化の段階において作られた変化を家族関係システムの他の領域に一般化すること，焦点化された特定の再発防止戦略により一般化段階で行われた変更を維持すること，そして関連するコミュニティ資源を治療に取り入れることで家族の変化を支援し，拡大することである。一般化段階で求められるのは，契約と動機付けにおいて家族がもたらした感情的および認知的な

変化，およびリスクを変え，保護的な要素を強化する特定の行動変化を安定させることである。これらは家族が将来のさまざまな状況に対処する能力を身に着ける感覚を養うことによって行われる。

　セラピストの役割。実際にはFFTはダイナミックで，非常に対人的で，関係性を重視している，感情的な治療体験である。その強力なエビデンスの基礎があるにもかかわらず，FFTはモデルをアイデアから実践に上手に活用するセラピストに依存している。FFTで起こる大部分は，セラピストと家族の相互作用の中で生じる。その相互作用では，セラピストはモデル（もしくは，地図）に従い，中心原理（もしくは，レンズ）に基づいているが，家族の特有の構造，機能，相互作用のスタイルに合わせた独自の創造性に依存する。このため，最近ではFFTを行う臨床家が作る独自性やモデルへの焦点化，クライエント中心の判断を下すことへの援助に注目が高まっている。必然的に，全ての理論，変化のメカニズム，研究，意思決定のためのツールがあるにもかかわらず，最も困難な臨床ケースのうち，良い結果を導くFFTの構造内では創造力が生じている。このように，FFTは，時間の経過と共に，最も困難なタイプの臨床ケースを扱うための構造と創造性の両方をシステミックモデルに融合させた治療モデルに発展した。

　FFTは，信頼性，セッションごとの症状やモデルの影響，進捗の測定を可能にするモデル固有の測定フィードバック・システム（FFT-CMI: Sexton, 2010）も開発した点でユニークである。このシステムは，Webベースのフィードバック・ツールの一部で，臨床決定およびセッション計画を作成する特定のエビデンスを提供する。ケース計画と測定ツールを組み合わせることで，FFTのエビデンスベースドの実践が可能になり，Strikler（2007）が述べるような「地域に根付いた臨床科学者になる」という目標を達成することができる。全ての実装ツールの目標は，セラピストがFFTの導入や提供によってモデル特有でクライエント中心となるために必要な全てのツールを備えるよう支援することである。FFT治療マニュアルおよび監督プロセスは，FFT（Sexton, 2010; Sexton & Fisher, 2015; Sexton, 2015）の他の記述で詳細に説明されている。

　FFT-Care4は既存のプロセスの組み合わせ，進捗状況，ケース計画の測定（青少年の症状，家族機能，セッションの影響，進行状況など）を統合したFFT特有の測定フィードバック・システムである。FFT-Care4は，（1）臨床的に繊細な測定で，プロセスに関する進行中の情報を収集するために治療中に定期的に行われ

る，（2）治療の進捗および適時かつ臨床的に有用なフィードバックで，それは臨床的意思決定に役立つ治療の進捗やプロセスに関するものである，という2つの構成要素からなる。実際のアセスメント実践では，治療計画や治療の個別化は困難である。FFT-CFS の目標は優先順位をつけて，プロセスをより迅速かつ効果的に個別化することで，臨床的な意思決定に役立つ情報を提供することである。必要に応じて，伝えることが安全である時青少年や家族に対して治療における意見を提供する。それは，さまざまな視点を考慮したマルチシステム的な観点，リアルタイムでの治療プロセスと進捗を監視する方法である。

研究成果。FFT は未治療の場合と少年裁判所の保護観察サービスを比較した時に，問題のある状況で中程度あるいは深刻な非行青年において再犯率が26％から73％の間で削減効果があることが証明されている（Alexander, Pugh, et al., 2000）。再犯率の低下に加えて，他の調査では犯行件数や犯罪の重症度など，他の従属変数が用いられている。Barton, Alexander, Waldron, Turner, & Warburton（1985）は，青年の非行の深刻さが異なる3つの小規模な研究を行った。大学生が実施した FFT は，少年司法管轄地域における51％の基準値と比較して，FFT グループの青年の1年間の再犯率が26％と大幅に低下した。

Gordon らは，問題解決と特定の行動変容スキルを重視した FFT モデルを使用した。彼らは FFT が治療後24カ月と5年の両方で再逮捕率をはるかに下回っていることを発見した。正規の保護観察サービス（再犯率27.67％）を受けた少年と比較して，FFT グループのクライエントは2年間の追跡調査で11％の再犯率を示した。5年後のフォローアップでは，FFT を受けたグループの再犯率は9％（比較グループの41％の再犯率と比較して）であった。Waldron, Slesnick, Turner, Brody, & Peterson（2001）は，薬物を使った青年において FFT の影響を研究し，CBT と FFT を組み合わせることで，治療の開始から4カ月後まで，マリファナを使用した日数の割合が大幅に減少することを明らかにした。

最大の FFT はワシントン州で行われ，真の地域密着の環境で FFT を最初に研究している。プロジェクトの成果は，Barnowski（2002），Sexton & Alexander（2004），Sexton & Turner（2010）によってさまざまな形やさまざまな参加者の小集団で報告されている。「治療をしない」統制群と比較して，犯罪行為が31％，暴力的再犯が43％減少した。しかし，FFT の正の影響は普遍的ではなかった。実際，FFT を高精度（すなわち，計画された方法）で提供したセラピストは，先に述べた結果を得ていた。FFT の最新の公開研究はアイルランドで行われた。第1は

FFT の有効性の回顧的研究であり，FFT で治療されたケースにおいて青年の行動の問題が改善されたことを示している。最も良い結果は，忠実度の高い FFT を行ったセラピストから治療を受けた時に生じたことである（Graham et al., 2013）。第 2 のランダム化試験（Hartnett, Carr, & Sexton, in press）では，FFT に参加した家族は，比較グループよりも青年の行動問題および家族の適応において有意に改善したと報告した。待機リストの統制群の症例の 18.2％と比較すると，FFT のケースのうち 50％は治療後に臨床的に回復したと分類された。治療の直後に示された改善は 3 カ月後のフォローアップでも持続した。地域密着システムにおける FFT のコスト削減についても研究されている。これらの費用の比較は，ワシントン調査の原価算定を裏付けている。Aos & Barnowski（1998）によって開発されたアルゴリズムを使用して，FFT は，裁判所費用と犯罪被害者費用においてワシントン州のシステムに対して青少年一人当たり 1 万 6,250 ドルを節約した。FFT プログラムの初年度からの総節約額は 112 万 1,250 ドルであった。これと同じアルゴリズムは，FFT の提供における投資の 1 ドルごとに，14.67 ドル以上が節約されることを示唆している。

多次元的家族療法（MDFT）

　MDFT は青少年の薬物乱用や行動問題に対するシステミックな治療として開発された。これは，「サブシステムの治療法」（Liddle, 2009, p.349）である。つまり，計画と実施において段階的で柔軟性がある。サブシステムの治療は，個人，関係（親／子，親／親，きょうだい），家族，および社会システムのレベルでの介入を目標とした生態学的な治療法である。MDFT は，構造的家族療法（肯定的な家族相互作用を形成するためのエナクトメントの使用）や，認知行動療法（強みと問題解決に焦点を当て非難から逃れる）や，自己効力理論，発達理論，および交流理論（Liddle, 1999）を含むさまざまな家族療法の理論的指向から導き出された技術を使用しているという点で統合的である。

　MDFT では段階的プロセスを順守している。このモデルは，さまざまな関係者のサブシステムのメンバーとの治療同盟を確立することを強調している。これは順に関連のある治療内容のプロセスの展開を促進し，行動段階と変化戦略のための動機付けをもたらすようなテーマを設定する。MDFT は，治療のコース，ペース，内容は青少年や両親と協力して形作られ，臨床的ニーズに応じて変化する柔軟性がある。セッションは，週に 1 回以上行うことがあり，家庭，学校，青少年

法システムを含むさまざまな場面で行うことができる。

　理論的基盤。MDFT モデルは個人および家族の機能に関する理論的な仮説をいくつか示している。

1．十代の薬物乱用および関連する問題は多次元的である。
2．個人，家族，および環境要因は，薬物使用および関連する問題に寄与する。
3．肯定的な家族機能は，青少年の永続的な変化を創出するのに役立つ。
4．変化の動機付けが促進され，変化が起こりうる。
5．セラピストは，青年，両親または養育者，および専門家（mdft.org, 2015）との協力体制を構築する。

　MDFT では，薬物乱用の生活サイクルによって薬物乱用，非行，精神的問題，学業的な困難，問題のある家族機能および危険な性行為が含まれることが多いと捉えている。これらは，ほとんどが原因から派生して生じるものであり，効果的な治療はそのような問題が全てシステミックな方法で対処されることを必要とする。薬物乱用や薬物治療に影響を及ぼす変数は，相互に影響を与えるサブシステムを含むマイクロ，メゾ，マクロシステムレベルで生態学的に結び付いている（Bronfenbrenner, 1979）。

　MDFT 治療の主な焦点は，薬物検査によるモニタリングだけでなく，変化の動機付けを促進する発達的適応の個人セッションを通じて青少年の薬物使用を排除することをダイレクトな目的とした介入が含まれる。セラピストは，ストレスの軽減，効果的な問題解決，意思決定のスキル，抑うつや不安などの併存疾患を改善しうる新たなスキルの促進を含む個々の治療計画を立案する。MDFT は家族が自然な治療環境を提供できることを前提としている。治療は非難と短所への指摘を減らし，家族メンバー間の肯定的で支持的な相互作用を促進することによって家族機能を強化することを目的としている。セラピストは青年とその家族に対する援助の重複や差異を最小限に抑える介入計画を調整するために，必要に応じて学校の問題と青少年法システムの間を仲介する。セラピストは学校職員や青少年システムとの交流を促進し，これらのシステムとの相互作用について両親へ指導する。ミーティングは葛藤の脱エスカレーションと行動計画の作成について議論をするための戦略的機会である。これらのミーティングを通して，青年の生活における重要な利害関係者は協力して，社会的行動と学業成績における肯定的な結

第7章　家族に焦点化した臨床的介入モデル

果を促進する。

　プロセスと介入。MDFT アプローチを構成する5つの評価および介入モジュールがある。また，モデルは青年期および家族の特有で個別的なニーズを反映するために，セッションにおいては柔軟性を重視する。青少年を対象とした個別のワークは，面接全体の約25〜30％を占め，一方で面接時間の20〜30％は両親のみであり，30〜40％は家族療法，10〜20％は外部コミュニティに費やされる（Rowe et al., 2012）。MDFT は段階固有のモデルであり，与えられたセッションの内容は家族が参加する治療の段階によってある程度決定される。5つのアセスメントと介入モジュールは以下の通りである。

- ・青年の個別的なアセスメントと介入
- ・両親の個別的なアセスメントと介入
- ・両親と青年の相互作用を変化させるためのアセスメントと介入
- ・必要に応じた他の家族メンバーのアセスメントと介入
- ・家族外のシステムのアセスメントと介入（mdft.org, 2015）

　治療の構造としては段階的で，発達モデルに従っている。治療段階には，治療の導入，治療の中心，治療効果の終了／維持を表す3つの段階がある。治療段階は次の通りである。

- ・ステージ1では，個々の家族メンバー，親子の二者間／三者間と，家族全体との治療同盟を構築することに焦点を当てている。この段階では，セラピストは面接によって希望を与え，問題要因の定義，個人および集団的な長所と短所の特定，子育てスキルの強化が必要な部分の特定，家族を定義し異常や曖昧な機能に寄与するテーマの特定，子どもに対する両親のコミットメントを促すといったことをする。
- ・ステージ2では，エナクトメントという構造的家族療法の技法を使って，青年と家族を正常で安定した機能に向かわせようとする（Minuchin, 1974）。セラピストと家族は「肯定的で構成的な家族の相互作用」を構築するために特定されたテーマに取り組む（Liddle, 2009, p.349）。このような動きを促進するために，セラピストは否定的な帰属を減らし，より協調的な問題解決の方法を使うことで，家族のコミュニケーション能力を向上させる。ステージ2では，薬物スクリーニングのために，毅然としつつも非難的でない構造を提供するように努める。併存疾患についてもこの治療段階において治療のターゲットとなる。

165

・治療ステージ3では，終結に向かうように構成されている。潜在的な再発に対処する戦略だけでなく，個人および家族生活の正常化における利益の維持に注意される。

　セラピストの役割。MDFT モデルを効果的に使うには，青少年との効果的な薬物乱用治療を行うために必要なものを超えて，ユニークなスキルを持つセラピストが必要である。セラピストの態度は肯定的でなければならず，さまざまなシステムに参加することに忍耐強くなければならない。セラピストは関係する全ての当事者への希望を促進するために，家族のさまざまな集団にジョイニングすることに熟練していなければならない（Liddle, 2009）。肯定的な治療結果を得るためには，変化への動機付けが必要であるため，セラピストは治療計画を推進するにあたって動機付け，励まし，利害関係者との交渉といったスキルを持っている必要がある。MDFT の主な目標の一つは，個人や家族のために，個人的，対人的，コンテキスト的な通常のライフスタイルを作ることである。セラピストは非混沌かつ，構造化された治療的コンテキストを提供しなければならないが，さらに個人や家族の状況に応じて柔軟性を与える余地も提供しなければならない。セラピストは，個人や家族のセラピーに関わるスキルに熟練している必要がある。また，セラピーセッションでさまざまな家族の参加者を心地良い方向に導くことができなければならない。

　セラピストは介入を考えるための協働作業に対するコミットメントを持つべきである。協働的な考え方は各家族メンバーや家族全体に対する尊敬や気遣いの態度の一つにすぎない。セラピストは青少年と両親のための擁護者としてだけでなく学校システム，法律／司法システム，友人，家族メンバーの外部の集団のためにも役立つ可能性が高い。セラピストはこれらの全ての関係者と協力して，青年と家族の両方の肯定的な結果を最大限に引き出す最新のアプローチの計画に取り組む。機転と交渉のスキルは全ての必要な利害関係者が治療の方向性を受け入れること，そして，全ての当事者が彼らの特別な期待が考慮されていると実感していることを確認する時に役に立つ。

　研究成果。青少年の薬物乱用および反社会的行動のための，家族中心で，発達的志向の，包括的な治療としての MDFT の有効性に関する記録は印象的である（Liddle, 2015）。これまで MDFT の有効性についての強力な知見は 7 〜 10 の研究で示されている。研究は，少年拘置所，デイケアセンター，薬物裁判所，更生

プログラムに特化したクリニックなど，さまざまな場面で行われている。Vaughn & Howard（2004）は，結果を評価するための物質乱用プログラムのメタ分析を実施した。MDFT および認知行動療法群の治療は最も強力なモデルの一つであった。Liddle ら（2009）は，多次元的家族療法と低所得の青年集団のピアグループ介入を比較した。どちらの治療も，地域エージェンシーを通して実施され，マニュアルのフォーマットを利用し，4カ月間実施された。潜在的成長曲線モデル分析では，MDFT が薬物乱用と非行の両方に対して優れた治療モデルを提供したことを示している。

結論：次のテーマは？

　心理学者として，私たちは介入している，あるいは理解しようとするシステムを信用している。それは，心理学者である私たちがクライエントの問題を理解する方法を作り出して整理し，その後どのように介入するかを決めるという，クライエントを超えたものをもたらすということである。先に述べたように，理論と介入モデルは対象を通して見ることのできるレンズのようなものであり，特定の焦点に絞るいくつかの要素をもたらし，他の要素は背景と化す。最も広いレベルでは，システミックな認識論は家族心理学者のための主要な組織的レンズである。しかし，これらの広範囲な認識論のアイデアは，クライエント，カップル，家族が自分の状況を改善したり，もがき苦しんでいる個人的な問題の解決を助けるために，臨床的に常に介入できるほど具体的なものではない。

　この章で提示された家族中心の臨床的介入モデルは，家族アプローチを選択するための臨床アプローチの2つの領域，すなわち理論に基づいたものとエビデンスに基づいたものを代表している。最近では臨床モデルの開発において，研究と評価が日常的な実践の一部となっているため，エビデンスに基づくアプローチが部分的には最新のアプローチとなる傾向がある。この章で示したように，この動きは医学，教育，および精神保健における研究知見を包含する文化全体の転換の一部である。それぞれが家族の固有の要素（関係パターン，歴史，コンテキスト，信念）に焦点を当てているが，いずれも理論や臨床モデルの中心または必要な要素に焦点を当てている（第3章を参照）。つまり，（1）うまく機能している家族と問題の家族の両方の機能を記述する理論的中心，（2）臨床モデル，評価，変化メカニズム，臨床的な変化モデル，肯定的な変化を促進するように作られたスキル／介入のユニークな焦点を特定する地図である。

次の章では，カップルに焦点を当てたアプローチを取り上げる。家族を中心と
したモデルと同様に，カップル領域のモデルは理論および研究に基づいたモデル
でもある。家族の臨床的介入モデルも，カップルに焦点を当てた介入モデルとは
異なる歴史がある（第8章を参照）。カップル介入モデルはより多くの行動の方
向性を使用しているが，家族介入モデルはより伝統的でシステミックな視点を保
持している（Sexton et al., 2013）。これは，家族心理学の歴史を考えると理にか
なっている。最初に適用したシステムの認識論は，家族全体に焦点を当てていた。
カップルは，家族の一部と見なされたため，より大きな家族システムと共に扱わ
れた。次の章で分かるように，カップルアプローチはカップルの関係性における
特有の交流と行動の相互作用への関心から生じたものである。

第 8 章

カップルに焦点化した臨床的介入モデル

情緒的に知的なカップルはお互いの世界に親しみを覚える。私はこれを豊かで
詳細な「愛情地図」と呼んでいる。

——John Gottman

　初期の家族心理学における臨床モデルは，カップルよりも家族を対象としてい
るものが多く，カップルは，家族の代替サブシステム（例えば，構造的家族療法）
または世代間プロセスの延長として考えられていた。しかし，現在では，精神力
動的で，より行動的な思想家の研究を通して，カップルに焦点を当てた心理学が
現れた。カップルに焦点を当てた研究によって，カップルは大家族のサブシステム
である一方，家族とは全く異なる固有な関係ユニットでもあることが発見され
た。カップリングは，家族のように生物学的なものではなく，「選択」であるた
め，その独自性が関係性の機能と臨床的問題の発展に関与することを示唆してい
る。実際，最新の臨床的介入研究の中には，カップルの関係性に焦点を当てるの
が，薬物乱用やうつ病の治療に最も効果的であることを示唆しているものもある
（Whisman, Johnson, Be, & Li, 2012）。
　カップル・セラピーは，最初の分析の単位として，カップル・ダイアグラムを
持っている。いくつかのケースでは，カップリングは正式な結婚によって証明さ
れ，別のケースでは，関係的な結び付きのみによって証明される。家族療法と同
様に，カップル・セラピーは（1）問題を維持する行動パターン，（2）問題と制
約のある信念体系，（3）歴史的，コンテキスト的，構成的要因の3点に焦点を
当てている（第3章参照）。さらに，カップルの臨床モデルは家族療法と同じリ
スクと保護因子を取り入れている。悩んでいるカップルは，関係性の陽性率が低
く，一緒に楽しい活動や楽しい思い出を作るのに時間を費やしていない（Weiss,
Hops, & Patterson, 1993）。また，彼らは効果的でないコミュニケーションと葛藤
対処のスキルを持っていることが明らかとなっている（Halford & Sanders, 1990;

169

Jacobson & Follette, 1985; Weiss & Heyman, 1990）。さらに，悩んでいるカップルは，自分のパートナーを否定的な方法で考え，否定的な行動に対して，一時的な状況（状況への帰属）ではなく，性格の特性として帰属する。その結果，相手に対して否定的な関係のスキーマを作成する。これらのスキーマはしばしばパートナーや関係について否定的な一般化を招く（Buehlman, Gottman, & Katz, 1992; Halford, Osgarby, & Kelley, 1996）。悩んでいるカップルの行動は，批判，敵意，言い訳，責任の否定，撤退，そして相手の性格に関する苦情を集めるという悪循環を形成し，より敵対的であることが多い（Weiss & Heyman, 1990）。

　健康なカップルにはさまざまな保護特性がある。例えば，絶対的な真実よりも，相対的なものを重視する信念は，特定の問題に対して，さまざまな状況要因（複数の視点）があるという理解に繋がり，このことによって，パートナーが自分に対して行う行動やコミュニケーションの根底に良い動機（思いやりのような）を持っているという前提のもとに行動ができる。このように特定の問題下において，お互いの相違を解決することができるのが，健康なカップル全体にいえる保護因子である（Beavers, 1985; Sperry & Carlson, 1991）。同様に，関係を調整し，目標を持ち，互いを奨励し，開かれたコミュニケーションを持ち，葛藤解決を協働的に分担し，関係平等へ向けたコミットメントを守ることもまた保護因子となる。Gottman は，「お互いを尊敬し合い，喜び合うこと」は幸せな結婚の主要因であることを示唆している。（Gottman, 1999, p.19）。

　この章では，5つのカップルに基づく臨床的介入モデルに焦点を当てる。前章と同様に，これらのモデルはカップルと家族の心理学的治療が行われる方法の範囲を表しており，いくつかの理論は関係のパターン，歴史，コンテキストに，より焦点を当てている。（第3章を参照）。これらのモデルのうちの2つは，研究ではなく理論を強調する傾向のある伝統的なアプローチを示しているが，他の3つは，臨床的体験，最新かつ臨床的な心理学的理論，およびクライエントへの有効性といった最良の研究理論を統合した，現代的なエビデンスベースドのアプローチを示している（Institute of Medicine, 2001; Sexton & Koop-Gordon, 2009）。これらのアプローチのいくつかは，家族に対してだけでなく，カップルの治療においても使用されている（例えば，解決志向短期療法および精神分析的治療）。私たちは，カップルの機能に対する理解への貢献と，カップルの関係における介入に関する固有な視点のために，ここにそれらを含めることを決めた。カップル・セラピーの2つのモデルは，特に治療に対する体験的な支持が強い。カップルおよ

び家族の文献におけるメタ分析では，認知行動的カップル・セラピー（CBCT）の効果量は .78 であり，感情焦点化療法（EFT）の効果量は .87 であった（Sexton et al., 2012, p.622）。統合行動的カップル・セラピー（IBCT; Jacobson & Christensen, 1996）は，感情と行動を統合し，時間の経過と共に CBCT よりも効果的なモデルであることが証明されている。

　以下のセクションでは，以下の5つのカップルを対象とした臨床的介入モデルに焦点を当てる。

1．**精神分析／精神力動的**アプローチは，感情の喚起を重視し，セラピストとクライエントの関係性を用いることによって，厄介な感情を意識下に導き，現在の困難と以前の人生の体験を統合するという，個人の内的側面に焦点を当てたアプローチである
2．**解決志向**アプローチは，問題を解決するための実用的な方法に焦点を当てている。
3．**アクセプタンス＆コミットメント・セラピー（ACT）**は，カップルが認知面および行動面における関係の変化に集中するのを助け，お互いの理解と受容の増加をもたらす関係の柔軟性に焦点を当てる。
4．**統合行動的カップル・セラピー（IBCT）**は，次世代の行動的カップル・セラピーである。
5．**感情焦点化療法（EFT）**は，カップルの関係を改善するのに役立つという理論的な愛着観と感情に大きく焦点を当てたアプローチである。

　前章で述べたように，伝統的かつ理論的，そしてエビデンスに基づく概念は，カップルを理解し，治療上の変化を成功させるために目を通すレンズのような役割を持つ。これらのアプローチが共有するものは，成功した理論や臨床モデルに必要な要素，すなわち，（1）正常に機能するカップルと問題のあるカップル両方の機能を記述する理論上の鍵，（2）アセスメントするための臨床モデルまたは評価するための地図，変化の仕組み，および技術／介入のような，ポジティブな変化を促進するデザインである。このセクションでは，それぞれのアプローチを定義する固有の機能について説明する。

　前章と同様に，複雑なカップルへの介入モデルの幅と範囲を包括的に説明するには紙面が足りない。ほとんどのカップルへの介入理論とモデルは，包括的で，システマティックで複雑な心理的介入であり，それらは簡潔に記述された時に，その力動と関係性の側面を容易に失う可能性がある。詳細な理解に関しては，特

定のカップルの治療モデルに特化したマニュアルやトレーニングプログラム，書籍，記事，および雑誌から得ることをおすすめする。したがって，これから説明するのは，包括的なアプローチのリストや，いずれかのモデルの説明ではなく，研究と臨床的知恵，および良い訓練を統合した実例である（Sexton et al., 2013; Sexton et al., 2011）。続いてのセクションでは，次の点を考慮して各モデルについて説明する。

- カップルがどのように機能するかを記述する理論と原理
- 臨床的問題が発生するメカニズム
- 介入の主な目標または，機能しているカップルのどの領域が変化の主なターゲットであるか
- 臨床的なプロセスと主要な臨床的介入
- セラピストの役割
- 研究成果

理論的基盤モデル

精神分析／精神力動的モデル

　家族療法の初期の先駆者の多くは精神分析家として訓練されており，家族を含むようにモデルを拡張した際に精神力動的アプローチを継続した者もいた。中でも，Nathan Ackerman は，人の内的世界から，家族や社会へと方向性を広げた著名な先駆者であり，「人の内なる生活から，家族内の人，社会内の家族，そして最後に社会そのものへ」（Ackerman, 1972, p.449）と語った。葛藤や症状は，病理学的な観点から見ても，システムのあらゆる段階において発生し，その後，連動するように全てのシステムにわたって響く可能性がある（例えば，個人が抱える症状が結婚生活上の問題や，家族問題へと繋がることがある。また，システムの一部の改善は，別の症状を引き起こすことさえある）。このような点からも，役割の明確さは，システムの機能への理解を促進する可能性があるため家族の力動を見る上でも重要な要素であった。その後，精神分析理論を家族にまで拡張しようとする試みは，対象関係家族療法へと続くことになる。Melanie Klein と英国の中学校における他のメンバーの活動，そして Fairbairn の「適応」の影響を受けたこのアプローチは，Lyman Wynne, James Framo, Jill Savege Scharff, & David Scharff によって米国で採用された（Goldenberg & Goldenberg, 2013）。

理論的基盤。まず,「精神力動」という用語は,アドラー心理学,対象関係論,発達理論,個人心理学,新フロイト派,および愛着理論の中で扱われているが,本来はこれらに限定されない広範な治療法のことを指している。Klimek（1979,p.3）は,「精神力動」という言葉を「人間の最も深いところから生み出された力,動機,エネルギー」と定義している。この定義は,魂や心を意味する「精神」と,エネルギーや力を意味する「物理学」のギリシャ語から生まれたものである。また,Paolino & McCrady（1978）は,「精神力動的な機能解剖で見ると,心は葛藤,心理的な強さ,無意識と,人間の行動の動機となる特定の識別可能な要因を常に複数含んでおり,心の中の動因はしばしば矛盾している」（p.92）と指摘した。この考え方は精神力動的理論の核心にあたり,つまり「精神力動」とは,基本的な衝動とそれを隠す抑圧を認識し,解釈する能力のことを指す。

　これらのモデルの中核的理論の原理は,人の性格,性別,および攻撃の中心にある精神的力の相互作用であり,これはしばしば動因理論と呼ばれ,人間の行動の多くを動機付ける。それは,人間の葛藤を定義する動機と防衛の間の緊張であり,内的世界と対人関係の両方を指している。具体的には,健康な人は柔軟な防衛を持っているので,ある程度衝動を満足させることができる。その一方で,神経症患者では,過度の罰に対する恐れが強固な防衛に繋がり,行き過ぎた抑圧によってエネルギーが抜けて不安やうつ病の症状を呈するようになる。

　精神力動的家族療法においては,現在の関係性と初期の体験が再体験的に相互作用することを認識している。興味深いことに,この治療法は本質的に個人的なものかもしれないが,不安とうつ病の根底には,（1）自暴自棄,（2）愛の喪失,（3）無力,（4）自己非難の4つの元型に基づく,共通した外傷的および**関係性に基づく**体験があることが示されている（Nichols, 1987）。これらの出来事に対する防衛的な対応には,抑圧,否認,投影,取り入れ,他人の側面の内面化,逆転,置き換え,隔離が含まれる。したがって,現在の関係性やそれらの関係性に内在する会話を形成するのは,先行した関係性の幻影である（Scharff & Scharff, 1987）。症状は家族のストレッサーの顕現であり,本質的には取り引きである（Framo, 1970）。

　精神力動的な家族療法は,臨床的な問題を理解する方法として,発達上における関係性の中の役割に焦点を当てている。このレンズから,他の全ての親密な関係を見ていくための元型となるのは,最初の人間関係の質である（Horner, 1984,p.3）。子ども達が他の人と将来的にどのような関係性を築くかは,大きな尺度で

見ると，環境の中のパターンに最初にどのように反応するかによって大きく左右される。子ども達は，体験を自らの関係性のパターンに組み込むために，先天的に自律的な生物学的親和性を所持している(Horner, 1984, p.9)。これらのパターン，すなわち精神的な映像とも言うべきものは，繰り返し体験されることによって，スキーマに組み込まれ，さらなる繰り返しによって統合され，安定化する。スキーマとは，内的作業モデルや内在化された対象とも呼ばれる精神面での表現であり，自己の感覚を確立するための基本的な心の構造である。自己と他者のスキーマは，幼児と養育者の対人関係を通じて発達し，児童発達の心理学的課題，すなわち愛着，自己目的の差別化，良い／悪い母親の内面化，対象不変性の発達等，精神の基本的な側面を構造化するための心理学的課題に関連する。対象関係論では，自己と他者の認識の発展について，愛着の重要性に焦点を当てており，対象関係は，愛着関連の体験，感情，および知覚に関連する情報の構成のためのルールを作成するとされる（Main, Kaplan, & Cassidy, 1985）。

　愛着は発達における主要な問題であり，養育者から分離／個別化する幼児の能力を決定するとされる。養育者との正常な相互作用の過程で，子どもは関係の緊張と摩擦，すなわち満足感と欲求不満，連合と分離を体験する。子どもの環境に対する要求が発達的な習熟よりも大きい場合，または環境の資源が不十分である場合，子どもは組織に対する不足感を体験し，体験の領域をパターン化しないままとなる。ストレス下においては，子どもはスキーマを編むことができず，発達を停止させる。悪い対象とは，アクセスできず，可能であれば反応したくない，または敵対的な反応を提供するなどの特性を持つ愛着の作業モデルである。良い対象とは，アクセス可能で信頼できるものであり，呼び出された時に助けになる準備ができているという愛着の作業モデルである。幼児が安全な愛着を体験する場合，つまり，子どもの体験が発達的に適切であり，破壊的ではない場合，子どもはより成熟した構造の発達に対応するための認知構造を開発する（Bowlby, 1969 p.37-38）。愛着と個性化の基本的な目標は，他者と親密になる能力である。

　治療の目標。精神力動的心理療法の2つの主要な目標は，(1) カップルの投影の識別スタイルを明らかにすること，(2) カップルが転移に基づいてお互いに関係し，お互いの転移を暴露すること（パラタクシス的歪み），である。このような投影の同定と転移が理解できれば，修正手段を講じて，カップル間のより深い親密さを確立させることができる。

　精神力動的心理療法の根底には，「思考と感情が，患者が自らを傷つけているこ

とを徐々に明らかにしていくため，患者は自身が変化する必要があるかもしれないということが徐々に分かってくる」(Luborsky, 1984, p.10) というものがある。これは，カップルが彼らの行動とその行動の無意識の動機をより良く理解していれば，彼らは彼ら自身の関係をより良くコントロールできるだろうという前提のことを示している。行動に対する意識的動機，そして現在起こっている相互作用を扱うことは，深く永続的な二次変化ではなく，一次変化のみを促進する傾向がある (Framo, 1970)。前述したように，内的作業モデルは，色知覚や行動等，現実そのものに対する直観的な判断によるガイドのようなものである。クライエント内のシステムに既知のものとは異なる修正体験が与えられない限り，内的作業モデルは変更されないのである。

治療プロセスと臨床的介入。精神力動的心理療法の焦点は，内的な対人関係と実際の対人関係の両方である。精神力動的心理療法のセラピストは，体験の共有を励まし，促進する。具体的には，体験や行動における繰り返しのパターンを特定するためのクライエントへの支援，脅かされる情報や気持ちを抑えるために使用される防衛的な操作を使用することへの指摘，容認できない思考や気持ち，あるいは気付いていない思考や気持ちへの注意喚起等，全体として，クライエントシステムの体験と影響の処理を促進する (Luborsky, 1984)。治療プロセスは，いくつかの異なる介入によって特徴付けられる (Skynner, 1976)。

1．舞台を設定する。セラピストは，治療の枠組み（時間，空間，構造）を提供する。面接の枠組みは柔軟で強くなければならない。セラピストは，カップルが安心して信頼と安心感を築ける状況を作り，2人が防衛を検討できるようにする。支援はあくまで励ましとモデリングであり，症状／問題に関する未確認の感情の探究を促し，セラピストは各々に改善したい問題を尋ねる。セラピストは，治療室にいくつかの家族システムとサブシステムがあることを認識している。それは，カップルの原家族，セラピストの家族（逆転移），セラピスト，パートナー自身のことである。意見の不一致やその他の動的な二者間の情報が表出され，転移と逆転移が現れ始める。今，ここ，そして過去と現在に動きが生じる。

2．解釈。治療の動的な側面は，セラピストが2人の投影を感じ取り，カップルが知らないように自身も知らないというジレンマが引き起こされることによって，カップルの厳密な防衛構造に合わせた解釈に至った時に起こる。解釈には，セラピストが理解しようとするように，カップルが力動を理解するのを助けるプロセスが必要である。解釈は，カップルがパートナーの思考，感情，または行動の内部にある論

理を理解するのを助けることに基づいている。

3. **連続性**。投影的な識別は，ある人が自分の側面を分けてそれを他者に投影し，他の人がその特質を保有しているかのように扱うことを指す。例えば，ある人が無意識のうちに自分が弱者であるように感じると，その人は耐え難い側面を自分自身から切り離し，それを重要な他者に投影し，重要な他者に対し嫌気を感じ，軽蔑的に扱う。

4. **発達上の影響**。Erickson の心理社会的発達の初期段階には，信頼／不信，自律性／恥，自主性／罪悪感が含まれる。多くの場合，問題のある対人的または環境的体験を通じたカップルは，これらの発達段階において感情的にとらえられている。その人はその後，重要な他者を逆説的に利用することによって，罪悪感，恥，恐怖の衰弱感から同時に逃れようとし，それらの原始的な感情を何度も反復・強化することで残りの人生を過ごす。そのような気持ちには，不安定な愛着感情，見捨てられ不安，愛されないことの恐れ，罰の恐怖，恥（何も感じない），罪悪感（正しいことができない）が含まれている。

5. **主題**。精神力動的カップル・セラピーは，プロセスに非常に重点を置いている。プロセスの明確な理解は，それが主題であることを認識することに繋がる。心理的かつ関係的な主題は，セッション内，セッション間，あるセッションから次のセッションの間で表出される。セッションで提示される情報には動的でありながらも統一性があり，セラピーを一緒に動かすために，各セッション内とセッション間で主題を発表するのはセラピストに任せられている。また，セッションの始めから終わりまで，主題には連続性がある。セラピストは，セッションの開始時に起こっている軽度の変化（おしゃべり）をセッション中からセッションの終わりまで考慮することで，各セッションの動きを理解しようとする。カップルがセッションに取り組んでいる時に，セッション中またはセッション外で話され，行われることは全て，主題上の意義を持っており，そこから，感情的なプロセスを掘り下げることができる。

6. **転移および逆転移**は，臨床的介入の主要な領域である。転移は，クライエントが人生の中で関わってきた過去の重要な人々に基づいており，今現在の重要な関係に対する感情を歪曲させ，歪める感情的ストレスと関係がある。そして，それはクライエントにとって，現在の人間関係がクライエントの過去の人間関係のように関連する。逆転移は，重要な他者が転移に反応する時に起こる。カップル・セラピーでは，カップルは病理学的に（非現実的に）無意識のレベルで相互に転移と逆転移を行っている可能性がある。転移と逆転移は，セラピストに関連してカップルのメンバーの一方または両方の間でも起こりうる。セラピストの逆転移は，クライエントが他人をどのように体験したか，他人がどうクライエントを体験したか，または単にクライエントまたはクライエントシステムによって引き出されたセラピスト自

身の個人的な病理である可能性がある。

7. **修正感情体験／プロセス**は，カップルと家族の精神力学的治療における大きな変化のメカニズムである。セラピストが引き出す情報は，通常，パートナーが拒否し抑圧していることを知らない痛みや恐怖である。感情の喚起，厄介な感情の意識への持ち込み，以前の人生体験との現在の困難の統合，そして変化の中立者としてのクライエント／セラピスト関係の使用は，カップル・セラピーの動的な舞台の全てだろう。セラピストは，自己とカップルとの間の動的な治療関係を利用して，パートナー同士が無意識のうちに自分自身を掘り起こし，それぞれのパートナーが抑圧された感情を体験し，治療環境の安全の中でそれらの感情を処理することができる。これらの関係を治療的にするのは，この感情的な資源が現れた時に，新しい斬新な方法で各パートナーを治療することであり，以前は体験したことのない新しい方法で各パートナーを治療することである。実際の運動そのものが止まった後，何時間も興奮状態で代謝が続くように，感情的興奮と修正のプロセスもセッション時間の限界をはるかに超えている。

セラピストの役割。精神力動的カップルセラピストは，現在の観察可能なカップルの困難に寄与する無意識の感情，信念，期待を解明し，説明するために掘り下げ，明確化，解釈を使用する（Snyder & Wills, 1989）。セラピストは，完全または部分的な意識を超えて秘密，思考，感情，信念を明らかにし，意識的なレベルで再構成または再交渉できるようにする。現在の観察可能な関係上の困難に寄与する基本的な力動の解釈に重点が置かれ，次に行動，認知，感情レベルでそれら困難の処理が行われる（Snyder & Wills, 1989）。

解決志向短期療法（SFT）

解決志向短期療法（SFT）は，クライエントの強みとこれまでの試みに焦点を置くことにより，カップルが抱える問題に対して望ましい解決策を生み出すブリーフセラピーである。解決志向短期療法は，1980年代初めにミルウォーキーのBFTC（Brief Family Therapy Center）でSteve de Shazerと彼の同僚達によって作られた心理療法である（Friedman & Lipchik, 1999; O'Connell, 1998; Visser, 2013）。解決志向短期療法のコンテキスト的枠組みは，構成主義的なポストモダンパラダイム（Hoyt & Berg, 1998）であり，意味と帰属，関係性のパターン，および問題解決へ向けたプラグマティズムに焦点を当てたモデルに基づいている。

理論的基盤。ポストモダンのパラダイムに基づいて，解決志向短期療法は，個

人が自分の体験，関係，将来の計画についてどのように意味を構築するかに焦点を当てている。カップルが状況や出来事に帰属している意味付けは変化させることが可能であり，セラピストはカップルが生活体験の適応的な知覚を発達させるのを助ける（O'Connell, 1998）。実際，初期のメンタル・リサーチ・インスティテュート（MRI）の概念のように，解決志向短期療法のレンズは，将来の解決像に焦点を当て，クライエントシステムの人生体験の適応性を向上させる。セラピストは主に解決している時と問題でない時に焦点を当て，現在および将来の解決に関連するものを除いて過去には注目せず，クライエントの資源の有効性を検証する（De Jong & Berg, 1998; Friedman & Lipchik, 1999; O'Connell, 1998）。解決志向が持つ前提的な仮説として，問題に対する解決の構築は，個人がすでに持つ資源から引き出すことができるというものがある（De Jong & Berg, 1998; Walter & Peller, 1992）。Hoyt & Berg（1998, p.204）は，解決志向短期療法の基本ルールを以下のように要約している。

1．それが壊れていない場合，それを治してはならない。セラピストは，カップルが彼らの関係に問題があると特定したものに対してのみ働きかける。
2．一度，何が効果があるかを知ったら，それをもっと行う。カップルが彼らの関係において望ましいことを発見したら，それをもっと行ってもらう。
3．何かがうまくいかなければ，もう一度やってはいけない。何か違うことをする。カップルは，異なる結果を期待して何度も同じ問題行動をする傾向がある。セラピストは，カップルが実りのない行動を再び行うのをやめさせ，関係性の成功が達成される可能性が高い何かを実行させる。

変化は解決志向短期療法の主要な焦点であり，カップルが解決と有能感に重点を置く時に起こる（Walter & Peller, 1992）。変化はいつでも発生する可能性があるが，変化に繋がる解決策は問題に直接的に，または明らかに関連していない可能性がある（O'Connell, 1998）。解決志向の理論は，小さな変化がより大きな変化を生むという仮説に基づいている（Friedman & Lipchik, 1999; O'Connell, 1998; Walter & Peller, 1992）。最も基本的な言い方をすれば，変化はクライエントが何か違うことを行った時に起こるのである（Quick, 1996, p.7）。

治療の目標。解決志向短期療法の目標は，クライエントの強みを強調することである。セラピストは，クライエントが持つ資源を検証し，問題の望ましい解決

策を生み出すのを手助けする。de Shazer（1991, p.112）は，実行可能な目標は，
（1）大きな変化よりも小さいものを，（2）クライエントのニーズに顕著である
こと，（3）行動的かつ具体的に記述されること，（4）実際に達成可能であるこ
と，（5）ハードワークの結果であること，（6）終点ではなく始点であり，（7）
古い行動の消滅だけでなく新しい行動に繋がるべきであることを示している。

　目標というのは，固定的なものではなく，継続的な交渉によって開かれてお
り，可能性に向かって動く治療プロセスの中の動的特性である。（Walter & Peller,
1992）。目標を設定するには，対人問題について全く異なる考えを持つカップルと
の交渉が必要となる。しかし，今，ここ，そして解決と，セラピーに重点を置く
ことによって，セラピストは，ここからどのように進んでいくかについて，より
確かな相互同意を得るためのコンテキストを構成していく（Friedman & Lipchik,
1999）。

　プロセスと臨床的介入。解決志向短期療法の介入は，セラピストとクライエン
トとの間の関係的相互作用の中にある。一般的に，焦点を当てるのは，問題では
なく，利用可能な解決策である。例えば，カップルに「あなたの関係の問題は何
ですか？」と尋ねる代わりに，解決志向の実践者は，「もしあなたの問題がなく
なったら，あなたの関係はどのように見えますか？」と尋ねるだろう（O'Connell,
1998）。実践者は，カップルに対応するために使用する言語に特に注意する必要
がある。それは，セラピーの中で，セラピストが使用する言語が問題または解決
に向けた治療的会話となるからである（Friedman, 1993）。実践者は，一般的な
解決志向の質問に加えて，次の3つのタイプの質問を採用することができる。

1．ミラクル・クエスチョン。ミラクル・クエスチョンは，全ての問題が解決するよ
　うな奇跡が起こるならば，彼らの体験はどのようになるかをクライエントに尋ねる
　質問としてセラピーで使用される（O'Connell, 1998）。そして，ミラクル・クエス
　チョンは，各パートナーの結婚のビジョンについての情報を引き出すのに役立つ。
　実践者は，特にクライエントが用いる言葉に注意を向けて，奇跡の詳細を追ってい
　くべきである（Quick, 1996）。ミラクル・クエスチョンは，特に奇跡が完全に探求
　された時に，カップルが彼らの関係についての明確な展望のイメージを創造するの
　を助けることができる（O'Connell, 1998; Walter & Peller, 1992）。ミラクル・クエ
　スチョンは，各パートナーの結婚の最適な展望を引き出すために使用できるので，
　結婚生活における可能性は無限に広がりを見せる（De Jong & Berg, 1998）。例え
　ば，ジャネットとディーンは40代半ばで，2人の子ども達と西海岸に住むカップル

179

だった。ジャネットは広告業で働き，ディーンはバイオテクノロジーの分野で働いていた。ジャネットは中西部に住む両親の近くにいたいと思っていたが，ディーンはいつも仕事を見つけることができないのではと恐れていた。彼らの関係性は，ジャネットが感じる圧倒的なプレッシャーとディーンの反感によって一貫して不調を招いていた。セラピストは，彼らの問題の全てを解決するような奇跡が起こるなら，自分達の人生がどのように見えるかを彼らに尋ねた。ジャネットはすぐに「両親の近くのカンザスシティに住んでいて，子ども達は私立学校にいるだろうし，ディーンは彼の夢だった仕事をしてくれるだろうし，私は PR 会社で働くだろう」と述べた。ディーンの考えはジャネットのものとそれほど変わらないことが明らかとなり，彼らはどのように夢を実現できるかについての会話を始めた。彼らは漠然としたブレインストーミングを行い，それぞれが快適であるように詳細な計画とタイムテーブルを作成した。

2．スケーリング・クエスチョン。スケーリング・クエスチョンは，カップルが彼らの目標に関連する現在の立ち位置を特定するのを助けるために，使用することができる（O'Connell, 1998）。例として，一般的に結婚前のセラピーで使用されるスケーリング・クエスチョンは「1 から 10 までの尺度で，あなたの結婚はどのくらい満足すると思いますか？」となるだろう。この質問をコミュニケーションスキルへと拡大すると，「1 から 10 までの尺度で，あなたのパートナーにあなたの気持ちを伝えるのがどれくらい快適だと感じますか？」となる。ここで，パートナーの回答が 7 の場合，フォローアップの質問は「あなたが 8 と答えるために，何が変わってくる必要がありますか？」となる。スケーリング・クエスチョンは，各カップルの個別的なニーズに関連する基礎情報をセラピストに提供する（Quick, 1996）。スケールを使用することで，カップルが関係の中で小さな変化を生み出すために行うことができることを明確にすることができる。また，カップルは，次のセッションの際に再びスケーリングを行うことで，変化を確認することもできるだろう。このことからも，スケーリング・クエスチョンは，カップルの目標達成を強調するのに役立つ（Hoyt & Berg, 1998; O'Connell, 1998）。

3．エクセプション・クエスチョン。エクセプション・クエスチョンは，カップルが体験する「問題が存在しない時（すなわち例外）」を特定するのに役立つ質問である（De Jong & Berg, 1998）。「例外」はカップルが関係の問題が存在しない時に自発的かつ／または意図的に気付くのを助けるために，強調される（Clark-Stager, 1999）。結婚カウンセリングで使用される可能性があるエクセプション・クエスチョンの例としては，「あなたが婚約者と結婚することについて神経質に感じなかった時間について教えてください」が挙げられる。カップルは自発的に，または意図的に例外を体験することがあるので，セラピストは発見された例外を余すことなく検討する

必要がある（De Jong & Berg, 1998; Quick, 1996; Walter & Peller, 1992）。

　典型的な解決志向短期療法の介入には，目標の設定，宿題，例外の拡張も含まれている。例えば，カップルは，一緒に話す時間を過ごした時に，お互いに近づいていると感じるかもしれない。セラピストは，カップルが毎晩 15 分間お互いの関係について共有することのような，「時間の共有」を宿題として割り当てることができる。最後に，解決志向短期療法において，セラピストはセッションの終わりに向けてクライエントシステムにフィードバックを提供する。このフィードバックは，主にカップルの強みと治療の進歩に焦点を当てている。さらにフィードバックには，カップルが肯定的な変化に向かうのを助けるように設計されたカップルの作業が含まれている（De Jong & Berg, 1998; O'Connell, 1998; Walter & Peller, 1992）。例えば，「次の週に，あなたのパートナーが思慮深いと思うことをするたびに書き留めてください」などが挙げられるだろう。

　セラピストの役割。セッションの最初において，セラピストの役割は**質問者**の一人であり，クライエントの問題の性質を確かめるために，彼らが問題を解決するために過去に試した解決策，問題に対して取り組んでいる人と取り組んでいない人，そして，彼らが関係性に対する相互の強みと負担を確認する。質問は，クライエントが自分たち自身で関係性のために行ったことで成功した部分を明確にし，区切ることができる。目標は，問題に満ちた物語から（1）クライエントの相互作用のための正の価値を創り出すこと，そして，（2）肯定的な関係を追求する上での協力の感覚を促進する方向へ移行することである。

　そのために，セラピストの役割は，ファシリテーターの役割でもあり，クライエントシステムがその関係を問題以上のものと見なすのを助けるように努力し，欠点よりもむしろ資源を探し，クライエントが生活のために異なる物語を作成するための目標を明確にするのを助ける。クライエントがパターンや繰り返しのサイクルを特定するのを助けるために，最初は問題が強調されるかもしれないが，より大きな焦点は，解決策，例外，および「差異を生む差異」の特定にある。セラピストは「問題はある意味で，解決策に繋がるという考えでクライエントの視点に影響を与える」（Berg & Miller, 1992, p.70）ための**コンサルタント**として働く。コンサルタントの役割は，クライエントが一見解決不可能な障害に遭遇し，専門知識を求める時に，対人関係のパターンを特定し，強みと資源を探索し，カップルの関係に内在する対処スキルを促進することによって新しい可能性を開く

ことである。セラピストは，問題自体ではなく強みに反応することによって，問題対処における小さな成功を達成するための新しいアプローチを試すことをクライエントに推奨する。セラピストはアセスメントの段階でクライエントと話をしているかもしれないが，クライエントと話しながら一緒に戦略を立てることに重点が置かれ，クライエントが自身の人生のエキスパートであるという解決志向の価値を強調する。

アクセプタンス＆コミットメント・セラピー（ACT）

ACT は，カップルが互いに理解し合うように設計されたモデルである。また，ACT は認知行動的エビデンスベースドのモデル（例えば，IBCT；後記参照）と体験的モデル（例えば，EFT；後記参照）との間のギャップを埋めるモデルである。ACT（Hayes, Luoma, Masuda, & Lilles, 2006）は，カップル・セラピーの最も初期の行動ベースのアプローチの一つである行動的カップル・セラピーの原則に基づいており，1980 年代と 1990 年代の間に開発された第 3 世代の多くの行動療法に似ている（DBT; Linehan et al., 1991; ACT; Hayes, Strosahl, & Wilson, 1999）。これらの療法は，カップル間の争いにおける多くの問題が本質的に解決できないことを認めている。それゆえ，両者はお互いに共感し，より受け入れやすい方法で対応する能力を強化することによって，問題ではなく，問題を取り巻くカップルの親密さに焦点を当てている。

理論的基盤。ACT の中心的な概念は，心理的苦痛は，通常，体験的回避，認知的絡み合いによって引き起こされ，その結果としての心理的硬直により中核的な価値観に応じて必要な行動措置を取ることの失敗に繋がるというものである。モデルを要約する簡単な方法として，ACT は，多くの問題の中核を「FEAR」という頭文字で表された概念に起因すると考えている。

- ・ 認知的フュージョン（Fusion with your thoughts）
- ・ 体験の評価（Evaluation of experience）
- ・ 体験の回避（Avoidance of your experience）
- ・ 行動に理由を与える（Reason-giving for your behavior）

ACT では以下のような健康的な代案を提案する。

第8章　カップルに焦点化した臨床的介入モデル

・ 反応を受け入れる（Accept your reactions and be present）
・ 価値を選択する（Choose a valued direction）
・ 行動を起こす（Take action）

　これらの原則は，葛藤における「不正行為者」の行動を変えることに注意を集中させるのではなく，「アクセプタンス（受容）」によって一方のパートナーの行動に対する自己の応答を修正することに焦点を当てることを示唆している。「アクセプタンス」は，彼または彼女の共感をより完全に理解し体験するために，他のパートナーを変えようとする闘いを放棄することを意味する。カップル間の意見の不一致は，論争，不幸なあきらめ，あるいは彼らの欲求不満といった感情を共有することによって，結果として親密さと親近感が高められるという第三の選択肢に繋がる可能性がある（Jacobson & Christensen, 1996）。そのため，多くの場合，親密さの増加は当然のことながら，パートナーに対するより自然なケア行動が伴い，カップルは伝統的な行動を変化する必要性が減少していることに気付く。同時に，多くのカップルは，親密さが増すと，パートナーが元々望んでいたように，自分の行動を変える意欲を高めることも見出している（Jacobson & Christensen, 1996）。その一方で，アクセプタンスを強調することは，カップルが関係の現状を受け入れることを期待されるという意味ではないことに注意する必要がある。なぜなら，これは，関係性の満足度を向上させる可能性が低いためである（そして，場合によっては，一人のパートナーにとって非常に不公平かもしれない；Jacobson & Christensen, 1996）。

　セラピーの目標。ACT の一般的な目標は，今，ここに対して，より完全に意識的に接することや，価値のある目標を達成するために行動を変化させたり持続させる能力の基礎となる，心理的な柔軟性を高めることである。心理的な柔軟性は，主要な ACT プロセスを通じて確立される。アクセプタンスは体験の回避に代わるものとして教えられる。アクセプタンスとは，特に心理的な被害をもたらすであろう時に，カップルの相互の歴史によって引き起こされた個人的な出来事に対して，不必要に頻度や形態を変化させようと試みることなく受け入れるといった，積極的な意識を含んでいる。認知的拡散技術は，その形態，頻度，または状況に関する感受性を変えようとするよりも，否定的または干渉的な思考や他のプライベートイベントの望ましくない機能を変更しようとする。言い換えると，ACT は，あるコンテキストを作成することによって，望ましくない機能を減少させ，思考

183

との相互作用，または思考に関わる方法を変えようとする。

　治療の目標。ACT は，心理的および環境的事象が発生した時に中立的な接触を促進する。目標は，カップルが世界をより直接的に体験するようになることであり，このことによって，彼らの行動はより柔軟になり，その結果，彼らの行動は保持している価値をより一貫するようになる。この観点から見ると，他者への愛着や特別な体験を起こすための投資をすることなく，個人が自分自身の体験の流れを知ることができるという点は重要である。したがって，拡散と受容が促進され，コンテキストにおける自己は，マインドフルネスの練習，メタファー，体験的プロセスを通じて育まれる。ACT の主要な要素は，カップル間の価値の明確化と，目的行動の選択を支援することである。関係性の価値は，カップルが強く信じている相互信念である。最後に，ACT はカップルが選んだ価値観と結び付いた，より一般化された効果的な行動のパターンの発達を推奨する。

　臨床的プロセスと介入。ACT の第 1 段階はアセスメントである。1 つの合同セッションと 2 つの個別のセッション（各パートナーごと）を通して，セラピストは，カップルの現在の困難，（親密なパートナーの暴力の歴史を含む）関係の歴史，および（あらゆる事柄の存在を含む）関係へのコミットメントのレベルをアセスメントする。次に，セラピストは両方のパートナーと会い，アセスメントの結果を要約し，彼らに対して処方箋を提供する。セラピストが処方箋のさまざまな側面を説明する際に，セラピストはカップルに対して，彼らが望ましいと思うように（処方箋を）修正するように呼びかける。カップルが彼らの問題を説明するものとして処方箋を採用すれば，カップルは問題の理解をより対人的で非難的でないものに変えることができる。セラピストは，出来事とその処方箋に関連する問題に焦点を当てて治療を説明し，セラピストはこれらの出来事や問題を建設的な方法で話し合うのを助ける。

　治療プロセスを特徴付ける 5 つの段階がある。第 1 段階では，カップルは，これまでの努力が自分の内面的および対人的な体験をコントロールすることができなかったという現実に触れられている。第 2 段階で，カップルは，プライベートイベントをコントロールしようとしてきたこれまでの努力が失敗しただけでなく，これらの努力が実際に事態を悪化させたことを知ることになる。第 3 段階では，（セラピストは）彼らの個人的および対人的な自己の側面と，それらの認知的，感情的，および生理学的体験とを描写することによってカップルを助けることを強調する。第 4 段階では，カップルは，まだ到達していない目標を達成する

第8章　カップルに焦点化した臨床的介入モデル

ためにこれまで回避してきた，嫌悪する個人的な対人関係のイベントを喜んで体験することを求められる。最後に，ACT の第 5 段階では，行動変更の戦略を実施するためにカップルからのコミットメントを確保することが必要である。

　ACT のプロセスはデータ駆動型である。セッションは，しばしばセラピストがカップルの週間の「クイックビュー」を把握するためのウィークリー調査票（Christensen, 2010）を，両方のパートナーに回答させることから始めることがよくある。カップルは，（1）最後のセッション以来の最も重要な肯定的および否定的または困難な出来事，（2）彼らにとって挑戦的な今後のイベント，（3）関心のある問題，といった 3 つの質問に答える。次に，彼らはセラピーで議論することが最も重要であると感じる内容に関して，順位付けをする。通常，セラピストは肯定的な出来事についてレビューし，カップルが特定した出来事や問題に基づいた議題を作成する。この際，初期の処方箋に関連する問題に基づいて作成するのが望ましい（Jacobson & Christensen, 1996）。セラピストは，カップルによって特定された出来事や問題の議論に加わり，共感的参加，統一的分離，または寛容構築の 3 つの相互関係のある側面のいずれかを促進するために積極的に介入する。これらの介入の順序付け（または，より多くの変化を求める CBCT 介入の追加）は，処方箋，カップルの現在の説明，およびセラピストの臨床的判断に基づいている。

　治療の初期段階の主な目標の一つは，Jacobson らが「共感的参加」と呼ぶものであり，カップルが互いに深い感情を表現し，相手の苦痛に対する感情を表現することをセラピストが導くことによって，カップルの感情的な親密さのレベルを高めるプロセスである（Jacobson, Christensen, Prince, Cordova & Eldridge, 2000）。一人のパートナーが問題（例えば，拒絶反応の恐怖）について柔らかい感情を表現すると，セラピストはその開示について共感し，相手の反応を促すことができる。セラピストは治療の早い段階で各パートナーの脆弱な感情を引き出し，新しく起こった感情を検証するために積極的な役割を果たす必要があるが，思いやりのある応答をされた体験は自然に自己開示を強化することが期待される。このアプローチはまた，新しい，より効果的な行動を開始し，カップルに建設的なフィードバックを提供し，セッション外でこれらの行動を一緒に練習するように依頼することにも焦点を当てている。コミュニケーションのトレーニングは，一見客観的で非難的な発言をするのではなく，主観的な意見を表現することによって二者間のコミュニケーションを改善することに焦点を当てている。セラピストは，

185

リスニングとスピーキングが会話中に交互に行われるべき別個の役割であることをカップルに教える。

エビデンスベースド・アプローチ

認知行動的カップル・セラピー（CBCT）および
統合行動的カップル・セラピー（IBCT）

　認知行動的カップル・セラピーは，悩みが少ないパートナー達が，悩みが多いカップルよりも，楽しく，不快感の少ない行動を多く交換していることを知っている（Thibaut & Kelly, 1959; Gottman, 1993）。カップルは，関係の長所と短所，カップルが愛情と性を表現する方法，彼らがどのように将来を見ているか，そしてカップルの関係性が社会的環境によってどのように影響を受けるかなどについて，パートナー個々の機能の理解を進めるためにインタビューを受ける。アセスメントは，カップル間で報酬と罰がどのように交換されるかを確認する目的で利用される（Nichols & Schwartz, 2001）。セラピストは，提示された問題，または，問題を特定することから始め，カップルの苦情，問題行動を行う者，問題のある行動の前例および結果，そして行動の発生または失敗を理解することを望む。

　セラピストは，しばしば，関係性の機能分析においてさまざまな客観的評価を採用する。これらのさまざまな評価分野は，カップル関係を理解するためのエコシステミックなアプローチを反映しており，個人アセスメント，カップルアセスメント，家族アセスメント，エコマップを使用することにより，コミュニティの関与によって個人の資源がどのように強化され，または，損なわれているかの評価さえも含んでいる。個々のアセスメントを用いて，セラピストは個々の気分・不安障害の可能性を排除したり，ミロン臨床多軸目録Ⅲ（MCMI-III; Millon, Millon, Davis, & Grossman, 2009）のような性格検査で全体の性格を評価したいかもしれない。カップルのアセスメントでは，夫婦間調整尺度（Spanier, 1976）と改訂版夫婦満足度尺度（MSI-R; Snyder & Aikman, 1999）とのより具体的な関連によって，全体的な夫婦満足度を評価するかもしれない。MSI-R には，問題解決のコミュニケーション，情緒的コミュニケーション，性的不満，育児に対する葛藤，苦痛の家族歴，攻撃性，および包括的な苦痛を含むさまざまな関係要因とカップルの相互関係を評価する 11 の尺度がある。セラピストは特に，カップルの問題解決の洞察力と全体的な包括的苦痛に関する彼らの得点に興味を持つだろう。

　治療の目標。CBCT の治療目標は，カップルが葛藤を問題解決のツールとして使

用するように援助し，相互作用における誤った帰属を修正し，破壊的な相互作用を減らすための自主トレーニングのやり方をカップルに教え，カップルが全体的なコミュニケーションを改善するのを助けることを通して，カップルがより望ましい行動を示すようになることによって，カップルの関係における行動の交換が変化するように支えることである。介入は具体的かつ行動的であり，カップルの思考や感情を明確に表現するコミュニケーショントレーニング，明確化と傾聴のテクニック，問題解決のトレーニング，付随契約などがある。付随契約は，二者間の交渉において付随契約を利用した解決策を必要とするようなカップル関係における，特有の問題を明らかにすることに役立つ（Nichols & Schwartz, 2001）。

　プロセスと介入。CBCT は，治療同盟と配慮的かつ支持的な関係の基本原則に基づいている。CBCT モデルは，新しい行動，認知，感情反応に向けたコーチングおよび積極的なトレーニングの必要性を強調している（Epstein & Baucom, 2002）。セラピストは，コミュニケーションスキルのリハーサル，否定的および非現実的な関係認識を修正するための認知的再構成スキル，感情の体験と表現を向上させたり調節したりするスキルをカップルに指導する。特定のスキルを教えることに加えて，CBCT のセラピストは，特定のタイプの行動パターン（例えば，相互のソーシャル・サポートの形態）を増やしてパートナーの基本的なニーズを満たすようにカップルを導いていく（Epstein & Baucom, 2002）。より具体的には，CBCT メカニズムによる臨床的な変化は，以下の通りである。

・問題解決スキルを用いた社会的関係スキル。セラピストが建設的な問題解決技術でカップルを頻繁に指導した場合，カップルはしばしば関係満足度の改善を体験する（Baucom & Epstein, 1990; Christensen et al., 2005; Epstein & Baucom, 2002）。
・カップルのパターンにおける相互的で肯定的な行動と，特に否定的な行動の交換における承認。カップルの両方のメンバーが自分の役割を否定的なパターンで認識し，何らかの変化を実行する責任を負った時，変化がより簡単に発生すると想定される。
・コミュニケーションガイドラインのようなトレーニングは，伝統的および改良された CBCT の中心的な要素である。カップルのメンバーは，自分の考えや感情を建設的なやり方で表現する（例えば，自分の気持ちの主観性を認め，聴く側に対する共感を伝えるなど）ほど，そして聴く側が無条件の共感的傾聴に徹底するほど，パートナーは彼らの関係に満足している。
・心理教育的介入は，新しい概念の導入（認知的変化を引き起こす）と新しい応答を

導くための指示によって，新しい学習に寄与する。例えば，特定の破壊的なコミュニケーションの否定的な影響や建設的なコミュニケーションスキルの肯定的な影響に関する心理教育は，行動を変えようとするクライエントの治療動機を高めることができる。

　セラピストの役割。CBCT におけるセラピストの役割は，教育的なトレーニングと治療プロセスの支援を切り替えることである（Wood & Jacobson, 1985）。したがって，セラピストは，独自のクライエントシステムのニーズに柔軟に対応できる能力を備えていなければならない。この役割は，特にクライエントシステムの機能分析のためにデータを収集するような治療の初期段階において方向性を示すことである。その後，セラピストは，クライエントの変化のガイドおよびファシリテーターとして，より効果的に行動し，「治療が終わった後，カップル関係において肯定的で包括的な変化が継続するようなカップルの有能感と自信を育むために，治療者の影響を減らす」（Baucom, Epstein, & LaTaillade, 2002, p.42）ように支援していく。

　セラピストはカップルの各メンバーおよびカップル全体と共に，クライエントシステムの3つのレベルに関わる。クライエントシステムのどのパートも，セラピストのサポートと擁護を感じる必要がある。これは，セラピスト側の巧みな関わりを必要とするような治療目標を提供する際の，治療プロセスを通じた同盟において変化を伴うかもしれない（Wood & Jacobson, 1985）。最終的に，セラピストは特に明確な見返りのない指導された行動変容の介入中には，モチベーターとしての役割を担う。目標は，クライエントシステムの各メンバーが，完全かつ協力的に参加し，セッションをセラピストのものではなく，自分のものとして働かせることである（Epstein & Baucom, 2002）。

　統合行動的カップル・セラピー（IBCT）は，従来の CBCT の行動交換に関する注目に対応して開発されたものであり，関係に対する苦痛の急激かつ即時的な減少をもたらすが，持続的な変化における耐久性は低いとされる（Dimidjian et al., 2002）。CBCT は，苦しみが少なく，若く，共存する個々の病理を体験していないカップルにとって最も有用であると思われる（Jacobson & Addis, 1993）。また，いくつかのカップルは，人為的で不快である機械的な行動交換を体験することが分かっている。

　IBCT では，関係性に関する問題は，カップル間の不一致，困難，または葛藤と

いう事実ではなく，カップルが彼ら二人の困難にどのように反応するかによって生じると示唆している。Jacobson & Christensen（1996）は，相手の特異な振る舞いを受け入れ，容認するパートナーの意欲が徐々に低下することに関する問題的反応の３つのタイプについて議論している。ここでいう３つのタイプは，相互強制（批判，撤退，妨害，軽蔑；Gottman, 1999），中傷（お互いに味方ではなく敵を作る），両極性（他者を改変しようとする試みの失敗はより大きな関係的疎遠に繋がる）である。

　アセスメントを行う際に６つの質問が使用される。それらは，（１）カップルはどのように苦しんでいますか？（２）カップルは関係性にどう関わっていますか？（３）パートナー間で対立している問題は何ですか？（４）これらの問題が問題となっているのはなぜですか？（５）カップルの強みは何ですか？（６）セッションは彼らをどのように助けることができますか？（Dimidjian et al., 2002, p.257）である。IBCT の基本的な治療目標は，カップルが互いの理解を深め，受け入れ，相互関係の質を向上させる協働的な関係を開発することである。IBCT の技術には，より大きな受容，許容性，関係の変化を促進することが含まれている。

　関係の問題への合理的なアプローチ，共感的な参加（告発せずにお互いの意見を聴く），柔らかい開示（怒りと憤りよりも傷みと弱みを強調する）の使用を通じてアクセプタンスが促進される。カップルは，常に相手を変えようとするのではなく，互いの関係性に対してより寛容になるように勧められる。セラピストは，カップルが関係性を強化する上でポジティブな点を見つけるのを助ける。許容力はセルフケアの副産物として発生する。それぞれのパートナーは，ほとんどコントロールできないパートナーに頼るのではなく，自分のニーズを満たすことを目指している。自己制御によるセルフケアという概念は，行動交換の理論を基礎としており，カップルはパートナーに大きな喜びを提供するために自分の行動を変えることに集中するよう推奨されている。行動交換は，コミュニケーションと問題解決技術のトレーニングからなる方法である。この方法は，カップルに対し，自分たちの気持ちを分かち合い，プロセスを共有する段階で傾聴のスキルを採用し，相手を敵対者ではなく同盟者として問題解決のために協働的アプローチを取ることを推奨している（Dimidjian et al., 2002）。

　研究基盤。注意深いアクセプタンス，理解，そしてコミットメントを重視する認知行動的カップル・セラピーモデルの有効性を裏付ける研究の堅実な歴史がある（Carson, Carson, Gil, & Baucom, 2004; Peterson, Eifert, Feingold, & Davidson,

2009)。実際，アクセプタンスとコミットメントのいわゆる第3世代のモデルは，より多くの行動指向モデルよりも時間の経過に伴う効果が大きいことが指摘されている。Wimberly（1998）は，IBCTのグループ形式で無作為に割り当てられた8人のカップルが，治療終了時に9人の待機リストのカップルよりも有意に満足していることを示した。また，Jacobson, Christensen, Prince, Cordova, & Eldridge（2000）はCBCTとIBCTを比較し，効果量および臨床的意義のデータがIBCTを支持したことを明らかにしている。アクセプタンスとコミットメントの有効性を支持する最も広範なデータは，CBCTとIBCTの大規模なランダム化臨床試験から来ている（Christensen et al., 2005）。約36週間にわたる平均23回の療法セッションに，134夫婦が参加した。この研究の2年間のフォローアップでは，治療終了後の満足度の変化は直線的には起こらないことが示唆された（Christensen, Atkins, Yi, Baucom, & George, 2006）。その一方で，カップルの変化は，終了直後の数週間で「ホッケーのスティック」のような減少パターンを辿り，その後満足度が再び上昇し始め，逆転した（Christensen et al., 2006）。

　最初の2年間のフォローアップによる6カ月間（4回）の評価期間中，IBCTカップルはCBCTカップルよりも有意に大きな満足を示した（Christensen, Atkins, Baucom, & Yi, 2010）。2年間のフォローアップ評価では，IBCTカップルの69%とCBCTカップルの60%が確実な関係の改善または回復を示した。これは，この集団の初期の苦痛を考慮するとかなりの数であった（Christensen et al., 2006）。5年間のフォローアップでは，夫婦満足度における治療群（IBCT群とCBCT群）の差はもはや重要ではなかった（Christensen et al., 2010）。カップルの半数は引き続き確実な改善や回復を見せたが，そのうちの4分の1が関係の解消または離婚をした。著者らは，重度で慢性的に苦しんでいるカップルの集団では，長期にわたる利益を維持するために追加セッションが必要であるかもしれないと示唆した（Christensen et al., 2010）。

　2つの研究が，IBCTがもたらす変化のメカニズムを調べた。Cordova, Jacobson, & Christensen（1998）は，IBCTおよびCBCTのカップルは，早期のセラピーセッションでは分離またはへこみやすい感情（例えば，恐怖または悲しみ）の表出量に違いがないことを発見したが，IBCTのカップルは，中期セッションと後期セッションで，これらをより多く示した。グループ全体で，へこみやすい感情と分離の増加と問題行動の減少は夫婦満足度の改善と相関していた。これは，ICBTが行う，非批判的に問題を議論する傾向，共感を誘発する方法，より大きな関係満

足度に関連付けられた行動によって CBCT よりも関係満足感に有意な変化を生じさせていることを示唆している（Cordova, Jacobson, & Christensen, 1998）。Doss, Thum, Sevier, Atkins, & Christensen（2005）は，CBCT がターゲットとした行動（いずれかのパートナーにとって重要であると評価されたもの）の頻度の変化を治療の早期にもたらしたが，IBCT は早期および後期の両方にもたらしたことを示している。さらに，行動頻度の変化は，治療の初期における満足度の改善と強く関連していたが，感情的アクセプタンスは，治療後の満足度の変化とより強く関連していた。自己報告されたコミュニケーション・パターンも治療のプロセスで改善された（Doss et al., 2005）。CBCT と IBCT の両方のカップルは，相互に肯定的な相互作用の発生率を増加させ，相互に否定的な相互作用および要求－撤退の相互作用の発生率を減少させた。これらの変化のそれぞれは，カップル両方の満足度の向上に関連していた。これらの研究は，IBCT が焦点を当てるアクセプタンスが，カップルの関係満足度の変化の強力なメカニズムであり，おそらく２年間のフォローアップによる満足度への比較的大きな影響を説明することを示唆している（Doss et al., 2005）。

感情焦点化療法（EFT）

　感情焦点化療法（EFT）（Johnson, 1996）は，密接な関係にあるパートナーが安全な愛着的絆を作成するのを支援することに焦点を当てた短期的な統合アプローチである。EFT は，愛着に基づいており，感情を変化の仲介として評価する体験的ヒューマニズムの視点と，愛着に根ざした相互作用のパターンを相互に補強するシステミックな視点を統合し，Greenberg & Paivio（1997）が行った感情に関する画期的なワークに基づいて構築されている。

　理論的基盤。EFT は自己に対する体験的な焦点と相互作用に対する全体的な焦点とを組み合わせている点で統合的である。EFT の理論的な視点は，関係の苦痛の性質に関する研究と，成人の愛と関係性における愛着的視点に関する研究とを組み合わせたものであり，さらに，体験的／ゲシュタルトアプローチと相互作用／家族システムアプローチを統合している。EFT の根源は，システム理論，人間性心理学，および愛着理論にある。EFT の重要な原則は，愛着のニーズは正常で，健康で，適応性があるということである。愛着のニーズは子ども／養育者の関係に根ざしているが，大人の感情的な絆は，安全，保護，結び付きの適応ニーズにも対応している。大人のためのタスクは，両方のパートナーを育む安全な相互依

存的関係を構築することである。夫婦の苦痛は,「一方または両方のパートナーのための安全な基盤を提供するための愛着関係の失敗」(Johnson, 1996, p.124) である。

EFT の主な焦点は,断絶(結び付かない状態)を維持し,快適さとサポートの必要性に応えることを制限する反復的かつ漸進的な負のサイクルを通して,苦痛が発生する方法を明らかにすることである。EFT の視点は,批判／要求に続いて防御／疎遠のような負の影響および負の相互作用パターンが,悪循環的に発生し,維持する方法に焦点を当てている。否定的な影響は愛着に関連しており,したがって,脅威,危険,不確実性に直面した場合には快適さや親密さといった主なニーズが満たされていないという認識に結び付く。EFT では,例えば顔の表情が関係性の苦痛と不満を予測するといったような負の影響力,議論の内容や頻度ではなく感情的関与の重要性とパートナーとのコミュニケーション方法,要求と撤退などのサイクルが緊密な関係にとって潜在的に致命的であるかどうか,満足感と安定性の向上に結び付く心地よい相互作用サイクルが必要であること,を強調する。

EFT は感情の体験と表現をターゲットにし,これらの手段を使用して,カップルの相互作用を接続性と応答性にシフトさせる。感情は,愛着行動を構成する上で重要な要素であり,親密な関係の中で自分や他者がどのように体験されているかを判断する。感情的なコミュニケーションは,カップルの一部における個々の行動のある程度の予測を可能にすることから,夫婦の相互作用の重要な調整因子である(Johnson, 1996, p.125)。

治療の目標と介入。EFT の介入は,クライエントの感情的な体験とその体験が相互作用や関係にどのように影響しているかに焦点を当てている。セラピストとカップルの関係は,パートナーとの関係を探る安全な基盤を提供する協調的な提携である。臨床家の最初の仕事は,パートナーの感情が二次的であるか一次的であるかを特定することである。怒りのような二次的な感情は防御的な姿勢を表し,傷つきなどの一次的な感情はより大きな脆弱性を表す。セラピストが関係性における二次的感情と一次的感情を確立した後,臨床家はこれらの感情を利用して,各パートナーの内的体験に対処し,関係における守備的姿勢に寄与することができる。さらに,セラピストは,カップルの愛着を形作り,強固な関係パターンに統合した特定のイベントを明らかにすることを目指す(Johnson, 1996, p122)。カップルの否定的な関係パターンを脱エスカレートした後,セラピストは,より

第8章 カップルに焦点化した臨床的介入モデル

安全な愛着を開発するのに役立つ新しい相互作用パターンを作成することを目指す。幼児期の感情的な風土（初期の発達感情，すなわち恐怖－不信，恥－不全感，罪悪感－不安）は，成人カップルの関係において再体験される。EFT セラピストは，パートナーが相互作用サイクルの異なるポイントで感情反応を識別し，表現し，再構築するのを手助けすることによって，カップルがお互いに新しい反応を生み出し，問題の性質について異なる枠組みを作り出すのを助ける（Johnson, 1996, p.223）。

EFT によって確立されたように，変化は洞察または交渉によってではなく，現在の愛着関係（すなわち，新しい安全な絆）における新しい感情的体験を通じて生じる。したがって，治療プロセスは，パートナーの根底にある感情の表現を容易にすることだけでなく，ネガティブな相互作用パターンおよび反応性の感情を解消する必要がある。このカップルのための新しく積極的な相互作用のサイクルを形作ることは，カップルが変化のプロセスで前進している証となる。

セラピストは，積極的な同盟を観察し積極的に育成し，重要な感情体験を拡張・再構築し，現在の相互作用のパターンを明らかにするか，段階的に新しいより積極的な相互作用を形成する3つの課題の間を再帰的に移動する。EFT の介入は，以下のように識別される。EFT セラピストは，内的な感情的現実と相互作用の両方が生じるプロセスを常に追跡し反映する。セラピストはまた，各パートナーの現実と習慣的な反応を検証して，パートナーがそれらを探索して認めることに安全を感じるようにする。内的体験は，体験の概要を鮮明で焦点を絞った詳細なポートレートに発展させる，想起的な質問によって拡大される。感情を深めることはイメージや反復で行うこともできるが，セラピストは，クライエントが述べるような単純な「不快」ではなく，実際に不安を感じているかどうかを疑問に思うといった共感的な推測により，クライエントが彼らの経験をどのように構築するのかについて，一歩先へ進めるかもしれない。さらに，セラピストは根底にある感情や愛着の必要性，エナクトメントの演出に関して，相互作用的反応をリフレームする。

EFT セラピストはプロセス・コンサルタントであり，パートナーの内的な感情的現実と相互作用の反応を拡大し，それにより強固な相互作用をレジリエンスの促進やコネクションの確保といった反応に転換する（Lebow, Chambers, Christensen, & Johnson, 2012）。

研究基盤。EFT モデルをサポートする16件の成果研究と9件のプロセス研究が

193

家族心理学

ある。EFT は, クライエントが苦痛からの回復に繋がるのを助け, 時間の経過と共にこれらの結果を維持するという点で, カップル・セラピーに対するあらゆるアプローチの最も肯定的な結果を達成することが判明している (Johnson, Hunsley, Greenberg, & Schindler, 1999; Lebow et al., 2012)。他の体験的に検証されたアプローチは, 1.3 の効果サイズをまだ超えておらず, 時間の経過と共に安定していることが判明していない (Clothier, Manion, Gordon, & Johnson, 2001; Halchuk, Makinen, & Johnson, 2010)。EFT を行ったカップルは, 治療終了後に改善が見られ (Johnson & Talitman, 1996), 研究のメタ分析では, カップルの 70% が 8 〜 12 回の EFT セッション後に苦痛の緩和を体験していることが分かった(Johnson, 1996)。

その一方で, EFT は全てのカップルには推奨することができないことから, 臨床家は利用の境界線を認識しているべきである。例えば, 治療を行っているカップルが離婚を計画しているか, 家庭内暴力や性機能障害を体験している場合, EFT は適切な治療モデルではない。また, アルコール依存症, 精神病, 自殺未遂がある場合には, おそらく禁忌になるだろう。EFT は, コミュニケーションの問題を報告するカップルや, あるパートナーが一方のパートナーより親密さを望む場合など, 親密さを高めることを望むカップルに適している。

考察, コメント, そして次のテーマは?

あらゆるタイプの臨床実践における最大の課題の一つは, クライエントが述べる問題, クライエントが存在する状況, およびクライエントの独自の特徴を考慮して, 各クライエントシステムに対して最良の治療法を選択することである。この課題は, 多くのレベルで現れている。臨床実践者にとって, 課題は個々のクライエントに対して特定の介入または治療プロトコルを確認して調整することである。プログラム管理者や政策立案者にとっては, 最も幅広いクライエントにとって最も高い成果を出す可能性を高めるための, 治療機関やクリニックでサポートされる治療のタイプを選択するのが難しい。専門教育機関や専門組織にとっては, 利用可能な最も良い実践に基づいて健全な政策と現在の臨床カリキュラムを特定し開発することが負担となる。心理療法の他の全ての分野と同様に, 家族心理学は, これらのような決断において考慮すべき 2 つの主要な領域がある。

家族心理学の専門団体は, 長年にわたって開発されてきた臨床的体験と実践に基づく理論の膨大な記憶を持っている。同時に, 家族心理学における実践のため

194

の臨床的に焦点を当てた頑強でシステマティックな研究の流れが存在する。不都合なことに，これら2つの領域は必ずしも同じ方向を指しているとは限らない。このジレンマは，関連する科学，臨床的体験，理論をどのように統合して，実践を改善し，最善の治療につなげるかということである（Sexton & Gordon, 2009）。

　次のセクションの焦点は，家族心理学の専門分野のより広い領域に変わる。次の章では，専門家の訓練，臨床的スーパーヴィジョンの役割，理論，研究，および実践を導き伝えるための倫理に重点を置いている。

第 3 部

家族心理学の専門的コンテキスト

第 9 章

家族心理学の専門領域

> 科学者は，彼の専門以外のあらゆる事柄に対して無知でいる権利を擁護している。
>
> ——Marshall McLuhan

　あらゆる専門領域と同様に，家族心理学も大きなコンテキストの中で専門領域，場合によっては下位専門領域を，それぞれに発展させてきた。本章で扱う内容は，特異な臨床的問題（セックス・セラピー）や援助構造（コラボレイティブ・ヘルスケア）が関係する実践領域である。加えて，本章では知見の応用範囲にも言及する（国際家族心理学）。これらの下位専門領域はシステミックな認識論（第 2 章を参照）に加え，現場からの臨床的および研究的知見をベースとして，その基盤を形成させてきた。ここでは，セックス・セラピー，国際家族心理学，コラボレイティブ・ヘルスケア，家族司法心理学（FFP）を挙げ，それらの下位専門領域群について概観する。

セックス・セラピー

　家族心理学は結婚や家族に関わることのみでなく，セックス・セラピーにおいても言及されるものであり，家族心理学はセックス・セラピーと学問上の接点を有している。その発展の中でセックス・セラピーの領域が明確化されることに伴って，セックス・セラピーが他のセラピーから独立したものとなっていった。心理学者にとってセックス・セラピーとはヒューマン・セクシュアリティに関するものであったが，それ以外の性科学や実際の臨床実践は非心理学分野の臨床家によって担われてきた。こうした性科学とヒューマン・セクシュアリティとの間での分離は数十年にわたって生じてきた。Krafft-Ebing から Kinsey, Masters, Johnson を経て現在まで研究は続いており，ヒューマン・セクシュアリティはセクシュアリティに関連する特殊な要因の経験的な研究に焦点を当てることで，実証主義的

199

な立場を取ってきた。一方，大衆文化の中では性科学と Alfred Kinsey の実証的な
アプローチがしばしば結び付けられる（Bullough, 1998）。その後，性科学の形式
的な教育法として Iwan Bloch によって，社会，文学，哲学，生物学，医学の各々
の規範を統合したものが初めて編み出された（Farmer & Binik, 2005）。

　Bloch の学際的な性科学アプローチに関するヴィジョンは，哲学や文学に基づ
いた質的な情報と，生物学や医学からの量的情報とを縦横に結び合わせる点に独
創性が認められるものであった（Money & Herman, 1978）。心理学の有する実
証的理念と，性科学が求める価値観を担った科学性との間では，その見解に相違
があり，両者の領域の差異を強調した。初期の性科学は明確にポスト実証主義の
バイアスを被っており，個人史の経験的なエビデンス，相対性，そして観察者の
"価値意識的" な説明を形作る哲学的解釈を包含していた（Munck, 1999; Reiss,
1993）。

　ヨーロッパでは長期にわたって，人間のセクシュアリティに関しては性的不全
の根本的原因を説明する精神力動論からの焦点が置かれていた。一方でアメリカ
では，Terman によって，性的行動や実践，そして夫婦関係における性的嗜好性
に対する焦点化を図った分析が提供されてきた。Terman は最初期の研究者であ
り，夫婦関係の成否におけるカップルの性的役割に関心を示し，配偶者間の情熱
と性行為の頻度の側面から詳細な研究を行った（Terman, Buttenwieser, Ferguson,
Johnson, & Wilson, 1938）。

　近年，Tiefer（1994）はポスト実証主義の活用を推奨し，心理学者のバイアス
に偏っているヒューマン・セクシュアリティの知見を性科学の指向性に沿う形で
概念化することは，ありのままの人々のセックスに関する調査を理解する上で重
要であるとしている。私たちも科学と実践とは互いに再帰的な関係にあるとする
認識を本書の多くを割いて述べており，それはセックス・セラピーにおいても例
外ではない。ヒューマン・セクシュアリティに関する研究志向性と性科学におけ
る臨床上の焦点は，関係性に関する価値意識と同様に，量的データと質的データ
の両者に価値を置くシステミックな認識論において共通の基盤を見出した。また，
システムの生態学的視点では，カップルの性的関係性は彼らの全般的な関係性の
サブシステムであると見なし，カップルがセラピーに現れた際には，全般的な関
係性と性的関係性の両方に注意と介入が要求される。システム論的セックス・セ
ラピーの目標は，関係満足度の形成ないしは関係復元といった関係性全体におけ
る目標と一致するものである。そして，セックス・セラピーのワークはカップル

間における性的快適さと満足の双方を形成し，修復を図るものである（Wincze & Carey, 2001）。ある研究によれば，"パートナーに向けられるセックス前の親密さ"は，性的満足度を規定する最重要因子であったと述べられている（Ellison, 2000）。セックス・セラピーにおける私たちのモデルは単なるセックスそのものの経験ではなく，カップルが行為に至るまでにエロティックなムードを形作る場における取り組みに重きを置いている。こうした目標によれば直接的な性行為とオーガズムに至るかという点は必須ではなく，カップルの最上の関係性は，多様な性的体験を示す傾向がある。

　性的体験は，双方の同意によって自由に意思表示を示すことから始まる。実際，低い性的欲求は双方の同意感の欠如によって説明される場合がある。ある調査によれば，女性の67％は性行為を行うには疲れを感じており，64％の女性は多忙の余りに性行為に費やす時間が不足していると報告している。カップルが揃って性的体験を追求することへの関心を表現する時，平常時から親密なムードへと向かわせるような注意と意識における転換が生じる。「仮に互いに疲れていたとしても，カップルがエロティックな喜びを得るものとしてセックスを捉えるならば，それは可能性の連続であり，セクシュアリティを通じた愛情表現の方法ともなる」のであり，控えめな性的リラックスのようなものである（Ellison, 2000, p.174）。

　現代のセックス・セラピーは，（1）内的システムセックス・セラピーのアプローチを活用して，カップル・セラピーとセックス・セラピーとを橋渡しすること，（2）カップル間の不安の低減と，Bowenの家族システムアプローチを用いてのパートナー間の境界の強化，（3）認知行動療法的なアプローチを通じて特異な性的な障害を治療すること，という3つの構成に分けられる。

　内的システムに基づくセックス・セラピー。内的システムに基づくセックス・セラピーのパラダイムは，カップル間の関係性におけるエロティシズム，フレンドシップ，コンパニオンシップのバランスによって愛のタイプが確定されるとする，Sternbergの愛の三角理論（1986），そして，コミュニケーションによる関係性の規定という相互作用に関する理論（Hertlein & Weeks, 2009; Strong & Clairborn, 1982）を土台として，カップルの情熱とコミットメント，親密性の促進に向けての理論化がなされている。セクシュアリティに関連する問題の中で，パートナー同士が相互の関係性をいかに定義し，一方の相手が考え，感じ，あるいは行動することをいかに予測するかというのは，セクシャルな関係性におけるダイナミックな側面となる。セクシャルな関係性における相互関係的な構成要素は数種類の

社会的場面における内容を含むものとなる。それは，（1）調和性——個々のイベントの定義に関するカップル間の同意の程度，（2）相互依存的関係——情緒的，性的なニーズを満たすための能力に関するパートナーの認識であり，この感覚によってパートナーはお互いに依存ができる，（3）帰属戦略——個々の性的な高ぶりをセクシャルイベントに帰属させる方法，である。通常，カップルは「彼女が僕を狂わせた」というように，原因と効果を結び付ける問題のある直線的な帰属スタイルを用いるかもしれない。あるいは，「僕は君を傷つけたし，君は僕を傷つけた」というような，カップルが互いに自身の行動の影響を相互的ないしは連動的な方法で説明する円環的な帰属スタイルを用いるかもしれない。セックス・セラピーの治療者は，カップルの帰属の仕方が否定的な非難となるような直線的な帰属スタイルから，より肯定的となる円環的な帰属スタイルに移行できるように，リフレーミングを用いる。

　内的システムに基づくセックス・セラピーのアプローチは，性的な機能不全をアセスメントする構成要素をいくつか有している。まず1点目であるが，これは心理学的および生物学的の両面で個人の機能に着目するものである。身体と心理の両面を含んだ個人の健康状態と疾病状態，そして，それらがセクシャルな関係性に対していかに影響を及ぼすかという観点に焦点が置かれている。心理学的なアセスメントでは，パーソナリティや精神病理的側面，知能，気質，発達段階，社会的態度，価値観，防衛機制といったものが評価対象となる。2点目は，カップルの関係性を評価するものである。関係性を評価する際には，関係不和時におけるカップル間の関係性の定義の仕方や，相手に対する否定的な帰属スタイル，そして親密性の調整方法を把握することを目的とする。治療者はカップル間の関係性についての不安や問題となるコミュニケーション・パターン，意識的ならびに無意識的な期待，葛藤のマネジメント方法に関する把握を行う。現実においても，潜在的においても，問題というものはセクシャルな問題ではなく，他の関係性に基づくものである。あくまでも，セクシャルな問題は兆候に過ぎない。3点目に，内的システムに基づくセックス・セラピーでは原家族の問題を探求し，これを通じてカップルの関係性における互いの分化レベルを明らかにする。治療者は，カップルが原家族から受け継いで内面化され，関係性の中で表現されているメッセージを観察する。最後の構成要素は，カップルのセクシャルな関係性に及ぼされる社会や文化，歴史，地域性の影響を明らかとするものである。個人の価値観や信念のみでなく，その慣習や儀式も面接初期に確認される（Hertlein & Weeks,

2009)。

　そして，セックス・セラピーではアセスメントによって得られた情報から，治療計画のフォーミュレーションを行う。治療的見立てが確定された後，治療者は生物学的介入から認知行動的技法，さらにはカップルないしは個人に焦点を置いた心理療法までをも含んだ，さまざまな治療技法を選択する。生物学的介入では，薬物の処方（例えば，勃起不全に対してのバイアグラなど）から外科的な手術や注射といったことを含む。個人心理療法においてはトラウマや物質依存，衝動的行動といったものへの治療技法が用いられるかもしれない。

　カップル・セラピーでは個人内や個人間での不安を取り扱う為に，Bowen の家族システム療法の技法を用いることもある。Schnarch（1997）によれば，セックス・セラピーにおいてはエロティシズムの亢進や不安の減少を安易に図ることは控えるべきであると述べられている。時として未分化な不安というものは，自己を良いものとして感じる手段としての，パートナーの歓びやオーガズムに対して向けられた不安の表れであることもある。Bowen の家族システム療法は，性的関係時における二者間それぞれにおいて自己分化を高め，パフォーマンスやオーガズムに達するという性的関係の他の側面よりもむしろ，自己の歓びに焦点を当てるための機会をカップルにもたらす。

　認知行動的カップル・セラピーは，特定の障害由来の行動を修正するためのツールとして用いられる。心理教育は性的神話の修正や性的興奮をもよおす際の適切な情報を与え，コミュニケーショントレーニングの基礎となりうる。行動療法では感覚集中トレーニング（エロティックな感覚にフォーカシングを行う等）をもたらし，前戯時における楽しみや効能に着目したエクスポージャーになるかもしれない。セックス・セラピーにおける家族システムアプローチは，関係満足度と性的満足度とを結び付け，二者間における個人的分化，相互的なコミュニケーション，性的技法の教育・訓練といったような，全体的なアプローチを要するものである。

国際家族心理学

　世界規模における心理学者と他のメンタルヘルス専門職の流動性の高まり，そして専門的心理療法の各国における普及は，国や地域ごとで心理学的な多様性が明らかにされることによってもたらされた。国際心理学という分野は緒についたばかりであるが，多くの議題や理論，ユニークな視点を含み，学術的な活気に

溢れている。歴史的には，西洋の個人主義とパーソナリティに焦点を置いた精神病理学モデルが，心理学における最も有力な認識論であった。これは，Pupavec（2006）が呼ぶところの，「人間的経験の心理学化」であった。個人と，その感情状態に着目する西洋の感覚は全世界においては少数の人種に共有されるにすぎないものである。事実，非西洋世界における心理学の土着化のプロセスにおいては，家族やコミュニティに強く結び付けられた価値観と西洋の個人主義的なアイデアとの統合が見られた（Church & Katigbak, 2002; Clay, 2002; Mpofu, 2001; Pettifor, 2004）。国際心理学における課題として，西洋社会に根付いた心理学を非西洋社会の国々に単に移植させるのか，あるいは各々の文化独自のユニークな心理学を発展させるべきかという問題がある。

　国際心理学を形成するガイドとして，3つの視点が存在する。まず，絶対的な視点として，心理学的な知見に文化差はないとする見方である。次に相対的な視点として個別の文化内において適切な治療や倫理を発展させることが必要だとするもの，さらに普遍主義的な視点としては治療や倫理の根底にある問題というものは文化間では似通ったものであるかもしれないといった見方である。これらは，それぞれの文化間での差異によって捉えられるべきかもしれない。すなわち同一的ではなく，文化ごとでの理論や倫理面でのユニークな視点が求められるかもしれない（Pedersen, 1995）。

　また，国際心理学は以下の問題を提起している。すなわち，他の国籍や文化に属する臨床家がどのように，その文化を跨いでの実践を行いうるかということである。原理原則の普遍性と個々の臨床家の有する多様性へのリスペクトとの間では葛藤が生じ，それは重要な問題を提起する。例えば，臨床家としての私たちは治療と倫理上のガイダンスに対して忠実でありつつも，自身が属しているローカルな価値観や規範を軽視せずにいられるのだろうか？　ローカルな価値観を見下したり，軽視したりせずに，どのような実践が行えるだろうか？　治療の有効性やプロトコル，倫理規定を保持しつつも，ローカルな文化や人々に対するリスペクトを確保することはできるのだろうか（Okasha, Arboleda-Florez, & Sartorius, 2000）。

　個人内病理モデルと，個人の強みとコミュニティが有する資源を重視する地域精神保健モデルとのコンテキスト的な橋渡しを担うものとしてシステム心理学的視点が用いられており，このことによって家族心理学は国際心理学に多様なアプローチを提供している。特に，生態学的アプローチは有用であり，心理学におけ

る西洋モデルと土着的なモデルとの接合を果たすものとなる。臨床家たちが個人，家族，コミュニティのサブシステムが絡み合った社会生態学を認識し，病理モデルのみでなく個人の強みやコミュニティの資源にも注目した時，彼らは伝統的な西洋的規範の依存から脱し始める（Wessells, 2009）。

心理学の国際学会には国際心理学と国際家族心理学の発展に寄与する複数の特筆すべき組織がある。国際心理学者会議（ICP）は世界平和と“心理学の発展と世界規模での科学的知見の応用”を目的に，1941 年に設立された（ICP, Bylaws 1.3）。ICP のプログラム，プロジェクト，出版物，そして情報公開は教育的および科学的な心理学，そして人間的幸福への応用に注がれている（Certificate of Incorporation, State of Connecticut）。ICP の設立者たちは心理学内における世界共通の関心をシェアする，それぞれの各学術団体と協力し合うというヴィジョンを有していた。ICP は心理学の科学性の証明と，個人や集団，そして科学向上への応用に注力し，その関心は精神保健の専門家や社会科学の研究者との間での対等かつ全体的な協働の中で，世界平和と人権の向上をさらなる形で促進させることに向けられている（https://icpweb.org/）。

国際心理学連合（IUPsyS）は，国際応用心理学協会ならびに国際文化比較心理学会と共同で，心理学の実践における国際的な倫理のための共通原則を起草した（IUPsyS, 2014）。IUPsyS のミッションは全世界の心理学者に普遍的規範の枠組みをもたらす，明確な原則と価値観を示すことである。そして，それが異なる文化的背景においても，適切な心理学実践を可能とするような，新たなスタンダードを発展させるためのガイドとして用いられることを目標とするものである（IUPsyS, 2014; Russell, 1984）。

IUPsyS の加盟国は 71 カ国であり，組織内部に 44 もの倫理規定を含む（Leach & Harbin, 1997）。各国の個々の倫理基準は，それぞれの文化によって異なり，特有の価値と行動規範を有している。Leach & Harbin（1997）は，各国の規範と APA の倫理規範（APA, 2002）との一致の度合いを検討している。その結果によれば，西洋諸国では多くの点で APA の倫理規範と一致が見られたが（なお，IUPsyS で定められている 44 の倫理規定も，その多くは APA の倫理規範と共通している），東欧諸国や発展途上国では一致の度合いは西洋諸国と比べて低い水準に留まった。例えば，西洋に由来する個人主義に重きを置くのに比較して，アジアの文化では国家が最も強い倫理基準となり，続いて地域や家族，最後に個人となる傾向にあった（Pettifor, 2004）。

IUPsyS は治療と倫理の両面において，世界の異なる地域に住まう実践家の共通性に根ざした，国際的な規範を発展させる計画を進めている。基盤となる共通性として，人間の尊厳と権利へのリスペクト，他者へのケアと福祉への配慮，適格性，誠実性，専門性，科学性，社会的責任を含んでいる（Gauthier, 2005）。そうした国際的な心理学的倫理規範を打ち立てるに当たっては，特性よりも原則を重視し，健康のみでなく病理性，異文化における集団主義的な理念，そして個人とコミュニティへのサポートを包含するものである必要があるとされる（Pettifor, 2004; Thoburn, Mauseth, McGuire, Adams, & Cecchet, 2015）。しかしながら，歴史的・文化的な差異の認識の上に立つ IUPsyS の試みは，統一的な倫理規範の誕生を阻んだり，遅らせてしまうものとなるかもしれない。

国際家族心理学会（IAFP）は家族心理学の領域に関心を抱く，心理学者（研究者，実践家，教員，学生等を含む）による世界規模の学術組織である。IAFP は 1990 年に非営利の学術組織として立ち上げられ，1994 年にはシステム心理学アプローチを世界に適用するという理念を共有する役員によって理事会の設置がなされている。IAFP の目標は基礎および応用の両側面での心理学研究における多様な形態の発展と構造化，そして，家族全体のみならず家族メンバー個人のライフスタイルをも視野に取り込んだ研究を促進させることである。IAFP は実証的に検証された調査に基づいて，家族心理学や家族介入の継続的教育とトレーニングに努めている。

コラボレイティブ・ヘルスケア

生理学，核医学，バイオテクノロジー，神経科学，脳解剖学における学術的進歩は，新たな形態での医療介護の供給や世界規模での職種間の協働の流れと相まって，西洋社会における精神と身体の二分法とは対立するシステマティックな理解と，心理社会的な側面に焦点を置いた治療とケアのアプローチへと繋がった。今日の病理診断学が複雑化することに伴って，家族心理学のシステム論の活用が要請されてきている。エビデンスベースドな治療と共にあるとする家族心理学の開かれた科学性が，他の科学領域やヘルスケアコミュニティからの多大なリスペクトを生み出すと私たちは認識している。

コラボレイティブ・ヘルスケアチームは，その医療コストと患者の QOL に関するニーズを背景として発展してきた。医療提供者たちが治療とケアのための病理学特有のモデルと構造を強調することで，全てのヘルスケア分野において適切な

専門性が生み出され，知識と技術が爆発的に増加した。その結果，昨今の医療現場においては，「断片的」，「人材不足」「サービスの重複」「不要な介入」といった特徴がしばしば見受けられる（BPharm & Wood, 2010）。また，「巨大で，垂直統合型の地域医療センターにおいては，供給者側は特定のサービス提供ではなく，患者の全体的な健康管理を提供することが目標だ」（McDaniel, Campbell, & Seaburn, 1995, p.283）という指摘もある。患者が必要とする複合的なニーズを提供するための知識や技術というものは，個人の範囲に収まるものではないかもしれない。臨床的な有効性と患者の予後の向上，そして費用対効果の面から，統合的かつ切れ目のないケアの提供によって患者の目標は達成されうるのかもしれない（BPharm & Wood, 2010; Mooney, 2011; Sautz, 1995; Wagner, Austin, & Von Korff, 1996）。

　コラボレイティブ・ヘルスケアは，その国や地域によってはマルチディシプリナリー・ヘルスケアやインタープロフェッショナル・ヘルスケアとも呼ばれている。これらは，医学のみではなく行動学やソーシャルワークなど複数領域の実践家を束ねたチームを活用し，生物心理社会アプローチのもとにケースのマネジメントと実践を行うことが要請されるものである（Amundson, 2001）。重要な要素としては，患者のニーズの複雑さに対応することを目的として，知識や技術が異なる専門家同士が協働を行うという点にある（Grosz, 1996）。チームメンバーは参加や協力という関係性の中では仲間であり，健康状態に関する問題の意思決定においては職種を超えて対等な関係性となる（Orchard, Curran, & Kabene, 2005）。

　より効果的であるために，コラボレイティブ・ヘルスケアチームは伝統的な心身二元論的分割を超える必要がある。そして，それぞれの心理社会的な問題には時として生物学的な構成要素があり，生物学的な問題には心理社会的な力動が埋め込まれているという認識を持つことも要請される。コラボレイティブ・ファミリー・ヘルスケアはシステム理論と生物心理社会モデルの統合に基づくものであり，Engel によって提唱された（McDaniel, Campbell, & Seaburn, 1995, p.286）。カナダでは，併発的な病的状態にある人々をケアするための新たな方法として，統合型ヘルスネットワークが見られる（Mable & Marriott, 2002; UKCC, 1994）。日本では，健康分野の専門家教育を行っている有力な大学を中心に，日本インタープロフェッショナル教育機関ネットワークが設立されている（WHO, 2013）。アメリカにおいては，医療研究・品質調査機構（AHRQ）によって，コラボレイティブ・ケアの研究と発展が牽引されている。

協働というものは，異なるコンテキストの中において生じるものである。例えば，臨床家たちは地域保健センターや病院，保健所，開業といった異なる領域に所属するかもしれない。一方，精神保健サービスは開業オフィスや地域精神保健センター，社会福祉団体に置かれていることがしばしばである（Amundson, 2001）。興味深いこととして，精神保健的な苦情はプライマリ・ヘルスケアの提供者に最初に向けられる傾向にあり（McDaniel, Campbell, & Seaburn, 1995），プライマリ・ケアによって訪問を行ううちの70％が心理社会的問題を含む理由によるものとされている。このうち，抑うつはプライマリ・ケアの初診時において多く見られる心理学的診断状態である（Miller, Kessler, Peek, & Kallenberg, 2013）。その一方，精神科などで診療を受ける重篤な精神病患者においては，彼らもまた身体医学的な治療の必要性があることが述べられている（Daumit, Pratt, Crum, Powe, & Ford, 2002; Thoburn, Hoffman-Robinson, Shelly, & Sayre, 2009）。

　さまざまな状況においてチームが立ち上がる際，誰がコラボレイティブ・ヘルスケアチームを先導するのかということが問題となる。ある病院における調査によると，対応中の全ケースのうち73％は医師と看護師がチームを先導していた。専門的なメンタルヘルス対応においては60％が精神保健の専門家と看護師と医師との協働で，残りの40％は精神保健の専門家間でチームが形成されていた（Patela, Cytryna, Shortliffeb, & Safranc, 1997）。このように相互作用の優越では医師と看護師が中心的な役割を果たすことから，コラボレイティブ・ヘルスケアチームでは医師がリーダー役となるというモデルがあるように受け取られるかもしれない。しかしながら，これらは個々の事情によるのかもしれず，同様の事態のあらゆる場合において該当するわけではない。リーダーシップとは何かという時，そこには問わなければならない問題がある。すなわち，何が最優先されるべきなのか──健康状態か行動なのか？　あるいは，どの場所で患者を優先的に治療するのか──プライマリ・ケアの場面か病院か精神保健の現場なのか？　これらの質問に対する回答を得ることが，多様な状況下におけるチームのリーダーシップの構造の決定に役立つであろう。

　さらに，より意義深い問題として，患者とその家族に関するものがある。すなわち，コラボレイティブ・ヘルスケアにシステミック・アプローチを純粋に応用する際，患者や患者の家族は治療やケアのコンテキストにおいて，どのような役割を果たすのかという問題意識である。昨今の患者は知的に洗練されている傾向があり，医師の専門的な診察の以前にネット上の情報から自身の主訴に関して下

調べを行い，自己診断をしていることがある（Mooney, 2011）。それゆえ，私たちは容易に患者をチームの一員として見るかもしれない。医学におけるトライアングラー（三角）モデルは患者家族が患者の健康状態に与える影響，および患者がヘルスケアシステムとどのように関係していくのかについて認識するモデルである。ヘルスケアチームと患者という二者関係を超えた，チームと患者と家族との三者関係（Doherty & Baird, 1983）があり，患者が自身の健康状態に関する専門的知識を持たずとも，家族は彼ら自身に関する専門的知識を有している。患者の健康状態が危機的な事態に陥った際には，その家族が最初の対応者となる可能性がある。こうした領域における議論が深められることが，コラボレイティブ・ヘルスケアがチームプロセスの中で患者と家族とを包含する，真のシステミック・アプローチを形作ることを可能にするであろう（McDaniel, Campbell, & Seaburn, 1995）。

　コラボレイティブ・ヘルスケアのチームモデルは他のモデルと比べて進歩性があり，その効力を最大化するための種々のスキルに特化した教育が要請されている。効果的な協働を促進させる対人能力スキルが必須であるのみでなく，他の臨床領域と相互協調を図る方法論や規律の獲得も必要となる。何よりも協働における教育とは関係構築に関するものであり，チームのメンバーが果たす貢献に向けるリスペクト，チーム間の平等性，そして多職種との協働を最大化する意欲を育むものである（BPharm & Wood, 2010; Koyama, 2011）。また，コラボレイティブ・ヘルスケアへのカリキュラムはチーム編成の力動に焦点を置き，チーム発達段階やチーム内における多職種の役割，打ち合わせ方法やチーム内で頻発しやすい問題に関する知識も取り扱うものである（Amundson, 2001）。

　コラボレイティブ・ヘルスケア教育は，個々の役割の明確な定義付けの必要性を強調している。コラボレイティブ・ヘルスケアチームは，意思決定と指揮系統ならびに権限体系を通じてのアクションを最適化するために，組織の土台の上で活動を行う。メンバーは，さまざまな臨床的規範との関係において，"個々の知識，スキル，価値観，役割，態度"（Orchard, Curran, & Kabene, 2005, p.5）といったものを社会化する必要がある。これらの教育の目標は文化の変容と，チームの全体構造の中での自分自身の役割を認識する能力を成熟させることにある。チーム内での自身のポジションを明確に認識することは，他のメンバーが彼ないしは彼女の責任の所在を認めることにも繋がる。例えば，通常のケア構造においては，医師は臨床的な治療とケアの責任を負うことが多く，集団の中でのリーダー

209

シップの担い手ともなる。シビアかつ永続的な精神疾患のケアのための長期的な
グループホームでのケア構造においては，精神保健の専門家が治療的な責任とリ
ーダーシップを担うこととなるであろう。チームを構造でまとめ上げることによ
って，メンバーにチームの一部としての役割を持たせることが可能となり，その
メンバー間の関係構築をもたらすこともできる。あらゆる場合において，責任は
明快さをもって定義される必要があり，明朗で効果的なコミュニケーションが必
要となる。最上のコミュニケーションとは，伝えることよりも聴くことを優先さ
せる場合に生じるものである。互いのチームメンバー同士が各々の専門領域に関
する内容に耳を傾けることは相互の敬意と信頼感を醸成することに繋がり，協働
作業に向けての使命感の共有をもたらす。これらによって，コラボレイティブ・
ヘルスケアチームは謙虚さと専門的利他主義という特徴を有した集団となってい
く（Axelsson & Axelsson, 2009）。

　結局のところ，コラボレイティブ・ヘルスケアに関する教育は職種間の文化的
な差異に対するリスペクトの重要性を強調するものである。各々の専門領域には
異なる規範があり，それは患者に対しての医療サービスを提供する際のボキャブ
ラリーと慣習的方法を有している。医学と行動学的なアプローチとの間では実践
や様式における違いが見られるものであり，そのため，両者は互いに他者の言語
の違いと実践の異なりに対する理解をしなければならない。例えば，医学の臨床
家と行動科学の臨床家とでは守秘に関して異なる考えを有している。各職種間の
文化的なスタンダードを維持しつつも，チームとしてのプロトコルを理解し，リ
スペクトし，発展させていくことは，チーム全体の有効性を高める上で重要とな
る。また，チームが立ち上げられる際には，その文化的な違いがよく理解される
必要もあるだろう。例えば，日本の調査では専門家間の連携においては医師が強
いリーダーシップを示すことが期待されており（Koyama, 2011），平等主義的な
欲求が強いアメリカでは異なる結果となることが予想される。

　また，チームの有効性を阻害する要因に関しても，整理がなされている。1点
目としては階層意識が挙げられる。特に支配的なスタイルと結び付いた際にはチ
ームの有効性はさらに阻害される。2点目の阻害要因としては縄張り意識である。
チームのメンバーは個人的な関係性よりも，専門職としての役割によって結び付
いている方が協働関係の担保がなされやすいとされている。また，リーダーシッ
プスタイルに関しても，協働に影響を及ぼすとされている。医療スタッフは行動
指向であり，行動保健学のスタッフは仮説生成とテストへの指向性があり，これ

らは各職種のトレーニング・バックグラウンドを反映したものであるとされている（Patela, Cytryna, Shortliffeb, & Safranc, 1997）。賃金と社会的なステータスにおける違いや，組織的な境界線や根底にある偏見といった要因も，チーム形成に影響を及ぼすことも考えられる。つまるところ，協働に対する特に重大な障壁は，コラボレイティブ・ヘルスケアチームの教育と実施に必要となるリソースの制限であり，これは総合的な治療アプローチを阻害する可能性がある（Kvarnstrom, 2008）。

　コラボレイティブ・ヘルスケアの効果的な適用と実施に向けての挑戦には困難もあるが，利益の方が遥かに優るであろう。新しいワインには新たなワイン用革袋が必要であるように，生物医学から核医学，神経科学といった新興分野での知識は新たなサイエンスを創出し，患者に専門的な治療やケアを提供するための新たなモデルや構造を必要としている。家族心理学にはシステム心理学としての一面もあることから，患者の治療とケアをさらに全体的なモデルに発展させるような，新たな道筋を示す機会が用意されている。

家族司法心理学

　家族司法心理学は，家族心理学と司法心理学の両者にとっての，副次的な専門分野である。司法心理学の最新の専門的ガイドライン（Committee on the Revision of the Specialty Guidelines for Forensic Psychology, 2011）によれば，司法心理学とは「法的な問題解決に貢献する目的で心理学が適用される全ての実践」（Varela & Conroy, 2012, p.413）と定義されている。アメリカ司法心理学会（American board of forensic psychology: ABFP）では，以下のようなさらに専門的な定義付けを行っている。

　　司法心理学とは臨床心理学，カウンセリング心理学，学校心理学，さらにはAPA
　　による認定を得ている他領域で働く心理学者が，司法システムに心理学の専門的知
　　識を提供することを主たる目的に専門家として雇用ならびに意見を求められた際
　　に生じる，専門的実践を指すものである。

（ABFP, 2014, p.2）

　司法心理学が司法システムに対して専門的実践を提供する，という点がABFPの定義における重要な部分となっている。心理学者の多くは自らの臨床的な仕事

の一環として裁判所で証言を求められることもあるかもしれないが，司法心理学は専門的知識を裁判所に提供する立場にある。司法心理学は，それに特化した教育とトレーニングを必要とするものであり，司法心理学者として活動を行うには心理学の博士学位を取得してから，司法領域で5年以上かつ1,000時間以上の実習経験，100時間以上のトレーニングの経験を積まなければならない（ABFP, 2014, p.3）。必要となる能力は，包括的な知識とスキル，そして専門的な態度である。司法心理学には6つの機能があり，アセスメント，介入，コンサルテーション，調査，スーパーヴィジョン，そして行政上のマネジメントである（Varela & Conroy, 2012, p.410）。

　家族司法心理学が特に必要となる法的分野としては，子どもの親権問題や扶養問題，青少年の非行，家族経営や高齢者に起因する問題がある（Welsh, Greenberg & Graham-Howard, 2009）。上記のように，家族司法心理学は子どもの福祉と健康に関わる場面で必要となることが少なくない。例えば，子どもの親権問題では，養育時間と子どもの代理意思決定に関する紛争に関わる。アメリカでは1977年から1997年の間において，およそ200万人の子どもが家庭裁判所ならびに遺言検認裁判所に出廷しているとされている（Ackerman & Ackerman, 1997）。201名の精神保健分野の専門的評価者を対象に行った調査では，全ての評価者が両親に対する面接評価を行った経験があり，そのうちの75％の評価者は両親と子どもの両者に心理検査を用いており，心理検査を行ったうちの84％ではMMPI-2を，31％ではロールシャッハテストが用いられたという報告がされている（Hagen & Castegna, 2001）。子どもの扶養問題では児童保護サービスによって，虐待やネグレクトにより親が養育困難と判断された場合や，その虐待やネグレクトにより子どもの危険が差し迫った状態にあると思われた場合，そのケースに対する関与を行う。この際，家族司法心理学者は専門的立場からの証言，仲介，治療者，評価者，そして養育コーディネーターとしての役割を得る（Welsh, Greenberg, & Graham-Howard, 2009）。青少年の非行問題を取り扱う少年裁判所では処遇や治療に関する情報が必要となることが少なくなく，未成年者の犯罪動機，家族ストレッサー，処遇に関する専門的コメントが必要となる。その他の場合では診断や治療的アセスメント，被告人の証言能力の担保，今後のリスク評価などで関わりを有する（Welsh, Greenberg, & Graham-Howard, 2009）。

　家族司法心理学者の役割は，非常に骨の折れるものである。家族司法心理学の領域は多様な事例の評価と治療的役割に深く関わる仕事であるため，不安定な雇

用状況下で仕事をする際には作為または不作為を問わずに容易にミスを犯してしまう恐れもあり，家族司法心理学の専門家として活動するにはフルタイムでの雇用が推奨されている（Wall, 2007）。

結論：次のテーマは？

　家族心理学の特性として，システミックな認識論，専門的な基礎知識，そして臨床実践に伴った多様性が挙げられる。本章では家族心理学における，国際的で多様なコンテキスト，セックス・セラピーで扱われるような臨床領域の特異的な問題，ヘルスケアに見られる特異的な組織設計といった内容を述べた。家族心理学の専門性は，基礎研究の在り方，そして特異的な状況ならびに問題に対するシステミックな認識論の用い方を示している。専門性の発展と進化的成熟に伴って，本章に挙げたような学問的応用は，家族心理学のコアとなる部分の成長とさらなる広がりの後押しに役立つものとなるであろう。将来的にはさらなる応用領域の拡張がなされ，その領域に特異的な社会的ニーズと合致するような形で，家族心理学の新たな応用がなされるかもしれない。本書の新たな版が刊行される折には，家族心理学の多様かつ新たな応用について紹介できることが期待される。

第 10 章

家族心理学におけるトレーニング，スーパーヴィジョン，倫理

人がうまくやっているところを見つける。

——Kenneth Blanchard & Spencer Johnson

　ある専門分野が成熟するにつれて，その実践についての規範と基準が次第に構築されていく。実際，専門分野の成熟の度合いは，科学的知識，臨床的知識のみならず，トレーニングや倫理，スーパーヴィジョンの専門的基準からも読み取れるものである。これらはそれぞれの領域において，専門家の知識ベースから実践への移行を表している。専門としての家族心理学の出現と共に，職業実践へ導く倫理ガイドライン，心理学の主要学派と家族心理学のユニークな部分を両方とも組み入れた訓練プログラムなど，非常に多くの訓練ガイドラインが作成されている。臨床的スキルの訓練には，研究，実践，理論の全てを統合し治療計画にまとめる，という臨床的意思決定を学ぶための，適切な専門的実践を活用できるように，トレーニーを教育しガイドするような臨床的スーパーヴィジョンモデルが必要である。

　家族心理学の専門性は，他の心理学の分野とは異なる。なぜなら，家族心理学者はクライエントが抱える生物心理社会的問題を，ユニークな観点から捉えるよう訓練されているからである。これは，家族心理学者が他の心理学者と異なる対象を扱っているとか，家族心理学者にかかるクライエントが大きく異なるような問題を持ってくるといったことを示しているのではない。家族心理学者は，他の伝統的なトレーニングを受けた心理学者とは，その認識論が異なるのである。家族心理学者は，システミックな視点から，クライエントの問題にアプローチするよう訓練されている。システミックな視点というのは，家族やその構成要員の複雑な問題を捉えるため，従来の心理学的視点とは大きく異なる概念モデルに依拠

214

第 10 章　家族心理学におけるトレーニング，スーパーヴィジョン，倫理

しているのである。例えば，家族心理学者は，相互作用，自己組織性，複雑性，適応性，社会構成主義など，鍵となるいくつかのシステミックな概念を利用するよう訓練されている（Nutt & Stanton, 2008）。クライエントが家族，カップル，個人であるかどうかに関わらず，クライエントが直面している問題が，家族やシステムの機能に交わっている場合には，それに対応するための特別な概念モデルと，それに基づいた介入が必要である。

　このような理由で，家族心理学における専門的なトレーニング，独自に調整された倫理指針，システミックな視点によるスーパーヴィジョン実践は，一般的なカウンセリングや臨床心理トレーニングプログラムで提供されているものとは全く異なるのである。例えば，胸が痛い時に，心臓病理学について特別に訓練されていない医師のところに受診しようとする人はいないだろう。多くの臨床心理学者，ソーシャルワーカー，メンタルヘルスカウンセラーは，個人の問題でうまくいった方法を，そのままカップルや家族の問題にも流用してしまっている。残念なことに，心臓病理学は独自の知識体系，特化したリサーチツール，意図的な臨床的介入を必要とする専門的な分野なのである。それと同様に，家族実践における倫理は，個人に対する他の伝統的な治療法における倫理とは異なるのである。誰（個人，カップル，家族）がクライエントで，その時守秘義務はどのようにカップルや家族メンバーとの間で扱うべきだろうか？　このように，家族心理学の実践では，他の領域とは異なる特有の倫理的・法的配慮について学ぶ必要がある。家族心理学者は，親権や面会訪問などに関する法律や規則について，よく知っていなければならない。例えば，子ども，配偶者，そして高齢者への虐待に対する際の，弁護士との倫理的関係についてなどである。司法分野での勤務を望む場合は，家族心理学者は家族司法心理学についてのトレーニングを受けなければならない。スーパーヴィジョンの際には，同様のシステミックな視点が必要不可欠である。以上により，他の心理学者が家族やカップルを対象とすることがあるとはいえ，家族やカップルについての教授学習トレーニングの深さや幅，そして治療についての専門知識は，家族心理学者のそれには匹敵しないのである。

　本章での目的は，家族心理学という分野における３つの重要な領域，すなわち，専門的トレーニング，倫理，臨床的スーパーヴィジョンについて概観することである。これらの領域全てにおいて，システミックな認識論が重要な基本的原理である。システミックな認識論は，複雑で多次元的なコンテキストの中で実践し，倫理的に行動し，専門的な臨床的スーパーヴィジョンを受けた家族心理学者を養

215

成するための，非常に重要な基本的原理である。訓練を積んだ家族心理学者は，カップルや家族の問題における最良の実践者なのである。

家族心理学におけるトレーニング

家族心理学の教育とトレーニングは，臨床心理学（例えば，行動，発達，異常，学習，認知などの生物学的基盤）のトレーニングを基盤にして構築されているが，システム心理学と，多次元的システム理論分野のユニークな側面を捉えるため，伝統的な教授学習やトレーニングを発展させた形で構築されている。システミックな考え方を，臨床心理学やカウンセリングの中心領域（例えば，行動，発達など）に用いることは，見かけよりも発展が困難である。例えば，ロチェスター大学の家族心理学の2年間の博士課程フェローシップでは，その1年間をシステム心理学のパラダイムからアセスメント，診断，治療法を検討することに割いている（McDaniel, 2010）。システミックに物事を捉えるには，努力と献身，そして時間が必要なのである。加えて，システミックに物事を考えるために，以下のことについて家族心理学者は訓練されている。

- 生物学的基礎。家族システムは，そのメンバーとなる個人が集まって形成されるが，その個人の行動は**生物学的基盤**に基づいている。解剖学と生理学の基礎理論と，行動の決定要因としての生物学的，個人間，家族，環境的（社会的）要因との相互作用を理解することは必要不可欠である。家族心理学に最も関連する特定の分野とは，家族の相互作用，発達障害，および器質的問題に由来する心理的問題への，薬物治療の効果および神経心理学的問題の影響であろう。もう1つの重要な分野は，慢性疾患や長期的障害が持つ家族への影響であろう。セクシュアリティと性的機能障害の生物学的要素などの，母親と父親の育児における生物学的問題についての最新の科学的知識は，家族心理学にとって必要不可欠である。
- 行動の社会的基盤。家族は，より大きな社会システムに内包された社会システムである。家族心理学者は，社会システムとその相互作用を支配する原理を理解することが重要である。したがって，行動の社会的基盤についての科学的基礎知識は，家族心理学者にとって特に重要である。例えば，社会的影響理論，帰属理論，態度変容，対人魅力，少数派影響，原家族の力動，感情の三角形，機能不全と家族機能不全，関係パターンの多世代伝達，介入としてのジェノグラムの影響についての知識は必要不可欠である。10代のギャング，暴力や虐待，養育と継親の養育，学校問題などは，行動の社会的基盤が適用できる一例であろう。

第 10 章　家族心理学におけるトレーニング，スーパーヴィジョン，倫理

- 個々の違い。個人や家族またはその他の社会システムの心理的機能は相互作用的なものである。その相互作用を理解するには，発達や人格機能，個人精神病理学の科学的基礎を徹底的に理解している必要がある。さらに，家族心理学者が自分自身のパーソナルな変化への抵抗に直面することは，病理的なクライエントを避けるのに役立つ。家族心理学者が自らの家族に向き合うことで謙虚さを獲得し，クライエント家族の良し悪しを判断したり，家族メンバーの一人を悪者にしたりしない姿勢を養成することができるのである。ある家族メンバー一人を悪者にしないという能力は，システミックな視点を獲得することの本質である。

- 歴史とシステム。家族心理学者は，心理学の哲学的および歴史的起源と，現代心理学を形成した視点について，精通していなければならない。したがって，家族心理学者は，心理学に関連するさまざまな学問領域や，それらが現代の心理臨床実践に与えた影響について，学んでいる必要がある。歴史とシステムのコンテキストの中で，家族心理学は，経験主義，システム的思考，心理療法の統合から立ち現れるものと見なすことができるだろう。

- アセスメント。家族のアセスメントには，個人の測定やテスト・バッテリーを超えてアセスメントする能力が必要である。家族心理学者は，新たな検査を構築したり，既存の尺度を使用して家族機能を測定したり，実証研究を実施したり，検査結果を分析し，解釈できなければならない。家族機能を評価するには，現在の関係パターンの機能と，先代の関係パターンの両方をアセスメントする能力が必要である。家族の情緒的親密性，結び付き，そして葛藤を処理することは，世代を超えて関係パターンがどのように伝達されているかをアセスメントするのと同様に，家族心理学者の役割の中心である。家族心理学では，家族システムや，より上位のシステムが健康で機能的であるのか，不健全で機能不全であるのかを評価できるような一連のカテゴリーが存在すると仮定している。またアセスメントは，機能不全のタイプを記述することもある。家族心理学におけるさまざまな流派は，各派それぞれの理論的観点から問題を捉える。家族や集団の構造に焦点を当てるものもあれば，症状を維持する連続性に焦点を当てるものもある。他の流派では，コミュニケーション，パターン，凝集性，愛情などの要因を見る。全体として，家族心理学者は，多くの状況や問題で機能不全を評価できなければならない。

　　家族心理学におけるコンピテンシー。コンピテンシーには，基本的領域と機能的領域の両方の態度，行動，スキルが含まれる。基礎的領域には，そのトレーニーの専門性，反省的な実践，科学的知識と方法，関係性，個人と文化の多様性，倫理的および法的基準，政策と学際的システムのレベルの評価が含まれる。機能

的コンピテンシーには，アセスメント，介入，コンサルテーション，研究／評価，スーパーヴィジョン，教育，管理運営，およびアドボカシーが含まれる（Kaslow, Grus, Campbell, Fouad, Hatcher, & Rodolfa, 2009）。

　家族心理学に特化した既存の博士課程の心理学プログラムは，学生の能力を測定するためのさまざまな仕組みを採用している。学生は，National Council of Schools and Programs of Professional Psychology（Peterson, Peterson, Abrams, & Stricker, 1997）によって定義されている主要な臨床能力において，一定の基準に達する必要がある。家族心理学の能力は，8つの家族特有の領域（Kaslow, Celano & Stanton, 2005）から評価される。その領域というのは，科学的知識の実践への適用，心理的アセスメント，心理的介入，コンサルテーションと多職種連携，スーパーヴィジョン，専門性の発達，倫理的および法的問題，そして個人的および文化的多様性である。これらの能力は，書面および口頭の包括的な試験，臨床論文，その教科における主題を扱った課題や試験，および家族心理学の知識獲得を反映するケースの概念化によって評価される。

　実習，インターンシップ，ポストドクターフェローシップ。教育と訓練は，教訓的要素と経験的要素の両方を重視している。教授法は奨励されており，教育の授業だけでなく，実践，インターンシップ，ポストドクターフェローシップにも取り入れられている。同様に，経験的訓練も教育的な実践やインターンシップ，およびポストドクター環境でも取り入れられている。システミックな視点を醸成することの困難さと家族心理学者が扱うクライエントの多さゆえに，家族心理学における高度なトレーニングでは，他の典型的な心理学分野よりも，より多くのライブ・スーパーヴィジョンを必要とする。このスーパーヴィジョンモデルの開発とその有効性を評価する研究は，家族心理学にとって非常に重要である。

　家族心理学を学ぶ学生には多くの場合，症例をシステマティックに概念化し，カップルや家族へ直接介入するような臨床現場で働く機会が与えられる。多方面の知識を持つ人材育成に向けたトレーニングを提供する博士課程インターンシップの間，家族心理学を学ぶ学生はカップルや家族についての仕事が含まれていたり，家族心理学に特化したインターンシップを探し求めるだろう。家族心理学に特化した典型的な1年間のフルタイムの博士課程インターンシップでは，臨床経験と教授学習のバランスが取れていなければならない。博士課程インターンシップでは，家族心理学の実践に向けて理論と研究を統合することに重点を置く必要がある。加えて，応用心理学，特に家族心理学では，理論と研究と実践の統合は，

博士課程インターンシップの専門性の社会化に向けて中心的に扱われる必要がある。インターンでは，カップルや家族のアセスメントや介入について，多様な臨床経験が提供される必要がある。さらに，インターンでは個人内および個人間の精神病理や器質的問題についての，アセスメントと治療のトレーニングの機会が提供される必要がある。また，個人およびグループでのスーパーヴィジョンの両方が提供される必要がある。口頭でのケース報告にこだわらず，ワンウェイ・ミラーや，コ・セラピー，またはビデオテープを用いたスーパーヴィジョンが好ましい。インターン生にとって重要なセミナーの主要トピックに加えて，インターンシップレベルでの家族心理学の訓練には，個人，カップル，家族，およびグループといった，家族およびシステムに焦点化したワークが含まれていなければならない。このようなセミナーには，多様なカップルや家族の臨床的アセスメント，理論主導の臨床的介入，家族プロセスと効果研究などのトピックが含まれるべきだろう。ライブ・スーパーヴィジョン家族療法セミナーが強く推奨される。

　行動のシステミックな性質を理解することは難しい。なぜなら，私たちは他人の行動は特定の原因から誘発されるものとして，日常的に経験するためである。したがって，システミックな視点を醸成することは，反直感的なものである。システミックな原理は初歩的なレベルであれば，読書や教授学習によって教えることができる。しかし，より高度なレベルでは，そのトレーニングは経験的でなければならない。家族心理学者にとって高度で科学的かつ理論的な基盤を提供するために使用される2つの経験的訓練技法とは，学生自身の原家族についてのワークと，家族や大規模なシステムについてのライブ・スーパーヴィジョンである。

　自身の原家族についてのワークによって，感情の三角形，機能不全／過剰機能しているカップル，そして関係パターンの多世代伝達など，家族システムの概念について具体的な経験が得られる。精神分析の訓練でも，トレーニーが自分自身についてワークする必要がある。しかし，原家族についてのワークは，トレーニーが思っているのとは違う種類のものである。原家族についてのワークは，単にセラピストのオフィスで家族について話すというのではなく，家族や拡大家族についての対話的なインタビューを必要とするのである。原家族についてのワークでは，内的精神プロセスではなく，関係性のパターンに焦点が当てられる。例えば，密着と遊離，三角関係化，連合，コミュニケーションのパターンなどである。

　自身の家族についてのワークに加えて，家族心理学の初学者には臨床実践において高度で科学的かつ理論的な知識を身につけるための，幅広いスーパーヴィジ

ョンが必要である。家族に対して臨床実践をする際には，家族の複数のメンバーがいることで簡単に圧倒されてしまうものである。家族内葛藤が高まり，メンバーが犠牲になりうるのである。経験の浅い家族療法家は，家族システムの強力な働きによって状況を悪化させてしまうことがある。ライブ・スーパーヴィジョンは，家族療法の初学者のセーフティネットとして機能するものであり，家族心理学では他の専門分野に比べてよく用いられている。ライブ・スーパーヴィジョンには，ワンウェイ・ミラー越しにセッションを観察するスーパーヴァイザーや，時には他の学生や同僚が必要である。クライエントは，ミラー越しに観察されることを知らされ，通常は「チーム」が入るミラーの奥の部屋を見ることができる。一部のトレーニング施設では，チームも家族に紹介される。チームの人間は，セラピストに他の質問を行うように提案したり，直接家族へメッセージを伝えるために，電話を使ってセッションに参加することができる。このような形態でのスーパーヴィジョンでは，"チーム"はコ・セラピストの一人となるのである。より経験豊富な家族心理学者になるにつれて，スーパーヴィジョンはセッションのビデオテープに変更されるようになる。

　家族心理学者がより大きなシステムに対応する際には，トレーニーがバックヤードに，より経験豊富な家族心理学者が面接室に，というように役割を交換する。例えば，家族と学校のコンサルテーションや家族専門医との連携などでは，通常，訓練には1年間の経験豊富な家族心理学者の陪席と観察が含まれている。トレーニーはより経験豊富な家族心理学者と共にコ・コンサルタントとして働き，セラピーではコ・セラピストとして働くかもしれない。共同コンサルティングは，家族心理学の初学者がライブ・スーパーヴィジョンを受けることができる場を提供するのである。

　ポストドクター訓練は，博士課程在学者がAPA/CPAまたはASPPB/National Registerによって指定されたプログラムから，心理学の博士号を取得することを前提としている。在留の申請者については，臨床，カウンセリング，または学校心理学に関する博士号を取得しており，家族／児童心理学について，指定の授業を履修し，インターンシップ経験があることを想定している。申請者が上記の分野の博士号を取得していない場合は，再度専門的なプログラムを受けなければならない。さらに在留申請者については，APA/CPA，もしくはthe Association of Psychology Postdoctoral and Internship Centersによる認定を受けた博士課程インターンシップの修了が想定されている。家族心理学についてのポストドクター

訓練プログラムでは，申請者の能力をプログラムや他の学術／臨床的場で直接的に査定できるものの，明確な基準と手続きによって，応用心理学の基礎分野における能力を査定している。プログラムの入学条件によっては，志願者が少ない場合に追加補充されることがある（Williams, Kaslow, & Grossman, 1994）。専門性の習熟を徹底するには，家族心理学のフルタイムのポストドクターとしての在籍（1年または2年），またはポストドクターとしての派遣（2～4年）が必要である。在籍経験の性質と期間は，家族心理学における事前訓練の性質と量によって部分的に決定される。（例えば，家族心理学の集中した訓練を受けていない者は，家族心理学に関する教育の不足を補うため，より長い訓練期間を要求されたり，臨床や教授学習，研究訓練等を含む，集中的なポストドクター訓練を課されたりするだろう。）

進行中の週1回の臨床的スーパーヴィジョンに加えて，可能であればワンウェイ・ミラー，ビデオテープ，および／または共同セラピーを併用するのが，家族心理学におけるポストドクター訓練のために提案されたモデルである（Williams, Kaslow, & Grossman, 1994）。訓練では，（1）家族心理学における専門的および倫理的問題，（2）夫婦および家族システム理論，（3）家族心理学におけるアセスメント，（4）カップルおよび家族介入スキルと戦略，（5）教育的スキル，（6）セックス・セラピー，（7）家族に関する法律，（8）家族研究，（9）スーパーヴィジョンとコンサルテーション，（10）マネジメント（管理），といったものが行われる。

家族心理学におけるスーパーヴィジョン

スーパーヴィジョンの目的は，初学者が有能で実用的な査定者，診断者，臨床家になることができるように養成し，家族心理学者としてのコンピテンスを成長・維持し続けるのを助けることである。コンピテンスは，"コミュニケーション，知識，技術，臨床的推論，感情，価値の習慣的で賢明な使用，そして，個人およびコミュニティによって有用な利益のための日々の実践の反映"と定義されている（Epstein & Hundert, 2002, p.226）。近年，心理学の教育とトレーニングは主に，コンピテンスの概念を中心に構成されており，コンピテンスベースのスーパーヴィジョンに対するアプローチは，一般化された"プロセスの開発，改善，実行，評価の方法の枠組みと，スーパーヴィジョンの効果"を提供する（Falender & Shafranske, 2004, p.20）。

スーパーヴィジョンには数多くのアプローチがある。これらの全ては，スーパーヴァイジーがスーパーヴァイザーへ十分な情報を提供できることで，トレーナーからトレーニーへ知識とスキルが十分に伝達され，コンサルテーションの元で事例について適切な治療とケアが提供される，という考え方に基づいて構築されたものである。心理療法に基づくアプローチでは，特に理論的分野において，スーパーヴァイザーがスーパーヴァイジーを訓練するということが優勢となっている（Frawley-O'Dea & Sarnat, 2001; Milne & James, 2000; Mahrer & Boulet, 1997; Storm, Todd, Sprenkle, & Morgan, 2001）。開発モデルは，スーパーヴァイジーにとって独立に向かうための自律性が高まるように構成されている（Falender & Schafranske, 2004）。識別モデルなどのプロセスベースのモデルは，プロセス，概念化，個人化スキルの開発，および専門的行動を重視する（Bernard, 1997; Lanning, 1986）。一方，Holloway（1995）は，プロセスと結果に影響する，スーパーヴァイザーとスーパーヴァイジーの関係性に内在するさまざまな要因を結び付けたシステムモデルを提唱した。Falender & Schafranske（2004, p.18）は「クライエント，スーパーヴァイザー，トレーニー，施設の要因やその機能，スーパーヴィジョンの職務は，全てその他の要因と相互作用し，スーパーヴィジョンにおける関係性に影響を与える」と述べている。この枠組みの中で，臨床家は，個々のトレーニーが独自の特徴や，目標，目的を持ち，スーパーヴァイザーとスーパーヴァイジーの関係性の発展を明確に重視する必要があることを理解するのである。

　最も良い家族心理学におけるスーパーヴィジョンは，理論，実践，研究間の帰納的性質を含むものである。スーパーヴィジョンはスキルの獲得と向上に役立つ。そしてそれはクライエントのニーズを満たすために必要な臨床的ツールである。しかし，Nichols（1988）は，家族心理学のスーパーヴィジョンは，治療において技術を適用すること以上のものであると示唆している。家族心理学のスーパーヴィジョンは，人間の行動の研究と調査を含むのである。つまり，家族心理学のスーパーヴィジョンプロセスには，スーパーヴァイザーがシステミックな繋がりとして認識している理論・実践・研究が含まれている。そして，トレーニーがクライエントへの最良のケアを保証する方法として，関連する研究や理論が利用できるように指導することが含まれている。訓練と学問の繋がりは，トレーニーが能力のある臨床家として成長し発達し続けるのに役立つ。この同様の帰納的効果は，異なる理論的基盤がスーパーヴィジョンの仕方に影響するという事実を反映

しながら，セラピストとスーパーヴァイザーの関係においても作用しているのである（McDaniel, Weber, & McKeever, 1983）。

　全ての熟練したスーパーヴァイザーが，そのオリエンテーションに関係なく共通して持っている家族心理学におけるスーパーヴィジョンの特徴，特に，成長志向という家族心理学の態度を定義する7つのスーパーヴィジョンの機能がある。それは，システミックな視点，アイソモーフィズム，スーパーヴァイジーの家族投影プロセス，倫理，弁証法，発達，共有学習者モデル，である。家族心理学におけるスーパーヴィジョンとは，

- システミックである。システムの観点を用いると，独立した各存在間の関係性について捉えることができる。関係性は，人間の相互作用プロセスと関連しており，スーパーヴィジョンはセラピーと同様に，さまざまな意味が共有された関係性コンテキストである(Anderson & Goolishian, 1988)。システムとは入れ子構造になったもので，それぞれが互いに影響を与え合うものである。クライエントシステムは，セラピスト／クライエントシステムのサブシステムである。そしてセラピスト／クライエントシステムは，それ自体がスーパーヴァイザー／セラピスト／クライエントシステムのサブシステムである。これらのシステムのそれぞれは，他のシステムに影響を与え，分割して捉えることができないものである。Nichols（1988）は，スーパーヴァイジーの自身の原家族や，拡大家族，社会システムについての人生経験が，システミックな教育の基礎をなす，と述べている。彼は，"それらの経験とその痕跡は，個人や家族ライフサイクルにおける現在の関与の影響と共に，理論や家族との治療的関与に反する形でモザイクを形成し，トレーニー自身の臨床活動を通して認識・解釈されるものである"（p.111）と述べている。もちろん，過去と現在のどちらが重視されているかについては議論があるが，それらの要素が訓練のシステミックなパラダイムの一部であるということについては，ほとんど議論はない。
- アイソモーフィックである。アイソモーフィックという言葉は以下のような場合に用いられる。"一方の構造の各部分に他方の構造に対応する部分が存在するように，2つの複合構造を互いにマッピングする。そして，「対応する」部分というのは，2つの部分がそれぞれの構造において同様の役割を果たすことを意味する"(Hofstadter, 1979, p.49)。家族心理学のスーパーヴィジョンには，セラピストとクライエント間の関係性が存在し，スーパーヴァイザー，セラピスト，クライエントシステムは相互に繋がり影響し合っている，ということが一般的に認識されている。訓練とセラピーは帰納的に相互作用し，時間と共に進化し，アイソモーフィックに関連する他のコンテキスト内でのサブシステムでもある（Liddle & Saba, 1985）。アイソモー

フィズムの重要性は誇張できない。Schwartzman & Kneifel（1985）は，「家族のパターンは，支援レベルでこれらの問題を繰り返す治療／サービスシステムによっては解決されない」と述べている（p.104）。

・ **コンテキスト的**である。コンテキスト的な変数とは "スーパーヴァイザー，スーパーヴァイジーおよびクライエントの現在の側面，およびスーパーヴィジョンと治療が行われる環境についてのユニークな側面"（Storm et al., 1997, p.9）と定義することができる。コンテキスト的な変数は，多文化性，民族性，性別，年齢，価値観，宗教的な違いから，セラピストとスーパーヴァイザー間のオリエンテーションの違いにまで及ぶ。これらの変数は，治療とスーパーヴィジョンが行われる方法に影響を及ぼす。スーパーヴァイザーは，スーパーヴァイザー／セラピスト／クライエントのシステムに影響を及ぼす多くの変数に敏感でなければならない。家族心理学の中心であるスーパーヴィジョンについて，Constantine（1976）は，家族心理学者は作られるものではなく，成長するものである，と述べている。成長には，時間，忍耐，育成，構造，励まし，スーパーヴィジョンプロセスへの揺るぎない信頼が必要である。テクニックと勉強を超えること，すなわち関係性が成長の最も重要な要素である。Fairbairn が述べたように，もし精神病理が関係性の崩壊の結果もたらされるものであるなら，健康な状態は関係性の修復によってもたらされる（Delisle, 2011）。Buber は，"私" という人間の人間性は，"私たち" の関係性の中から現れ出てくるものである，と述べている。個人の健康は，個人間の関係性の健康の結果として現れ出てくるものである（Kramer, 2003）。心理療法は，エビデンスに基づく治療技術の使用であるのと同じように，セラピストとクライエントのシステムにおける健康を促進することでもあるのである。心理療法とは，セラピストが，クライエントに対して，クライエントがこれまでにされたことのない方法で向き合うことである。

・ **偶発性**。新しいクライエントの対応には，適切な感情処理，新しい認知，新しい行動が必要であり，これらによって，クライエントが置かれている関係性の世界を概観することができる。責任を持って治療的に関わるスキルというのは，次第に獲得されていくものである。また，それはスーパーヴァイザーとセラピストの関係性の中で初めに経験され，次第にクライエントとセラピストの関係性にも広がっていくものである。成長を目標としたスーパーヴィジョンは，セラピストの逆転移の問題を明らかにする。スーパーヴァイジーは無意識のうちに，臨床場面で会う家族に特定の反応を返しており，それはスーパーヴァイジーの原家族と同じような力動を誘発したり，繰り返させたりするのである（Halperin, 1991）。スーパーヴィジョンは，スーパーヴァイジーの，クライエントシステムの力動への反応について明らかにするものである。たとえスーパーヴァイジーの無意識がその反応を操作しようと

したとしても，それを明らかにするものである（Nichols & Everett, 1986）。Framo（1965）は，家族のドラマに巻き込まれないことはほとんど不可能だと指摘している。

- **個人間である。** 治療的姿勢を維持するために，スーパーヴァイジーは，彼ら自身の人生における，隠された動機や問題について向き合う必要がある。それらは治療プロセスに影響するものである。スーパーヴィジョンで扱われる問題の中には，権力，理想化，自尊心，コンピテンス，満たされない気持ちなどがある。スーパーヴィジョンでは，転移，逆転移，投影性同一視の問題を考慮して，スーパーヴァイザーとスーパーヴァイジー間の直近の関係性について検討する。Ferber, Mendelsohn, & Napier（1972）は，スーパーヴァイザーのやるべきことは，スーパーヴァイジー自身の家族の問題を解決するのを助けることではなく，彼らがその問題に対処できるよう指導し，そして面接室でのやり取りに，彼ら自身の家族が影響しているということに気付かせてやることである，と述べている。

- **弁証法とは，** ヘーゲル哲学における西洋哲学にルーツを持つ概念である。一つの概念がテーゼ（命題）であり，それは，もう一つの一見矛盾するアンチテーゼ（反対命題）という概念に対抗する形で働く，というものである。この目的は，概念同士の統合により，新たな概念を生成することで，真理や有効なものを発見することである。例えば，関係性プロセスや理論的内容は，心理療法においては比較的独立した概念同士であるが，もしそれらが統合された場合には，効果的な治療のための複雑な骨組みを提供するだろう。研究と実践は，心理学分野では互いに独立した要素として見なされがちであるが，それらが統合された時には，科学実践者の途切れることのない後ろ盾として機能するだろう。科学とアートは，一般的に独立した学問的な取り組みであるが，アートの基盤は科学（数学や音楽など）であり，同様に科学も人間の感情に触れることがなければ，無味乾燥なものである。エビデンスに基づく科学は，人類が抱える問題に最新の研究結果をもたらした。また，エビデンスに基づく実践は，全ての個人，関係性，および家族がセラピーに持ち込むものに関するユニークな側面について焦点を当てた。成長指向のスーパーヴァイザーは，動的緊張状態においても心理学の異なる要素を保持し，そしてスーパーヴァイジーが同じことができるように手助けしなければならない。それは明快さを得るために混沌の中に居続けることを学び，最良のエビデンスに基づく実践を提供するために，相反する形の緊張状態を穏やかに保ち続けることである。

- **発達的である。** スーパーヴィジョンの主な任務は，スーパーヴァイジーを依存的状態から，自律的状態へと変化するのを促進することである（Hess, 1986）。Watkins（1992）は，心理学のスーパーヴァイジーの自律性／依存性には4つのタイプがあることを述べた。また，トレーニーが心理学の専門家として生きていくための準備

としての教育の主な任務について述べている。スーパーヴァイザーは，安全基地を育むために，スーパーヴァイジーとの関係性について気を付ける必要がある。スーパーヴァイザーは，教育と励ましを促しつつ，初めのうちはより指示的に行う。これは，スーパーヴァイジーのニーズとして認知的，行動的，そして情緒的に合致するものである。スーパーヴァイザーは，スーパーヴァイジーとの関係性の中で，スーパーヴァイジーの科学的で応用的な活動に対して，反応はせず，不安を与えない行動を取る。スーパーヴァイジーが自信を獲得するにつれて，彼らは発達理論の中で訓練期と呼ばれる段階に移行する。これは，スーパーヴァイザーがスーパーヴァイジーに対して "枠組みの外のことについて考える" こと，すなわち，スーパーヴァイジー自身が共感している人物の考え方や実践について探索することを支える時期である。スーパーヴァイザーは，挑戦を促しながらも，倫理的，専門的な方向性を指導することが重要である。そのような中で，スーパーヴァイジーは心理学の専門家としてのアイデンティティ感覚を獲得していき，そして転移／逆転移の問題について認識し対処する能力を獲得していくだろう。

　成長に焦点を当てているため，スーパーヴァイザーとセラピスト間には上下関係が生まれる。スーパーヴァイザー／スーパーヴァイジー関係に内在する勢力の問題についてこれまでに議論されている。Ackerman（1973）は，関係は平等であるべきだと考えたが，困難さもある事を認識している。Ard（1973）などの他の研究者は，訓練の初期段階でのより階層的な段階から，セラピストが専門的に習熟し，より公平な関係に至るまでの発達段階モデルを提案している。Nichols（1988）は，より階層的なアプローチを提唱しているが，スーパーヴァイザーは，スーパーヴァイジーと対等な立場で関わる方法を見つけ出すべきだと考えている。例えば，Ackerman（1973）は，スーパーヴィジョンにおけるスーパーヴァイザーの重要なツールは，スーパーヴァイジーの経験を理解する能力，すなわち共感であると主張している。スーパーヴァイザーは，評価プロセスを減らし，"スーパーヴァイジーが良いセラピストになる可能性を秘めていると信じている" ということをコミュニケーションによって伝え，評価プロセスを人間味のあるものにすることも可能である。そうすることで，スーパーヴァイジーは自身の至らない部分よりも自身の強みを探ることができ，自身の悪い習慣ではなく自身の学習スタイルに適応させることができるのである。スーパーヴァイザーは，スーパーヴァイジーのアイデンティティ感覚は，彼らの能力だけによって左右されているのではない，ということを伝えることもできる。またスーパーヴァイザーは，間

違いが起きることも，成長していくことも予想できると伝えることができる。セラピーで用いられている技術は，トレーニングでも用いられる。その技術というのは，モデリングや自己開示，リフレーミングや再焦点化，そして人生における家族のパターンを明確化するために，過去と現在について探索することなどである（Sullivan, 1954）。スーパーヴァイザーは，スーパーヴィジョンの中で共有される情報において，構造を強いるかもしれない期待から解放された心を保ちながら，スーパーヴィジョンのための枠組みと構造を提供するべきである。スーパーヴァイザーは，スーパーヴァイジーが安心して居れるように働きかけ，信頼できる感覚を築くべきである。専門家になるプロセスを辿っているスーパーヴァイジーをスーパーヴァイザーは励まし，自分が何者であるかを表すオリエンテーションを明確にし，その知識や技能を高めて行くことを支援すべきである。スーパーヴァイザーは，スーパーヴァイジーの自律性に敬意を払うべきであり，その態度というのは事前に知ることや，共感や中立さ，非指示的態度よりもむしろ，理解しようとすることに特徴付けられる。Palmer（1998）は，教師／トレーナーと学生／研修生の間の共有学習モデルを提唱した。このモデルでは，教師の役割を担う者はいるが，学生と教師の両方が，学習者としての役割を持っている。スーパーヴァイザーは，スーパーヴァイジー自身の人生については，スーパーヴァイジー自身がそのエキスパートであることを理解している。スーパーヴァイザーは，セラピストとして成長するための方法を発見するため，共同学習者として関わる。このモデルは，クライエント自身が，クライエント自身の専門家であるという考えを提示するものである。このような訓練は，上下関係を排除することなく，スーパーヴァイザーとスーパーヴァイジー間の勢力差の影響を軽減するのに役立つものである。

エビデンスに基づくスーパーヴィジョン。エビデンスに基づく実践の出現と共に，臨床的スーパーヴィジョンのプロセスもまた変化している。Sexton（2010）と Sexton, Alexander, & Gillman（2004）は，エビデンスに基づくモデル（中核となる"基準"と関係性の変化プロセスの目標としてのモデル）の中でどのようにスーパーヴィジョンが変化したかについて概観している。彼らは，エビデンスに基づく治療モデルの一つである FFT でのスーパーヴィジョンプロセスについて，焦点を当てている。しかし，そのモデルはエビデンスに基づく治療モデルが用いられた時に，臨床的スーパーヴィジョンはどのように変化，調整されたのかということを示す。概説すると，このモデルというのは，遵守（優れた臨床スキル）

と，能力（それらのスキルを，クライエントとモデルにマッチする形で適用すること）の成長を可能にするものである。

- モデルに焦点を当てる。これは質の保証と改善を第一基盤とした臨床モデル（その中心的原則と臨床実施計画）である。したがって，それはセラピストが評価される尺度であり，スーパーヴァイザーが全ての介入において目指すものでもある。スーパーヴィジョンは，モデルの遵守（モデルが示した目標と介入戦略）と，それらの目標を達成し，それらの治療戦略を使用する能力へ着目する。
- 関係性。スーパーヴァイザーとセラピスト個人，そしてセラピストのワーキンググループ間の関係性プロセスは，スーパーヴィジョンモデルの段階的性質に反映されるものである。関係性プロセスは，個人の尊重に基づくものである。それは，各セラピストの独自の違いや強み，そして特徴を認めることである。加えて，同じ目的に向けて，スーパーヴァイザーとセラピストが協力する，という同盟関係の上に構築されるものが関係性プロセスである。
- マルチシステム。スーパーヴィジョンには，複数の領域にわたる注意と行動が求められる。その複数の領域というのは，セラピスト，サービス提供システム，ワーキンググループなどである。
- 相動性。スーパーヴィジョンプロセスは，治療段階と並行して，刻々と展開するものである。各段階には変化メカニズムに関連した段階毎の目標があり，スーパーヴァイザーの介入は，ほとんどがそれらの変化メカニズムを活性化するものである。
- データもしくはエビデンスに基づく。特定のスーパーヴィジョン介入と目標は，セラピストのサービス提供パターンの観察と，遵守と能力に関連するセラピストの行動の検討に基づいている。観察，目標設定，最終的な介入は，複数の情報源と視点から得られたデータを用いるものである。スーパーヴィジョンプロセスの各段階を通して，スーパーヴァイザーはワーキンググループの遵守，能力，成長状況を継続的にアセスメントする。

家族心理学における倫理

　家族心理学には特有の倫理的問題やジレンマがある。家族心理学者は，クライエントシステムにおける以下のような問題に対する時，倫理的判断を行うためにAPAの根本方針はもちろん，それに関連する規定を遵守する必要がある。その問題というのは，（1）誰がクライエントであるのかという判断，（2）守秘義務，（3）情報開示，である。ここでは，私たちが家族心理学の実践においてしばしば経験するであろう，ユニークな倫理的問題のいくつかについて簡潔に論じる。

第10章　家族心理学におけるトレーニング，スーパーヴィジョン，倫理

1．クライエントを決定する。家族心理学者は，家族単位または家族単位内の各個人
　との治療同盟関係に入る前に，セラピスト自身が，システミックなセラピーをどの
　ように見ているかについて自覚しなければならない。APAの2002年の倫理規定
　（p.15）では，以下のように述べられている。心理学者が関係を持つ複数の人（配偶
　者，重要な他者，親や子どもなど）にサービスを提供することに同意する場合，ま
　ず最初に（1）どの人物がクライエント／患者であるのか，（2）心理学者が各人
　物と持つ関係性，の2点について合理的な手続きを踏む必要がある。

　心理学者は最重要のクライエントとなりそうな人物は誰なのかを判断する必要
がある。そこで，ある問題に答える必要がある。それは，クライエントはユニット
または家族全体としてのカップルになるのか，また家族のメンバーは，クライエ
ント個人，もしくはクライエント二者関係の協働的サポートとして役に立つのか，
という問題である（Dishion & Stormshak, 2007; Fisher, 2003; Lambert, 2011）。
少なくとも，セラピストは，ある家族の改善が他の家族の犠牲の下で起こらない
ようにする必要がある（Snyder & Doss, 2005）。
　夫婦・家族療法家は，常に家族の関係性を見ている一方で，常に家族はクライ
エントであると考えている。例えば，夫婦・家族療法家は，子どもの行動化を
家族内力動の視点から捉え，その視点に基づいて治療的に扱っていくだろう。実
際，家族療法家の中には家族全体だけを見ている者もいる（Napier & Whitaker,
1978）。子ども個人が問題として見られているのか，両親がカップル間のことで
問題として見られているのか，それとも家族全体が問題として見られているのか。
家族はクライエントであり，夫婦・家族療法家はその家族全体を支持するのであ
る。戦略的でない限り，家族内の個人を支持することは，夫婦や家族の視点から
効果的なシステム治療の進行を歪めることに繋がる。
　一方，家族心理学では，より伝統的な心理学的視点からもクライエントを捉え
る。例えば，セラピストが行動化している子どもを捉える時，セラピストは複数
の生態学的レベルでアセスメントし，その判断に応じて，その子どもを個人クラ
イエントとして見るかどうか，そして両親もしくは家族全員と会うかどうかを決
定する。もし，セラピストが子どもを個別的に捉え，子どもを扱うためのきっか
けとしてのペアレント・トレーニングのために彼らの両親に会うならば，その子
どもは個人のクライエントであり続けるのである。しかしながら，もしセラピス

229

トがシステミックなアセスメントから，子どもの行動化の第一要因が，両親の不和であるという関係性的な判断をしたならば，セラピーのために子どもよりも夫婦と会うことを選択するだろう。そうなると，クライエントは子どもから夫婦関係へと移行するのである。しかし，もし心理学者がセラピーのために子どもと両親の両方と会うことを決めたなら，セラピストはほとんどのケースで子どもを個人（子どもが彼らの最初のクライエントである）と捉え，両親を子どもの治療のサポーターとして捉えるか，あるいは両親を他のセラピストに紹介するだろう。

　Snyder & Doss（2005）は，誰がクライエントであるのかを決定する際に直面する倫理的ジレンマを防ぐために，心理学者が取ることができる4つのアプローチを提案している。第1に，心理学者は各家族メンバーを，個々のクライエントのように扱うことができる。セラピストは家族の一人と会おうとし，もし他の家族メンバーが会うことを望んだとするならば，そのメンバーは他のセラピストに紹介されるだろう。第2に，心理学者は，夫婦や家族全体のシステムをクライエントと見なし，単一の個人との連携を拒否することができ，そして，治療のために夫婦関係や家族関係だけに焦点を当てることができる。個人が治療のために会いたいと申し出た場合，セラピストは彼らを他のセラピストにリファーするのである。第3に，心理学者は自身の判断に基づいて，家族サブシステム間の同盟関係を変えることができる。第4は，家族やカップルの目標を厳密に守り，その具体的な目標に基づいて治療計画を策定することである。家族心理学者は，治療中にクライエントとして扱う人物を変更することを決定した場合には，クライエントにそのことを明確に説明する必要がある。

　大きな問題は，心理学者が家族の一つのサブシステムだけを扱い，表面的に治療を完了し，家族が別のサブシステムへの治療のニーズを訴えた時に発生する。これは，ある個人が治療を完了し，その個人が自分のパートナーを扱うことをセラピスト要求する時に，一定数発生するものである。問題は，最初のクライエントへの治療が完了した，という決定を下すことにある。クライエントが治療のフェーズを完了するのは珍しいことではないが，さらなる問題が発生したり，ライフサイクルを経るのと同時に，治療に戻ってくることも多々あるのである。サブシステムの別のメンバーを見ることは，必要が生じた時に最初のクライエントが再来談しにくくなる可能性がある。ここで，夫婦の治療において，X氏とX夫人を扱ったセラピストを例に挙げて考えてみよう。夫婦関係が改善されるにつれて，X氏が行動化をし始め，躁病エピソードを辿っていると判断された。彼の要請と

夫婦間の合意で，セラピストはX氏を個別に扱うことに決めた。いくつかのセッションが終わった後，X夫人はX氏と争った後に，治療のために会いたいということを要請し，セラピストは同意した。X氏は，彼が個別クライエントとして扱われていると思っていたため，セラピストがX夫人と個人面接をしていることに対してひどく怒った。そしてX氏は治療に戻ることを拒否した。心理学的視点から，この状況は面接の開始時において，誰がクライエントであり，誰がクライエントではないのかを確認すべきケースだったと思われる。他のサブシステムのメンバーが治療のために会いたい場合，心理学者はそれらを別のセラピストにリファーする必要がある。そうすることで境界が明確に整理され，混乱のない状態が保たれるのである。

2. 守秘義務と情報開示。守秘義務は，セラピーの内容について共有できる人物は誰かを決める権利を保持しているクライエントに関係している。ほとんどのケースで，セラピストはクライエントの書面での許可なく，セラピーの内容について他者と共有することはできない。もちろん，それには例外がある。セラピー期間中に児童虐待や暴力問題が起きた場合，クライエントよる自傷他害のおそれがある場合，そして裁判官がセラピーセッションの内容を法廷に渡すように指示した場合，である。しかし守秘義務に関する問題は，クライエントが2人以上である場合，より複雑になるのである。

　カップルの場合は，両者がセラピーセッションの内容を"所有"している。セッションの詳細は，両当事者が書面で同意しない限り，公表してはならない。このことは，離婚裁判や親権争いの際に，片方のクライエントがセラピーの内容の公表を求め，一方が拒否している場合に問題となる。特に片方のクライエントの弁護士から召喚された場合には，特にセラピストはどのような行動を取るべきなのだろうか？
　セラピストは，経過記録の全内容を提出するのではなく，セラピストからの治療報告書の提出に両当事者が書面で同意するよう要求するべきである。そして，報告書を公表する前にクライエント両者に確認を取る。治療報告書は，セラピストが経過記録を自身で解釈することによって，セラピーの公表をより詳細にコントロールすることを可能にする。セラピストは，要求を行ったクライエントと関係があるセラピーの内容のみを提出することを決定し，パートナーの情報を修正

する。しかし，これにはカップルの個人情報の多くが絡み合っているため，容易に分解できないという点で問題となる傾向がある。また，全ての記録を慎重に検討し，同意の得られていないパートナーに関連する全ての情報を修正することは，多大な労力を伴うものである。最終的に，セラピストは当事者に対して，セラピーの内容を分割することはできないことから，召喚状を破棄してセラピーの内容を開示しないということを伝えることがある。セラピーの開始前に口頭で，そして書面で，セラピストが自分の立場を明確にするのが最善である。

　家族心理学でしばしば起こる，守秘義務と情報開示に関する第2の問題は，セラピストが未成年者から得た情報をどうするかである。セラピーに関する情報は，親と未成年者の同意なしに誰にも公開することはできないが，親子間で守秘義務はどのように機能するのだろうか？　親は法律的に，子どものセラピーで起こることについて知る正当な権利を持っているが，子どもも大人と同様にプライバシーの権利がある。例によって，セラピストは両当事者の権利を尊重するための難しいライン上を歩んでいるのである。セラピストが未成年者に対する時は，セラピー開始前に両親から秘密を守ることを明確にしておくことが最善の方法である。多くの場合，セラピストは，未成年者が危険にさらされている場合を除いて，未成年クライエントの話の詳細について機密性を保持しながら，セラピーの幅広いテーマを両親に提供する。

3．守秘義務と秘密。家族心理学者が直面する倫理的ジレンマにおいて，セラピーのプロセスの中で，家族メンバーの秘密の公表にどのように対処するかという問題以上のものはないかもしれない。Snyder & Doss（2005）は，家族療法において機密性を扱うための4つの異なる方法を提案している。第1に，心理学者は，個別に開示された全ての情報を機密情報として扱うことを決定することができる。第2に，個別に開示されたものも合同面接で開示されたものも関係なく，全ての情報を機密として考慮しないことである。第3は，セラピストが開示のデリケートな性質を踏まえた上で，プライバシーの問題として情報の機密性を保つことである。第4は，心理学者とクライエントが，期日を決めて特定の情報を秘密にすることに同意することである。倫理的ジレンマを避けるために，心理学者はクライエントに情報開示をどのように対処するかを知らせなければならない。Patterson（2009）は，カップルや家族にカウンセリングをする場合，家族心理学者がカウンセリングする各人ごとに，別々に記録を保管することが重要であると主張している。Patterson は個別に記録を保管することを推奨することで，カップルまたは家族をカウンセリング

第 10 章　家族心理学におけるトレーニング，スーパーヴィジョン，倫理

する際に，そのメンバーを個々のクライエントとして扱うことを提案している。さらに，Patterson は個々のインタビューやセッションが，同じ心理学者との家族療法やカップル・セラピーにも関わっているクライエントと一緒に開催される場合，個別のセッションのプロセスで得られた全ての情報は，機密情報として扱うことを提案している。この提案は機密情報が開示された場合に，心理学者にとって数多くの潜在的な倫理的ジレンマの存在を示唆している。例えば，個別のセッションのプロセスにおける秘密の開示は，カップルへの効果的な働きや，情報を開示していない個人への効果的な働きを妨げる可能性がある。その上，Patterson は，心理学者が機密情報を開示することによって，家族や情報を公開していない個人に不当な害を及ぼす可能性があると主張している（Lambert, 2011; Patterson, 2009）。

　Patterson の立場は現場で多くの支持を得ている一方で，Thoburn（2009）は家族心理学者は秘密を守るべきではないと主張している。彼は，多くのカップルの問題は，秘密に基づく問題から生じていることを示唆している。Pittman（1990, p.53）は不倫問題について「不倫の問題は，誰が嘘をついているのかということよりも，誰に嘘をついているのかという問題なのである」と言及している。ここで問題となるのは，クライエントがセラピストに裏切られたと感じ，セラピーを中止する可能性があるということである。もちろん，すぐに情報開示してしまうことは，それ自体で問題になる可能性がある。例えば，配偶者が 20 年前の出来事を明らかにした場合，それをパートナーに報告するのはセラピー上，意味があることなのだろうか？　すなわち，このような開示は治療を進めるのか，それとも阻害するのだろうか？　一方，配偶者が最近の不倫を明らかにし，心理学者の方針がそのような開示を秘密にすることがポリシーであれば，治療が阻害される可能性は非常に高い。Atkins（2005）は，進行中の事件が秘密にされている時，カップル・セラピーはほとんど進展しないことを明らかにしている。

　カップルや家族にカウンセリングをする心理学者が，時々「分割セッション」を設けることは一般的であるので，このようなコンテキストの中で，個人セッションのガイドラインの適切な使用について明確にしておくのは有益である。心理学者が，個別の分割セッションを設定しやすい場合，以前に提案されていた個別の分割セッションをどのように進めるかについての明確な方針を定める多くのガイドラインについて考えてきた。分割セッションを設定する心理学者は，そのセッションの価値を明確にし，分割セッションに参加していない個人に影響を与える状況や情報を，どのように処理するかについて説明する必要がある。心理学者

233

には，個別のセッションで得られた情報がどのように処理されるかを記述した書面の方針があることが推奨される。明確なルール，ポリシー，ガイドラインがない個別の分割セッションでは，心理学者自身がそのセッションで安心できなくなり，そのセッションで明かされた情報の扱い方を見失ってしまう可能性がある。さらに，明確なルールやガイドラインがない個別の分割セッションは，倫理的ジレンマや倫理規定違反に繋がる可能性があるのである。

　進める方法の答えは，「決定木」によって一番よく得られるかもしれない。決定木は誰がクライエントであるのかを決定し，個人的に明かされた情報について開示するかどうかを決定する方針についてのガイドラインを提供することによって，柔軟でよく考えられた合理的なアプローチを提供する（Lambert, 2011, pp.122-124）。

　まず，セラピストは，クライエントが誰であるかを明確に定義し，関係する全ての人々にそのことを説明する必要がある。セラピストは，個別の分割セッションを設定する場合，クライエントが同一人物であるかどうかを判断する必要がある。個別の分割セッション中に，その個人がカップルまたは家族とは切り離されたクライエントだと見なされる場合，心理学者はその個人がクライエントカップル，家族の中でどのように見られているのかということや，その個人がカップルや家族全体に与えうる影響について考慮する必要がある。セラピストは，カップルおよび／または家族療法中に，個別の分割セッションを行うかどうかを決定しなければならず，さらに，個別の分割セッション後の合同セッションで，どの情報を開示すべきかを決定しなければならない。カップルや家族に影響を及ぼす，全ての機密情報を開示すべきだろうか？　または，特定の種類（例えば，お金の問題や婚外関係）の機密情報のみ開示する必要があるだろうか？　全て，もしくは特定の種類の情報が合同セッションに持ち込まれる場合，心理学者は個別のセッションで得られた情報について議論せずに，合同セッションを進める期間のリミットについて判断する必要がある。個別セッションで得られた機密情報を，その次の合同セッションで導入する必要があるだろうか？　機密情報について議論する前に，複数の合同セッションを待つのは適切だろうか？　心理学者が，機密情報を合同セッションに持ち込むまでのセッションの数に上限を持たせることは，おそらく有用であろう。

　心理学者は，カップルや家族とのセッションに，機密情報をどのように持ち込むかを決定する必要がある。情報を公開した個人は，その情報をカップルまたは

家族のセッションに持ち込む義務を負うだろうか？　これからの合同セッション
で，機密情報を持ち出すのは心理学者の役目だろうか？　個別のセッションで開
示された機密情報を合同セッションに持ち込まない場合，心理学者は合同セッ
ションをどのように進めるかを決定しなければならない。設定した期間が来ても
情報が共有されない場合，心理学者はカップルや家族とのカウンセリングを終結
させる必要があるだろうか？　心理学者は，セッション外で行われたコミュニケー
ションについて，カップルや家族と面接する際に，どのように扱うかを検討す
る必要がある。セラピストは開示された情報の詳細の全てを持ち込むべきだろう
か？　心理学者は全ての参加者のメッセージを受けた上でセラピーを行う必要が
あるだろうか？　心理学者はいつ治療の形式を変更するのが適切かを検討すべき
である。

　研究に基づいた以下の提案は，カップルや家族にカウンセリングをする心理学
者が，個別の分割セッションを許可した際に役立つガイドラインとなるだろう。

1．いつも誰がクライエントであるかを理解せよ。
2．セラピーの構造の変化に関する取り決めを展開せよ。
3．心理学者の役割について考えよ。
4．セラピーの目標について考えよ。
5．個別の分割セッションを行うならば，分割セッションを許可するという決定を共
　有して，快適さのレベルを確保せよ。
6．個別のセッションが禁忌となる場合について考えよ。
7．カップルや家族と共有する必要のある情報と，開示する必要がない情報（すなわ
　ち，機密情報と個人情報）との区別について考えよ。
8．カップルや家族に対して開示する必要がある情報と，その情報の境界線について
　は，常に明確に意識せよ（Lambert, 2011, pp.124-126）。

結論と振り返り

　家族心理学は，知識的基礎，豊富な臨床的知見，包括的な実践と理論だけでな
く，システミックな視点からの実践，練習，および臨床的スーパーヴィジョンの
ための基準を持つ専門的職業として，心理学初期の激動の時期から出現してきた
ものである。これらの要素は，家族心理学者の訓練方法や，専門的かつ倫理的な
実践のためのルール，および独自のスーパーヴィジョンのやり方の基盤と構造を
もたらした。それぞれの基盤の中には，システミックな実践についてのアイデア

や，システミックな認識論を通じて結び付いたさまざまなアプローチがある。これらの領域の存在は，家族心理学の分野の成熟度を示しているのである。

エピローグ

家族心理学における科学，実践，理論のアート

　本書は，序章の招待で始まり，家族心理学のユニークな認識論と実践から「レンズを通して見る」ことを始めた。その後の章では，まず，臨床と研究の多次元的な基礎を形成する，人間行動の個人内要因，人間相互間要因，コンテキスト的要因を統合した心理学の専門分野について記述した。次に，臨床実践，アセスメント，治療計画に関する共通の原則に基づいて構築された，ユニークなカップルや家族への臨床的介入について記述した。ご覧頂いたように，家族心理学は応用心理学の中でも，以下のような重要な役割を果たしている。その役割というのは，有力な研究成果の提出，人々と彼らが抱える問題についてのユニークな認識方法，そして，個人，カップル，家族が抱える広範囲の問題についての，エビデンスのあるマルチシステミックな治療である。しかし，その科学の根底には，家族心理学の隠れたアートがある。家族心理学者が直面している困難な課題について考えてみよう。個々のカップルや家族は，自分の物語を語り，セラピストは個人的かつ治療的な方法で対応し，治療を前進させるため，治療モデルの段階的な関係性の目標に合致するように，クライエントシステムのメンバー間の新たな関係性を調整しなければならない。エビデンスベースドであろうと，伝統的方法であろうと，成功した介入は全て，巧みで，個人的で，そして同時にシステマティックで，モデルに焦点を合わせた関係性的な方法で行われなければならない。研究を行う際の，科学的基本ルールは，結果が全体的な知識基盤に寄与するように，信頼性と有効性を保ちながらも，システミックな方法で必要な研究課題に答えられるよう調整し，創造的に適用される必要がある。これは測定するツールを見つけ，測定するタイミングを決めることや，調査に向けて中心となる変更メカニズムを決定することなどを意味する。家族心理学者は，研究実践と理論の両方において，その分野に固有の数多くの緊張バランスを取る（Sexton, 2010）。意図的で創造的であり，偶然で応答性があり，クライエントを重視して，モデル駆動型であるこ

237

と。その中には，良い治療，健全な研究，建設的な理論構築のパラドックスがある。そして同時に，構造と柔軟性の臨床的妥当性のバランスを取るのである。

　ある専門分野が成熟し，実践がより標準化され，研究知見の基盤が治療の基準へと体系化されるにつれて，以前の時代の創造性と直感的な実践への復帰には常に抵抗が生まれるものである。これらの緊張は，創造性，クライエントの重視，セラピストの研究成果やエビデンスに基づく臨床実践についての個性と知恵の間に起きている闘争として，しばしば出現するものである。しかし，私たちは，専門性が成熟するにつれて，家族心理学の分野でも創造性が何を意味するかという見解も，同様であることを示唆している。

　Sexton & van Dam（2010）は，FFT の創造性が臨床的専門知識以上のものを必要とすることを示唆するシステミックな視点を持っていた。彼らは，創造性と構造は弁証法的に関連しており，分離できないことを示唆した。実際，彼らは一連の原則，それらの原則を裏付けるための特定の知識的基礎の構築，そして，臨床場面でより良い治療をするために必要な，クライエント，セラピスト，コンテキストに関連する変数を知り，扱い，それを治療に取り入れる方法についての，妥当性と信頼性のある，研究に基づいたエビデンスを提供するモデル構造であると主張する。理論モデルと研究成果は，クライエント，問題，コンテキストの理解に向けた，信頼性と臨床的妥当性がある方法を提供することで，専門家がシステマティックで複雑なケースの概念化を進めるのに役立つ。モデルの中核をなすシステミックな原理は，知識でも手続き的構造でもあり，これらはセラピストの専門的判断の基盤となるものである。ケースが概念化され，意思決定の基礎を形成し，より良い変化プロセスを促進するためのロードマップを提供する構造の足場となる。理論と研究によって，私たちが臨床経験から得た膨大な情報は，臨床的有用性を持つ原理原則へと編成される。構造と創造性の間のバランスを取ることが，この分野の複雑な活動の一部であることは，家族心理学における慣習である。音楽を演奏するには，音楽理論と，音楽理論をその時の気分やコンテキストに創造的に応用することが必要である。音楽家と同様，家族心理学者はまず始めに，モデルにおける知識と理論的原理の要素からケースを概念化し，手続き的要素がモデルに適合していることを確認する。それができるようになって初めて，彼らは，モデルを個人やカップル，家族へと用いる能力があるといえるのである。

　したがって，家族心理学は革命から進化に移っている（Goldenberg & Goldenberg, 2009）。目的論的意味では，家族心理学は，すでに私たちが行ってき

たこと，すなわち，システミックな認識論と集団について扱う領域としてさらに進化していっている。これらは，個人，カップル，コミュニティ，他分野チームや組織との研究，教育，訓練，実践に用いることのできる，ユニークな視点である。家族システムのレンズは，他の最良のモデル，すなわち，臨床心理学における精神病理モデルと，カウンセリング心理学の強みと資源モデルを統合したユニークな視点を提案できると信じている。そして，家族心理学が，今後数十年の心理学分野における，有力なロードマップとなると信じている。

監訳者あとがき

　本書の著者であるジョン・W・ソバーン博士は国際家族心理学会の前会長であり，その当時に監訳者の１人である若島は同学会の副会長を務めることでご縁がありました。2015年には東北大学大学教育学研究科主催のシンポジウムにてソバーン博士をお招きし，東日本大震災における被災者支援の今後の課題に関する講演とシンポジウムに登壇いただきました。また，2019年にサバティカル制度を利用して，ソバーン博士が所属されているシアトル・パシフィック大学を訪問するなど非常に懇意にさせていただいている中，本書の翻訳をさせていただく機会を得ました。

　監訳者が本書を初めて読んだとき，率直に抱いた感想は「Family Psychology」というタイトルから勝手に想像していた内容とは大きなギャップがあったということでした。「Family Psychology」（すなわち，「家族心理学」）という言葉の印象として，家族形態の変遷や現代家族における社会的問題といったいわゆる包括的な家族の心理学的内容について取り上げられているのかと思いきや，その実態はより実践的かつ臨床的な内容であり，監訳者にとって非常に刺激的なものでした。本書を振り返って印象的なこととして，まず１点は「徹底したシステミックな視点」が挙げられます。家族療法の誕生時から最重要視されているシステム論は，今現在でも他の心理療法では見受けられないユニークなものであり，家族療法ならではのアプローチを提供してくれます。そして，２点目は「エビデンスという視点」です。日本では認知行動療法を代表として心理療法の実証性についての検討が精力的に行われてきましたが，家族療法のエビデンスについてはまだまだこれからと言わざるを得ないでしょう。理論，研究，実践の全てを結びつける存在こそが本書において語られている「家族心理学者」の在り方です。日本において，そういった「家族心理学者」を育てるために，本書が少しでも貢献できれば幸いです。

監訳者　若島孔文・野口修司

文　献

Abidin, R. R. (1995). *Parenting stress index* (3rd ed.). Lutz, FL: Psychological Assessment Resources.

Abramson, L. Y., Seligman, M. E., & Teasdale, J. D. (1978). Learned helplessness in humans: Critique and reformulation. *Journal of Abnormal Psychology*, 87(1), 49-74.

Ackerman, M., & Ackerman, M. (1997). Child custody evaluation practices: A survey of experienced professionals (revisited). *Professional Psychology: Research and Practice*, 28(2), 128-135.

Ackerman, N. W. (1972). *The psychodynamics of family life: Diagnosis and treatment of family relationships*. New York: Basic Books.

Ackerman, N. (1973). Some considerations for training in family therapy. In *Career directions* (vol. 2). East Hanover, NJ: Sandoz Pharmaceuticals, D. J. Publications.

Ahrons, C. R. (2011). Commentary on "reconsidering the 'good divorce'." *Family Relations: Interdisciplinary Journal of Applied Family Studies*, 60(5), 528-532. doi: 10.1111/j.l741-3729.2011.00676.x.

Alexander, J. F., Pugh, C, Parsons, B, E, & Sexton, T. (2000). *Functional family therapy* (Book Three: Vol. II). In D. S. Elliott (Series Ed.). Blueprints for violence prevention. Institute of Behavioral Science, Regents of the University of Colorado.

Alexander, J. F., Barton, C., Schaivo, R. S., & Parsons, B. V. (1976). Behavioral intervention of families with delinquents: Therapist characteristics and outcome. *Journal of Clinical and Consulting Psychology*, 44(4), 656-664.

Alexander, J. F., Robbins, M. S., & Sexton, T. L. (2000). Family-based interventions with older, at-risk youth: From promise to proof to practice. *The Journal of Primary Prevention*, 21(2), 185-205. doi: 10.1023/a:1007031219209

Alexander, J. F., Sexton, T. L., & Robbins, M. A. (2003). The developmental status of family therapy in family psychology intervention science. In H. A. Liddle (Ed.), *Family psychology intervention science*. Washington, DC: American Psychological Association Press.

American Board of Professional Psychology. (2015). American Board of Forensic Psychology. http://www.abpp.org/i4a/pages/index.cfm?pageid=3313

American Psychological Association. (2002). Ethical principles of psychologists and code of conduct. *American Psychologist*, 57, 1060-1073.

American Psychological Association. (2006). Evidence-based practice in psychology. *American Psychologist*, 61(4), 271-285.

Amundson, B. (2001). America's rural communities as crucibles for clinical reform: Establishing collaborative care teams in rural communities. *Families, Systems & Health*, 19(1), 13-23.

Anderson, D. (2005, April). *Multicultural group counseling and psychotherapy: Converging forces of development and healing*. A workshop and paper presented at a meeting of the American Counseling Association, Atlanta, GA.

Anderson, H. (2009). Collaborative practice: Relationships and conversations that make a difference. In J. Bray & M. Stanton (Eds.), *The Wiley-Blackwell handbook of family psychology* (pp. 300-313). Maiden, MA: Blackwell Publishing Ltd.

Anderson, H., & Goolishian, H. (1988). Human systems as linguistic systems: Preliminary and evolving ideas about the implications for clinical theory. *Family Process*, 27 (4), 371-393.

Aos, S., & Barnoski, R. (1998). Watching the bottom line: Cost-effective interventions for reducing crime in Washington. Washington State Institute for Public Policy: RCW 13.40.500.

Ard, B. N. (1973). Providing clinical supervision for marriage counselors: A model for supervisor and supervisee. *Family Coordinator*, 22, 91-97.

Atkins, D. C., Dimidjin, S., & Christensen, A. (2003). Behavioral couple therapy: Past, present, and future. In T.L. Sexton, G.R. Weeks, & M.S. Robbins (Eds.), *Handbook of family therapy: The science and practice of working with families and couples* (pp. 323-347). New York: Brunner-Routledge.

Auerswald, E. H. (1990). Toward epistemological transformation in the education and training of family therapists. In M. Mirkin (Ed.), *The social and political contexts of family therapy* (pp. 19-50). Needham Heights, MA: Allyn & Bacon.

Axelsson, S. B., & Axelsson, R. (2009). From territoriality to altruism in interprofessional collaboration and leadership. *Journal of Interprofessional Care*, 23(4), 320-330.

Ayer, A. J., & O'Grady, J. (1992). *A dictionary of philosophical quotations*. Oxford, UK: Blackwell Publishers,

家 族 心 理 学

484.

Barnett, P. A. & Gotlib, I. H. (1988). Psychosocial functioning and depression: Distinguishing among antecedents, concomitants and consequences. *Psychological Bulletin*, 104, 97-126.

Barnoski, R. (2002). Monitoring vital signs: Integrating a standardized assessment into Washington states juvenile justice system. In R. Corrado, R. Roesch, S. Hart, & J. Gierowski (Eds.), *Multi-problem violent youth: A foundation for comparative research on needs, interventions, and outcomes* (pp. 219-231). Amsterdam, The Netherlands: IOS Press.

Barnoski, R. (2002). Washington state's implementation of Functional Family Therapy for juvenile offenders: Preliminary findings. Washington State Institute for Public Policy, www.wsipp.wa.gov

Barr, H., & Ross, F. (2006). Mainstreaming interprofessional education in the United Kingdom: A position paper. *Journal of Interprofessional Care*, 20(2), 96-104.

Bateson, G. (1972). *Steps to an ecology of mind: Collected essays in anthropology, psychiatry, evolution, and epistemology*. Lanham, MD: Jason Aronson Inc.

Bateson, G. (1979). *Mind and nature*. A necessary unity. New York, NY: E.P. Dutton.

Bateson, G., Jackson, D. D., Haley, J., & Weakland, J. (1956). Towards a theory of schizophrenia. *Behavioral Science*, 1, 251-264.

Baucom, D. H., & Epstein, N. B. (1990). Cognitive-behavioral marital therapy. New York: Routledge.

Baucom, D. H., Epstein, N., & LaTaillade, J. J. (2002). Cognitive behavioral couple therapy. In A. S. Gurman & N. D. Jacobson (Eds.), *Clinical handbook of couple therapy* (3rd ed., pp. 26-58). New York: Guilford.

Baucom, D. H., Gordon, K. C., Snyder, O. K., Atkins, B. C., & Christensen, A. (2006). Treating affair couples: Clinical considerations and initial findings. *Journal of Cognitive Psychotherapy: An International Quarterly*, 20, 375-392.

Baucom, K. J. W, Sevier, M., Eldridge, K. A., Doss, B. D., & Christensen, A. (2011). Observed communication in couples two years after integrative and traditional behavioral couple therapy: Outcome and link with five-year follow-up. *Journal of Consulting and Clinical Psychology*, 79(5), 565-576.

Baucom, D. H., Shoham, V., Mueser, K. T., Daiuto, A. D., & Stickle, T. R. (1998). Empirically supported couple and family interventions for marital distress and adult mental health problems. *Journal of Consulting and Clinical Psychology*, (1), 53-88. doi: 10.1037/0022-006X.66.1.53

Beach, S. R. H., Wamboldt, M. Z., Kaslow, N. J., Heyman, R. E., & Reiss, D. (2006). Describing relationship problems in DSM-V: Toward better guidance for research and clinical practice. *Journal of Family Psychology*, 20(3), 359-368.

Beach, S. R. H., & Whisman, M. A. (2012). Affective disorders. *Journal of Marital and Family Therapy*, 38(1), 201-219.

Beavers, R.W. (1985). *Successful marriage: A family systems approach to couples therapy*. New York: W. W. Norton & Co.

Beavers, W. R., Hampson, R. B., & Hulgus, Y. F. (1990). *Beavers Systems Model Manual*: 1990 Edition. Dallas, TX: Southwest Family Institute.

Beck, A.T., Rush, J. A., Shaw, B. E, & Emery, G. (1987). *Cognitive therapy of depression*. New York: The Guilford Press.

Becvar, D. (2003). *In the presence of grief*. New York, NY: Guilford Press.

Belar, C. D., & Perry, N. W. (1992). The national conference on scientist-practitioner education and training for the professional practice of psychology. *American Psychologist*, 47(1), 71-75.

Belsky, J., & Beaver, K. M. (2011). Cumulative-genetic plasticity, parenting and adolescent self-regulation. *Journal of Child Psychology and Psychiatry*, 52, 619-626. doi: 10.1111/j.l469-7610.2010.02327.x

Belsky, J., & Pluess, M. (2009). Beyond diathesis stress: Differential susceptibility to environmental influences. *Psychological Bulletin*, 135, 885-908. doi: 10.1037/a0017376

Bentovim, A., & Kinston, W. (1991). Focal family therapy. In A.S. Gurman & D. P. Kniskern (Eds.), *Handbook of family therapy* (Vol. II, pp. 284-324). New York, NY: Brunner/Mazel.

Berg, I. K., & Miller, S. D. (1992). *Working with the problem drinker: A solution-focused approach*. New York, NY: W. W. Norton & Co.

Bernal, G., Cumba-Aviles, E., & Saez-Santiago, E. (2006). Cultural and relational processes in depressed Latino adolescents. In S. R. H. Beach, M. Z. Wamboldt, N. J. Kaslow, R. E. Heyman, & M. B. First (Eds.), *Relational processes and DSM-V: Neuroscience, assessment, prevention, and treatment* (pp. 211-224). Washington, DC: American Psychiatric Association.

Bernard, J. M. (1997). The discrimination model. In C.E. Watkins Jr. (Ed.), *Handbook of psychotherapy*

242

文　　献

supervision (pp. 310-327). New York, NY: Wiley.

Bertalanfly, L. von. (1969). *General system theory.* New York, NY: George Braziller.

Bertalanfiy, L. von. (1972). The history and status of general systems theory. *The Academy of Management Journal,* 15(4), 407-426.

Bickman, L. (2005). A common factors approach to improving mental health ser vices. *Mental Health Services Research,* 7(1), 1-4.

Bickman, L, Sexton, T. L., & Kelly, S. (2010). The synergistic effects of EFT and a computer based monitoring system. National Institutes of Mental Health (RO 1 MH087814).

Bion, W. R. (1952). Group dynamics: A review. *International Journal of Psycho-Analysis,* 33(2), 235-247.

Bion, W. R. (1952). Group dynamics: A review. International Journal of Psycho-Analysis (Vol. 33). Reprinted in M. Klein, P. Heimann, & R. Money-Kyrle (Eds.), *New directions in psychoanalysis* (pp. 440-477). London, UK: Tavistock Publications. Reprinted in Experiences in Groups (1961).

Bird, V., Premkumar, P., Kendall, T., Whittington, C., Mitchell, J., & Kuipers, E. (2010). Early intervention services, cognitive-behavioural therapy and family intervention in early psychosis: Systematic review. *The British Journal of Psychiatry,* 197(5), 350-356.

Blatt, S. J., Auerbach, J. S., & Levy, K. N. (1997). Mental representations in personality development, psychopathology, and the therapeutic process. *Review of General Psychology,* 1(4), 351-374.

Blos, P. (1975). *The second individuation process of adolescence.* New York, NY: International Universities Press.

Bordin, E. S. (1994). Theory and research on the therapeutic working alliance: New directions. In A. O. Horvath & L. S. Greenberg (Eds.), *The working alliance: Theory, research, and practice* (pp. 13-37). Hoboken, NJ: John Wiley & Sons.

Borduin, C. M., Mann, B. J., Cone, L. T., Henggeler, S. W., Fucci, B. R., Blaske, D. M. & Williams, R. A. (1995). Multisystemic treatment of serious juvenile offenders: Long-term prevention of criminality and violence. *Journal of Consulting and Clinical Psychology,* 53(4), 569-578.

Borduin, C. M. & Schaeffer, C. M. (1998). Violent offending in adolescence: Epidemiology, correlates, outcomes, and treatment. In Thomas R Gullotta, Gerald R. Adams, Raymond Montemayor (Eds.), *Delinquent violent youth: Theory and interventions* (pp. 144-174). New York, NY: Sage Publications.

Bowen, M. (1976). Theory in the practice of psychotherapy. In P. J. Guerin Jr. (Ed.), *Family therapy: Theory and practice* (pp. 42-90). New York, NY: Garner Press.

Bowen, M. (1978). *Family therapy in clinical practice.* New York, NY: Jason Aronson.

Bowers, K. S. (1973). Situationism in psychology—Analysis and a critique. *Psychological Review,* 80, 307-336.

Bowlby, J. (1969). *Attachment and Loss* (Vol. 1). New York, NY: Basic Books.

BPharm, A. K. C. & Victoria Wood, V. (2010). Preparing tomorrows healthcare providers for interprofessional collaborative patient-centred practice today. *UBCMJ,* 1(2), 22-24.

Bray, J. H., & Stanton, M. (Eds.). (2009). *The Wiley-Blackwell handbook of family psychology.* West Sussex, UK: Blackwell Publishing Ltd.

Bronfenbrenner, U. (1979). *The ecology of human development: Experiments by nature and design.* Boston, MA: Harvard University Press.

Brunhofer, M. O. (2011). Loss and mourning: A life cycle perspective. In Jerrold R. Brandell (Ed.), Theory and practice in clinical social work (2nd ed., pp. 665-692). New York, NY: Sage Publications.

Buehlman, K. T., Gottman, J. M., & Katz, L. E. (1992). How a couple views their past predicts their future: Predicting divorce from an oral history interview. *Journal of Family Psychology,* 5(3-4), 295-318. doi: 10.1037 /0893-3200.5.3-4.295

Bullough, V. (1998). Alfred Kinsey and the Kinsey Report: Historical overview and lasting contributions. *Journal of Sex Research,* 35, 127-131.

Burr, W. R., Day, R. D., & Bahr, K. S. (Eds.). (1993). *Research and theory in family science.* Pacific Grove, CA: Brooks/Cole.

Butler, S., Baruch, G., Hickey, N., & Fonagy, P. (2011). A randomized controlled trial of multisystemic therapy and a statutory therapeutic intervention for young offenders. *Journal of the American Academy of Child & Adolescent Psychiatry,* 50(12), 1220-1235.

Campbell, J. P. (1990). The role of theory in industrial and organizational psychology. In M. D. Dunnette & L. M. Hough (Eds.), *Handbook of industrial and organizational psychology* (Vol. 1,2nd ed., pp. 687-731). Palo Alto, CA: Consulting Psychologists Press.

家 族 心 理 学

Campbell, S. B., & Ewing, L. J. (1990). Follow-up of hard-to-manage preschoolers: Adjustment at age 9 and predictors of continuing symptoms. *Child Psychology & Psychiatry & Allied Disciplines*, 31(6), 871-889.

Carlson, C., Kubiszyn, T., & Guli, L. (2004). Consultation with caregivers and families. In R. T. Brown (Ed.), *Handbook of pediatric psychology in school settings* (pp. 617-635). New York, NY: Lawrence Erlbaum Associates Publishers.

Carr, A. (1995). Family therapy and clinical psychology. *Journal of Family Therapy*, 17(4), 435-444.

Carr, A. (2009). The effectiveness of family therapy and systemic interventions for child-focused problems. *Journal of Family Therapy*, 31(1), 3-45.

Carr, A. (2012). *Family therapy: Concepts, process and practice*. West Sussex, UK: Wiley Blackwell.

Carr, A. (2013). *The handbook of adolescent and clinical psychology: A contextual approach* (2nd ed.). London, UK: Routledge.

Carroll, L. (2009). *Alice's adventures in wonderland and through the looking-glass*. Oxford, England: Oxford University Press.

Carson, J. W, Carson, K. M., Gil, K. M., & Baucom, D. H. (2004). Mindfulness based relationship enhancement. *Behavior Therapy*, 35, 471-494.

Carson, R. C. (1969). *Interaction concepts of personality*. Chicago, IL: Aldine.

Carson, R. C. (1991). The social-interactional viewpoint. In M. Hersen, A. Kazdin, & A. Bellack (Eds.), *The clinical psychology handbook* (2nd ed., pp. 185-199). New York, NY: Pergamon.

Carter, B., & McGoldrick, M. (2004). *The expanded family life cycle: Individual, family, and social perspectives* (3rd ed.). Boston, MA: Pearson Allyn & Bacon.

Cedar, B., & Levant, R. F. (1990). A meta-analysis of the effects of parent effectiveness training. *American Journal of Family Therapy*, 18(4), 373-384. doi: 10.1080/01926189008250986

Centre for Mental Health. (2000). *Disaster mental health response handbook*. Vancouver, BC: State Health Publication.

Chambless, D. L., & Hollon, S. D. (1998). Defining empirically supported therapies. *Journal of Consulting and Clinical Psychology*, 66, 7-18.

Chan, A.K., & Wood, V. (2010). Preparing tomorrow's healthcare providers for interprofessional collaborative patient-centered practice today. *UBC Medical Journal*, 1(2), 22-24.

Charles, R. (2001). Is there any empirical support for Bowen's concepts of differentiation of self, triangulation, and fusion? *The American Journal of Family Therapy*, 29, 279-292.

Christensen, A. (1987). Detection of conflict patterns in couples. In K. Hahlweg & M.J. Goldstein (Eds.), *Understanding major mental disorder: The contribution of family interaction research* (pp. 250-265). New York, NY: Family Process Press.

Christensen, A. (2010). *Weekly questionnaire*. Los Angeles, CA: University of California.

Christensen, A., Atkins, D. C., Berns, S., Wheeler, J., Baucom, D. H. & Simpson. L. E. (2005). Traditional versus integrative behavioral couple therapy for significantly and chronically distressed married couples. *Journal of consulting and clinical psychology*, 72(2), 176.

Christensen, A., Atkins, D. C., Yi, J., Baucom, D. H., & George, W. H. (2006). Couple and individual adjustment for two years following a randomized clinical trial comparing traditional versus integrative behavioral couple therapy. *Journal of Consulting and Clinical Psychology*, 74, 1180-1191.

Christensen, A., Atkins, D. C., Baucom, B., & Yi, J. (2010). Marital status and satisfaction five years following a randomized clinical trial comparing traditional versus integrative behavioral couple therapy. *Journal of Consulting and Clinical Psychology*, 78, 225-235.

Christensen, A., Jacobson, N. S. & Babcock, f. C. (1995). Integrative behavioral couples therapy. In N. S. Jacobson & A. S. Curman (Eds.), *Clinical hand book for couples therapy* (pp. 31-64). New York, NY: Cuilford.

Church, A. T., & Katigbak, M. S. (2002). Indigenization of psychology in the Philippines. *International Journal of Psychology*, 37, 129-148. doi: 10.1080/ 00207590143000315

Claiborn, C. D., & Lichtenberg, J. W. (1989). Interactional counseling. *The Counseling Psychologist*, 17(3), 355-453.

Clark-Stager, W. (1999). Using solution-focused therapy within an integrative behavioral couple therapy framework: An integrative model. *Journal of Family Psychotherapy*, 10(3), 17-41.

Clay, R. A. (2002). An indigenized psychology: Psychologists in India blend Indian traditions and Western psychology. *APA Monitor*, 33(5). Retrieved from http://www.apa.org/monitor/may02/india.aspx

Clothier, P., Manion, L., Cordon, J., & Johnson, S. (2001). Emotionally focused interventions for couples with

244

chronically ill children: A two year follow-up. *Journal of Marital and Family Therapy*, 28, 391-399.

Committee on Ethical Guidelines for Forensic Psychologists. (1991, 2011). Specialty Guidelines for Forensic Psychologists. *Law and Human Behavior*, 15(6), 655-665.

Constantine, L. (1976). Designed experience: A multiple goal-directed training program in family therapy. *Family Process*, 15, 373-396.

Constantine, M. G. (2001). Multicultural training, theoretical orientation, empathy, and multicultural case conceptualization ability in counselors. *Journal of Mental Health Counseling*, 23(4), 357-372.

Constantine, M. G., & Gushue, C. V. (2003). School counselors' ethnic tolerance attitudes and racism attitudes as predictors of their multicultural case conceptualization of an immigrant student. *Journal of Counseling and Development*, 81(2), 185-190.

Cordova, J. V., Jacobson, N. S., & Christensen, A. (1998). Acceptance versus change interventions in behavioral couple therapy: Impact on couples' in-session communication. *Journal of Marriage and Family Counseling*, 24, 437-455.

Cunha, C., Goncalves, M. M., Hill, C. E., Mendes, I., Ribeiro, A. P., Sousa, I.,... & Greenberg, L. S. (2012). Therapist interventions and client innovative moments in emotion-focused therapy for depression. *Psychotherapy*, 9(4), 536-548.

Cusinato, M. (1994). Parenting over the family life cycle. In L. L'Abate (Ed.), *Handbook of developmental family psychology and psychopathology* (pp. 83-115). New York, NY: John Wiley & Sons.

Damasia, A. (2005). *Descartes' error: Emotion, reason, and the human brain*. New York, NY: Penguin Books.

Daumit, G. L., Pratt, L. A., Crum, R. M., Powe, N. R., & Ford, D. E. (2002). Characteristics of primary care visits for individuals with severe mental illness in a national sample. *General Hospital Psychiatry*, 24(6), 391-395.

Dawes, R. M., Faust, D., & Meehl, P. E. (1989). *Clinical versus actuarial judgment*. Science, 243, 1668-1674.

De Jong, P., & Berg, I. K. (1998). *Interviewing for Solutions*. Pacific Grove, CA: Brooks/Cole Publishing.

Delisle, G. (2011). *Personality Pathology*. London, UK: Karnac Books Ltd.

Dent-Read, C., & Zukow-Goldring, P. (1997). *Evolving Explanations of Development: Ecological Approaches to Organism-Environment Systems*. Washington, DC: American Psychological Association.

Derogatis, L. R., & Melisaratos, N. (1979). The DSFI: A multidimensional measure of sexual functioning. *Journal of Sex and Marital Therapy*, 5, 244-281.

De Shazer, S. (1991). *Putting difference to work*. New York, NY: Norton.

Diamond, G., & Josephson, A. (2005). Family-based treatment research: A 10-year update. *Journal of the American Academy of Child and Adolescent Psychiatry*, 44(9), 872-887.

Diamond, G., & Liddle, H. A. (1996). Resolving a therapeutic impasse between parents and adolescents in multidimensional family therapy. *Journal of Consulting and Clinical Psychology*, 64(3), 481-488.

Diamond, G. S., Reis, B. F., Diamond, G. M., Siqueland, L., & Isaacs, L. (2002). Attachment-based family therapy for depressed adolescents: A treatment development study. *Journal of the American Academy of Child & Adolescent Psychiatry*, 41(10), 1190-1196. doi: 10.1097/00004583-200210000-00008

Dicks, H. V. (1967). *Marital tensions*. New York, NY: Basic Books.

Dictionary.reference.com (2015). http://dictionary.reference.com/

Dimidjian, S., Martell, C. R., & Christensen, A. (2002). Integrative behavioral couple therapy. In A. S. Gurman & N. S. Jacobson (Eds.), *Clinical handbook of couple therapy* (3rd ed.) (pp. 251-277). New York, NY: Guilford Press.

Dishion, T. J., & McMahon, R. J. (1998). Parental monitoring and the prevention of child and adolescent problem behavior: A conceptual and empirical formulation. *Clinical Child and Family Psychology Review*, 1(1), 61-75.

Dishion, T. J, & Stormshak, E. (2007). *Intervening in children's lives: An ecological, family-centered approach to mental health care*. Washington, DC: American Psychological Association.

Dixon, L. B., & Lehman, A. F. (1995). Family interventions for schizophrenia. *Schizophrenia Bulletin*, 21(4), 631-643.

Doherty, W. J., & Baird, M. A. (1983). *Family therapy and family medicine: Toward the primary care of families*. New York, NY: Guilford Press.

Doss, B. D., Thum, Y. M., Sevier, M., Atkins, D. C., & Christensen, A. (2005). Improving relationships: Mechanisms of change in couple therapy. *Journal of Consulting and Clinical Psychology*, 73, 624-633.

Duncan, B. L, Hubble, M. A., & Miller, S. D. (Eds.). (2010). *The heart & soul of change: Delivering what works in therapy* (2nd ed.). Washington, DC: American Psychological Association.

家 族 心 理 学

Duncan, B. L., Miller, S. D., & Sparks, J. A. (2003). Interactional and solution-focused brief therapies: Evolving concepts of change. In T. L. Sexton, G. R. Weeks, & M. S. Bobbins (Eds.), *Handbook of family therapy: The science and practice of working with families and couples* (pp. 101-123). New York, NY: Brunner-Routledge.

Dunn, R. L., & Schwebel, A. I. (1995). Meta-analytic review of marital therapy outcome research. *Journal of Family Psychology*, 9(1), 58-68.

Eisler, I. (2005). The empirical and theoretical base of family therapy and multiple family day therapy for adolescent anorexia nervosa. *Journal of Family Therapy*, 27(2), 104-113.

Ellsion, C. R. (2001). A research inquiry into some American women's sexual concerns and problems. In E. Kaschak & L. Tiefer (Eds.), *A new view of women's sexual problems* (pp. 147-159). New York, NY: Haworth Press.

Ellsion, C. R. (2000). *Women's sexualities: Generations of women share intimate secrets of sexual self-acceptance*. Oakland, CA: New Harbinger.

Epstein, N. B., & Baucom, D. H. (2002). *Enhanced cognitive-behavioral therapy for couples: A contextual approach*. Washington, DC: American Psychological Association.

Epstein, N. B., Datillio, F. M. & Baucom, D. H. (in press). Cognitive behavior couple therapy. In T. L. Sexton & J. Lebow (Eds.), *Handbook of family therapy*. New York, NY: Routiedge.

Ernest, P., Greer, B., & Sriraman, B. (2009). *Critical issues in mathematics education*. Charlotte, NC: Information Age Publishing.

Eysenck, H. J. (1952). The effects of psychotherapy: An evaluation. *Journal of Consulting Psychology*, 16(5), 319-324.

Fairbairn, W. R. D. (1958). On the nature and aims of psychoanalytic treatment. *International Journal of Psychoanalysis*, 39, 374-385.

Falender, C. A., & Shafranske, E. P. (2004). *Clinical supervision: A competency-based approach*. Washington, DC: American Psychological Association.

Falicov, C. J. (1988). *Family transitions*. New York, NY: Guilford.

Falicov, C. J. (2003). Culture in family therapy: New variations on a fundamental theme. In T. Sexton, G. Weeks, & M. Robbins (Eds.), *Handbook of family therapy: Theory, research and practice* (pp. 37-55). New York, NY: Brunner-Routledge.

Falicov, C. J. (in press). The multiculturialism and diversity of families. In T. L. Sex ton & J. Lebow (Eds.), *Handbook of family therapy*. New York, NY: Routledge.

Farmer, M. A., & Binik, Y. M. (2005). Psychology is from Mars, sexology is from Venus: Gan they meet on Earth? *Canadian Psychology/Psychologie canadienne*, 46(1), 46-51.

Ferber, A., & Mendelsohn, M. (1969). Training for family therapy. *Family Process*, 8(1), 25-32.

Ferber, A., Mendelsohn, M. & Napier, A. (Eds.) (1972). *The book of family therapy*. New York, NY: Science House.

Fine, H. (2005). From conflict to partnering. *Journal of Organizational Change Management*, 18(5), 469-481.

Fischer, J., & Corcoran, K. (2007). *Measures for clinical practice and research: A sourcebook* (Vol. 1,4th ed.). New York, NY: Oxford University Press.

Fisher, C. B. (2003). *Decoding the ethics code: A practical guide for psychologists*. Thousand Oaks, CA: Sage.

Flicker, S. M., Waldron, H. B., Turner, C. W., Brody, J. L., & Hops, H. (2008). Ethnic matching and treatment outcome with Hispanic and Anglo substance-abusing adolescents in family therapy. *Journal of Family Psychology*, 22(3), 439-447.

Fowers, B. J. & Davidov, B. J. (2006). The virtue of multiculturalism: Personal transformation, character, and openness to the other. *American Psychologist*, 61, 581-594.

Framo, J. L. (1965). *Intensive family therapy*. New York, NY: Brunner/Mazel.

Framo, J. L. (1970). Symptoms from a family transactional viewpoint. In N. W. Ackerman (Ed.), *Family therapy in transition*. Boston, MA: Little, Brown & Co.

Frank, J. D. (1971). Therapeutic factors in psychotherapy. *American Journal of Psychotherapy*, 25(3), 350-361.

Frawley-O'Dea, M. G. & Sarnat, J. E. (2001). *The supervisory relationship: A con temporary psychodynamic approach*. New York, NY: Guilford Press.

Fredman, N., & Sherman, R. (1987). *Handbook of measurements for marriage and family therapy*. New York, NY: Brunner / Mazel.

Friedlander, M. L., Escudero, V., Heatherington, L., & Diamond, G. M. (2011). Alliance in couple and family therapy. In J. C. Norcross (Ed.), *Psychotherapy relationships that work: Evidence-based responsiveness* (2nd ed., pp. 92-109). Oxford, England: Oxford University Press.

Friedlander, M. L., Escudero, V., Horvath, A., Heatherington, L., Cabero, A., & Martens, M. (2006). System for observing family therapy alliances: A tool for research and practice. *Journal of Counseling Psychology,* 53, 214-224.

Friedlander, M. L., & Heatherington, L. (1998). Assessing clients' constructions of their problems in family therapy discourse. *Journal of Marital and Family Therapy,* 24(3), 289-303.

Friedlander, M. L., Heatherington, L., Johnson, B., & Skowron, E. A. (1994). Sustaining engagement: A change event in family therapy. *Journal of Counseling Psychology,* 41(4), 438-448.

Friedlander, M. L., Lambert, J. E., Valentín, E., & Cragun, C. (2008). How do therapists enhance family alliances? Sequential analyses of therapist-client behavior in two contrasting cases. *Psychotherapy: Theory, research, practice, training,* 45(1), 75-87.

Friedlander, M. L., Wildman, J., Heatherington, L., & Skowron, E. A. (1994). What we do and don't know about the process of family therapy. *Journal of Family Psychology,* 8(4), 390-416.

Friedman, S. (1993). Possibility therapy with couples: Constructing time-effective solutions. *Journal of Family Psychotherapy,* 4, 35-52.

Friedman, S., & Lipchik, E. (1999). A time-effective, solution-focused approach to couple therapy. In J.M. Donovan (Ed.), *Short-term couple therapy* (pp. 325-359). New York, NY: Guilford Press.

Fuertes, J. N., Miville, M. L., Mohr, J. J., Sedlacek, W. E., & Gretchen, D. (2000). Factor structure and short form of the Miville-Guzman Universality-Diversity Scale. *Measurement and Evaluation in Counseling and Development,* 33, 157-169.

Gardner, F. (2000). Methodological issues in the direct observation of parent-child interaction: Do observational findings reflect the natural behavior of participants? *Clinical Child and Family Psychology Review,* 3,185-198.

Gauthier, J. (2005). Toward a universal declaration of ethical principles for psychologists: A progress report. In M.J. Stevens & D. Wedding (Eds.), *Psychology: IUPsyS Global Resource* (6th ed.). Hove, UK: Psychology Press.

Gergen, K. J. (1985). The social constructionist movement in modern psychology. *American Psychologist,* 40, 266-275.

Gergen, K. J. (1991). *The saturated self: Dilemmas of identity in contemporary life.* New York, NY: Basic Books.

Gergen, K. J. (1995). The social constructionist movement in modern psychology. *American Psychologist,* 40(3), 266-275.

Gerson, R. (1995). The family life cycle: Phases, stages, and crises. In R. H. Mike-sell, D. Lusterman, & S.H. McDaniel (Eds.), *Integrating family therapy: Handbook of family psychology and systems theory* (pp. 91-111). Washing ton, DC: American Psychological Association.

Glasersfeld, E. von. (1988). The reluctance to change a way of thinking. *The Irish Journal of Psychology,* 9(1), 83-90.

Goldberg, M. (1985). Loss and grief: Major dynamics in the treatment of alcohol ism. *Alcoholism Treatment Quarterly,* 2, 1, 37-45.

Goldenberg, H., & Goldenberg, I. (2009). The revolution and evolution of family therapy and family psychology. In J. H. Bray & M. Stanton (Eds.), *The Wiley-Blackwell handbook of family psychology* (pp. 21-36). West Sussex, UK: Blackwell Publishing.

Goldenberg, I., & Goldenberg, H. (2013). *Family therapy: An overview.* Independence, KY: Cengage Learning.

Goldstein, M. J., & Miklowitz, D. J. (1995). The effectiveness of psychoeducational family therapy in the treatment of schizophrenic disorders. *Journal of Marital and Family Therapy,* 21(4), 361-376.

Goodheart, C. D., Kazdin, A. E., & Sternberg, R. J. (2006). *Evidence-based psychotherapy: Where theory and practice meet.* Washington, DC: American Psychological Association.

Gorman-Smith, D., Tolan, P., Henry, D. B., Quintana, E., Lutovsky, K., & Leventhal, A. (2007). Schools and families educating children: A preventive intervention for early elementary school children. In P. Tolan, J. E. Szapocznik, & S. Sambrano (Eds.), *Preventing youth substance abuse: Science-based programs for children and adolescents* (pp. 113-135). Washington, DC: American Psychological Association.

Gotlib, I. H., & Hammen, C. L. (2014). *Handbook of depression* (3rd ed.). New York, NY: Guilford Press.

Gottlieb, M. C. (1996). Some ethical implications of relational diagnoses. In F. W. Kaslow (Ed.), *Handbook of relational diagnosis and dysfunctional family patterns* (pp. 19-34). Oxford, England: John Wiley & Sons.

Gottman, J. M. (1993). The roles of conflict engagement, escalation, and avoidance in marital interaction:

A longitudinal view of five types of couples. *Journal of Consulting and Clinical Psychology*, 61(1), 6-15. doi: 10.1037/0022-006X.61.1.6

Gottman, J. M. (1999). *The marriage clinic: A scientifically based marital therapy*. New York, NY: W. W. Norton & Co.

Graham, C., Carr, A., Rooney, B., Sexton, T., & Satterfield, L. R. (2013). Evaluation of Functional Family Therapy in an Irish Context. *Journal of Family Therapy*. doi: 10.1111/1467-6427.12028

Greenberg, L. S., & Johnson, S. M. (1988). *Emotionally focused therapy for couples*. New York, NY: Guilford Press.

Greenberg, J. R., & Mitchell, S. A. (1983). *Object relations in psychoanalytic theory*. Cambridge, MA: Harvard University Press.

Greenberg, L., & Paivio, S. (1997). *Working with emotion in psychotherapy*. New York, NY: Guilford Press.

Grencavage, L. M., & Norcross, J. C. (1990). Where are the commonalities among the therapeutic common factors? *Professional psychology: Research and practice*, 21(5), 372-378.

Grosz B. J. (1996). Collaborative systems: AAAI presidential address. *AI Magazine*, 2(17), 67-85.

Grovetant, H. D., & Carlson, C. I. (1989). *Family assessment: A guide to methods and measures*. New York, NY: Guilford Press.

Guerin, P. J. (Ed.). (1976). *Family therapy*. New York, NY: Gardner.

Gurman, A. S. (1971). Group marital therapy: Clinical and empirical implications for outcome research. *International Journal of Group Psychotherapy*, 21(2), 174-189.

Gurman, A. S. (1975). Couples' facilitative communication skill as a dimension of marital therapy outcome. *Journal of Marriage and Family Counseling*, 1(2), 163-174.

Gurman, A. S. (2002). Brief integrative marital therapy: A depth-behavioral approach. In A. S. Gurman & N. S. Jacobson (Eds.), *Clinical handbook of couple therapy* (3rd ed., pp. 180-220). New York, NY: Guilford Press.

Gurman, A. S., & Jacobson, N. S. (2002). *Clinical handbook of couple therapy* (3rd ed.). New York, NY: The Guilford Press.

Gurman, A. S., & Kniskern, D. P. (1981). *Handbook of family therapy* (Vol. 2). New York, NY: Brunner/Mazel.

Gurman, A. S., & Kniskern, D. P. (1986). Commentary: Individual marital therapy: Have reports of your death been somewhat exaggerated? *Family Process*, 25(1), 51-62.

Gurman, A. S., & Kniskern, D. P., & Pinsof, W. M. (1986). Research on the process and outcome of marital and family therapy. In S. L. Garfield, & A. E. Bergin (Eds.), *Handbook of psychotherapy and behavior change* (3rd ed., pp. 565-624). New York, NY: Wiley.

Hagen, M. A., & Castagna, N. (2001). The real numbers: Psychological testing in custody evaluations. *Professional Psychology: Research and Practice*, 32(3), 269-271.

Hahlweg, K. & Goldstein, M. J. (Eds.). (1987). *Understanding major mental disorder: The contribution of family interaction research*. New York, NY: Family Process Press.

Halchuk, R., Makinen, J., & Johnson, S. M. (2010). Resolving attachment injuries in couples using emotionally focused therapy: A 3-year follow-up. *Journal of Couple and Relationship Therapy*, 9, 31-47.

Haley, J. (1976). *Problem solving therapy*. San Francisco, CA: Jossey-Bass.

Halford, W., Osgarby, S., & Kelly, A. (1996). Brief behavioral couples therapy: A preliminary evaluation. *Behavioural and Cognitive Psychotherapy*, 24(3), 263-273. doi: 10.1017/81352465800015113

Halford, W., & Sanders, M. R. (1990). The relationship of cognition and behavior during marital interaction. *Journal of Social and Clinical Psychology*, 9(4), 489-510.

Halperin, S. M. (1991). Counter transference and the developing family therapist: Treatment and supervision issues. *Contemporary Family Therapy*, 13(2), 127-141.

Han, H. R., Kim, M., Lee, H. B., Pistulka, G., & Kim, K. B. (2007). Correlates of depression in the Korean American elderly: Focusing on personal resources of social support. *Journal of Cross-Cultural Gerontology*, 22, 115-127.

Hanna, S. M., & Brown, J. H. (2004). *The practice of family therapy* (3rd ed.). Belmont, CA: Brooks/Cole-Thompson Learning.

Hargrove, David S. (2009). Psychotherapy based on Bowen Family Systems Theory. In J. H. Bray & M. Stanton (Eds.), *The Wiley-Blackwell handbook of family psychology* (pp. 286-299). Maiden MA: Wiley Blackwell.

Harpell, J. V., & Andrews, J. (2006). A current review of multisystemic therapy: A social-ecological approach to the treatment of conduct problems among adolescents. *Developmental Disabilities Bulletin*, 34(1-2),

文　　献

80-106.

Hartman, A. (1995). Diagrammatic assessment of family relationships. *Families in Society*, 76,111-122. doi: 10.1521/jscp.l990.9.4.489

Hartnett, D., Carr, A., & Sexton, T. (in press). The effectiveness of Functional Family Therapy in reducing adolescent mental health and family adjustment difficulties in and Irish context. *Family Process*.

Hayes, S. C., Luoma, J. B., Bond, F. W., Masuda, A., & Lillis, J. (2006). Acceptance and commitment therapy: Model, processes and outcomes. *Psychology Faculty Publications*. Paper 101. http://scholarworks.gsu.edu/psych_fac pub/101

Hayes, S. H., Strosahl, K., & Wilson, K. G. (1999). *Acceptance and commitment therapy: An experiential approach to behavior change*. New York, NY: Guilford Press.

Hazelrigg, M. D., Cooper, H. M., & Borduin, C. M. (1987). Evaluating the effectiveness of family therapies: An integrative review and analysis. *Psychological Bulletin*, 101(3), 428-442.

Heatherington, L., Friedlander, M. L., & Greenberg, L. (2005). Change process research in couple and family therapy: Methodological challenges and opportunities. *Journal of Family Psychology*, 19(1), 18-27.

Henggeler, S. W., & Lee, T. (2003). Multisystemic treatment of serious clinical problems. In A. E. Kazdin and J. R. Weisz (Eds.), *Evidence-based psycho-therapies for children and adolescents* (pp. 301-321). New York, NY: Guilford Press.

Henggeler, S. W., Melton, G. B., & Smith, L. A. (1992). Family preservation using multisystemic therapy: An effective alternative to incarcerating serious juvenile offenders. *Journal of Consulting and Clinical Psychology*, 60(6), 953-961.

Henggeler, S. W., Pickrel, S. G., & Brondino, M. J. (1999). Multisystemic treatment of substance abusing and dependent delinquents: Outcomes, treatment fidelity, and transportability. *Mental Health Services Research*, 1,171-184.

Henggeler, S. W., Rodic, J. D., Borduin, C. M., Hanson, C. L., Watson, S. M., & Urey, J. R. (1986). Multisystemic treatment of juvenile offenders: Effects on adolescent behavior and family interaction. *Developmental Psychology*, 22, 132-141.

Henggeler, S. W., Rowland, M. D., Randall, J., Ward, D. M., Pickrel, S. G., Conningham, P. B., . . . Stanos, A. B. (1999b). Home-based multisystemic therapy as an alternative to hospitalization of youths in psychiatric crisis: Clinical outcomes. *Journal of the American Academy of Child and Adolescent Psychiatry*, 38, 1331-1339.

Henggeler, S. W, Schoenwald, S. K., Borduin, C. M., Rowland, M. D., Cunning ham, P. B. (1998). *Multisystemic treatment of antisocial behavior in children and adolescents*. New York, NY: Guilford Press.

Hertlein, K., & Weeks, G. (2009). Toward a new paradigm in sex therapy. *Journal of Family Psychotherapy*, 20(2-3), 112-128.

Hess, A. K. (1986). Growth in supervision: Stages of supervisee and supervisor development. *The Clinical Supervisor*, 4,1-2, 51-67.

Hilgard, E. R., Kelly, E. L., Luckey, B., Sanford, R. N., Shaffer, L. F. & Shakow, D. (1947). Recommended graduate training program in clinical psychology. *American Psychologist*, 2, 539-558.

Hobfoll, S. E. (2002). Social and psychological resources and adaptation. Review of General Psychology, 6(4), 307-324.

Hofstadter, D. (1979). *Godel, Escher, Bach: An eternal golden brain*. New York, NY: Basic Books.

Holahan, C. J., & Moos, R. H. (1983). Development of qualitative indices of social support. *British Journal of Clinical Psychology*, 22, 157-162.

Hollon, D., DeRubeis, R. J., Fawcett, J., Amsterdam, J. D., Shelton, R. C., Zajecka, J.,...Gallop, R. (2014). Effect of cognitive therapy with antidepressant medications vs antidepressants alone on the rate of recovery in major depressive disorder: A randomized clinical trial. *JAMA Psychiatry*, 71, 10, 1157-1164.

Holloway, E. (1995). *Clinical supervision: A systems approach*. Thousand Oaks, CA: Sage.

Hooley, J. M., Phil, D., Miklowitz, D. J., & Beach, S. R. H. (2006). Expressed emotion and DSM-V. In S. R. H. Beach, M. Z. Wamboldt, N. J. Kaslow, R. E. Heyman, M. B. First, E. G. Underwood, & D. Reiss (Eds.), *Relational processes and DSM-V: Neuroscience, assessment, prevention, and treatment* (pp. 175-191). Washington, DC: American Psychiatric Association.

Horner, A. J. (1984). *Object relations and the developing ego in therapy*. New York, NY: Jason Aronson.

Hoyt, M. P., & Berg, I. K. (1998). Solution-focused couple therapy: Helping clients construct self-fulfilling realities. In E M. Dattilio (Ed.), *Case studies in couple and family therapy: Systemic and cognitive perspectives* (pp. 203-232). New York, NY: Guilford Press.

Hutchings, J., & Lane, E. (2005). Parenting and the development and prevention of child mental health problems. *Current Opinion in Psychiatry*, 18(4), 386-391.

Iliadi, P. (2010). Accountability and collaborative care: How interprofessional education promotes them. *Health Science Journal*, 4(3), 129-135.

Imber-Black, E., Roberts, J., Sc Whiting, R. A. (Eds.). (2003). *Rituals in families and family therapy*. New York, NY: W. W. Norton & Company.

Ingram, D. (1990). *Critical theory and philosophy*. New York: Paragon House.

Institute of Medicine. (2001). *Crossing the quality chasm: A new health system for the 21st century*. Washington, DC: National Academy Press.

International Council of Psychologists. (2015). *ICP Bylaws*. http://www.icpweb.org/

International Union of Psychological Science. (2014). http://www.iupsys.net/ Islam, C. (2007). Virtue ethics, multiculturalism, and the paradox of cultural dialogue. *American Psychologist*, 62, 704-705.

Jacobson, N. S., & Addis, M. E. (1993). Research on couples and couple therapy: What do we know? Where are we going? *Journal of Consulting and Clinical Psychology*, 61(1), 85-93. doi: 10.1037/0022-006X.61.1.85

Jacobson, N. S., & Christensen, A. (1996). *Acceptance and change in couple therapy*. New York, NY: W. W. Norton & Co.

Jacobson, N. S., Christiansen, A., Prince, S. E., Cordova, J., & Eldridge, K. (2000). Integrative behavioral couple therapy: An acceptance-based, promising new treatment for couple discord. *Journal of Consulting and Clinical Psychology*, 68(2), 351-355.

Jacobson, N. S., & Follette, W. C. (1985). Clinical significance of improvement resulting from two behavioral marital therapy components. *Behavior Therapy*, 16(3), 249-262. doi: 10.1016/80005-7894(85)80013-7

Jacobson, N. S. and Margoli, C. (1979). *Marital therapy: Strategies based on social learning and behavior exchange principles*. New York, NY: Brunner/ Mazel.

Jackson, A. P., & Meadows, F.B. (1991). Getting to the bottom to understand the top. *Journal of Counseling and Development*, 70, 72-74.

Jain Stories. *Blind men and an elephant*. Retrieved August 29, 2006, from Jain-World.com

Johnson, S. M. (1996). *Creating connection: The practice of emotionally focused marital therapy*. New York, NY: Brunner/Mazel.

Johnson, S. M., Hunsley, J., Greenberg, L., & Schindler, D. (1999). Emotionally focused couples therapy: Status and challenges. *Clinical psychology: Science and practice*, 6, 67-79.

Johnson, S. M., & Lebow, J. (2000). The coming of age of couple therapy: A decade review. *Journal of Marital and Family Therapy*, 26, 23-38.

Johnson, S. M., & Talitman, E. (1996). Predictors of success in emotionally focused marital therapy. *Journal of Marital and Family Therapy*, 23, 135-152.

Jones, J. L., & Mehr, S. L. (2007). Foundations and assumptions of the scientist-practitioner model. *American Behavioral Scientist*, 50(6), 766-771.

Jones, E., & Nisbett, R. (1971). *The actor and the observer: Divergent perceptions of the causes of behavior*. New York, NY: General Learning Press.

Kapinus, C. A., & Johnson, M. P. (2003). The utility of family life cycle as a theoretical and empirical tool: Commitment and family life-cycle stage. *Journal of Family Issues*, 24(2), 155-184.

Kaslow, F. W. (1987). Trends in family psychology. *Journal of Family Psychology*, 1(1), 77-90.

Kaslow, F. W. (2001). Whither countertransference in couples and family therapy: A systemic perspective. *Journal of Clinical Psychology*, 57, 1029-1040.

Kaslow, N. J., Broth, M. R., Smith, C. O., & Collins, M. H. (2012). Family-based interventions for child and adolescent disorders. *Journal of Marital and Family Therapy*, 38(1), 82-100.

Kaslow, N. J., Celano, M. P., & Stanton, M. (2009). Training in family psychology: A competencies-based approach. In J. H. Bray & M. Stanton (Eds.), *The Wiley-Blackwell handbook of family psychology* (pp. 112-128). West Sussex, UK: Blackwell Publishing.

Kaslow, N. J., Grus, C. L., Campbell, L. E, Fouad, N. A., Hatcher, R. L., & Rodolfa, E. R. (2009). Competency assessment toolkit for professional psychology. *Training and Education in Professional Psychology*, 3, S27-S45. doi:10.1037/ a0015833

Katz, J., Beach, S. R. H., & Joiner, T. E. (1999). Contagious depression in dating couples. *Journal of Social & Clinical Psychology*, 18, 1-13.

文　　献

Kazdin, A. E. (2006). Assessment and evaluation in clinical practice. In C.D. Goodheart, A. E. Kazdin, & R. J. Sternberg (Eds.), *Evidence-based psychotherapy: Where practice and research meet* (pp. 153-177). Washington, DC: American Psychological Association.

Keim, J., & Lappin, J. (2002). Short term couples treatment: A structural/strategic perspective. In A. Curman & N. Jacobson (Eds.), *Clinical handbook of couple therapy* (3rd ed.). New York, NY: Guilford Press.

Kelley, P. (1996). Metaphorical views of family interaction: A cross-cultural analysis. *Personal Relationships Issues, 3,* 17-23.

Kelley, H. H. (1971). *Attribution in social interaction.* New York, NY: General Learning Press.

Kendler, K. S., Neale, M. C., Kessler, R. C., Heath, A. C., Lindon J., & Eaves, L. J. (1993). Longitudinal twin study of personality and major depression in women. *Archives of General Psychiatry, 50*(11), 853-862.

Kessler, R. C., Sonnega, A., Bromet, E., Hughes, M., & Nelson, C. B. (1995). Post-traumatic stress disorder in the National Comorbidity Survey. *Archives of General Psychiatry, 52,* 1048-1060.

Klimek, D. (1979). *Beneath mate selection and marriage.* New York, NY: Van Nostrand Reinhold Company.

Knobloch-Fedders, L. M., Pinsof, W. M., & Mann, B. J. (2007). Therapeutic alliance and treatment progress in couple psychotherapy. *Journal of Marital and Family Therapy, 33*(2), 245-257.

Knutson, J. E, DeGarmo, D. S., & Reid, J. B. (2004). Social disadvantage and neglectful parenting as precursors to the development of antisocial and aggressive child behavior: Testing a theoretical model. *Aggressive Behavior, 30*(3), 187-205.

Koyama, M. (January 1, 2011). *Interprofessional collaboration in a rehabilitation hospital in Japan. ETD Collection for McMaster University.* Paper AAINR74024: http://digitalcommons.mcmaster.ca/dissertations/AAINR74024

Kral, M. J., Burkhardt, K. J. & Kidd, S. (2002). The new research agenda for a cultural psychology. *Canadian Psychology/Psychologic Canadienne, 43*(3), 154-162.

Kramer, K. P. (2003). *Martin Buber's I and thou: Practicing living dialogue.* Mahwah, NJ: Paulist Press.

Kubie, L. S. (March, 1947). *Training in clinical psychology. Transactions of the First Conference.* New York, NY: Josiah Macy Jr. Foundation.

Kuper, A. (1999). *Culture: The anthropologists' account.* Cambridge, MA: Harvard University Press.

Kvarnström, S. (2008). Difficulties in collaboration: A critical incident study of interprofessional healthcare teamwork. *Journal of Interprofessional Care, 22*(2), 191-203. doi: 10.1080/13561820701760600

Lambert, A. (2011). *The process of working ethically with multiple constellations of the family.* Unpublished Dissertation, Seattle Pacific University.

Lambert, E. W., & Guthrie, P. R. (1996). Clinical outcomes of a children's mental health managed care demonstration. *Journal of Mental Health Administration, 23*(1), 51-68.

Lambo, A. (2000). Constraints on world medical and health progress. In R. Lanza (Ed.), One world: The health and survival of the human species in the 21st century (pp. 111-128). Santa Fe, NM: Health Press.

Laszlo, A., & Krippner, S. (1998). Systems theories: Their origins, foundations, and development. In J. S. Jordan (Ed.), *Systems theories and a priori aspects of perception* (pp. 47-74). Amsterdam, The Netherlands: Elsevier Science.

Leach, M. M., & Harbin, J. J. (1997). Psychological ethics codes: A comparison of twenty-four countries. *International Journal of Psychology, 32,* 181-192.

Leary, T. (1957). *Interpersonal diagnosis of personality.* New York, NY: Ronald Press .

Lebow, J. (2000). What does the research tell us about couple and family therapies? Journal of Clinical Psychology, 56, 1083-1094.

Lebow, J. L., Chambers, A., Christensen, A., & Johnson, S. M. (2012). Marital Dis tress. In D. Sprenkle & R. Chenail (Eds.), *Effectiveness research in marriage and family therapy.* Washington, DC: AAMFT.

Le Grange, D., Crosby, R. D., Rathouz, R. J., & Leventhal, B. L. (2007). A randomized controlled comparison of family-based treatment and supportive psychotherapy for adolescent bulimia nervosa. *Archives of General Psychiatry, 64*(9), 1049-1056.

Lerner, H. (1989). *The dance of intimacy.* New York, NY: Harper and Row.

Levant, R. E. (1997). Editorial: "Its been a hard day's night." *Journal of Family Psychology, 11*(4), 387-390.

Liddle, H. A. (1987). Family psychology: Tasks of an emerging (and emerged) discipline. *Journal of Family Psychology.* 1(1), 5-22.

Liddle, H. A. (1999). Theory development in a family-based therapy for adolescent drug abuse. *Journal of Clinical Child Psychology, 28*(4), 521-532.

Liddle, H. A. (2009). Multidimensional family therapy: A science based treatment system for adolescent drug abuse. In J. Bray & M. Stanton (Eds.), *The Wiley-Blackwell handbook of family psychology* (pp. 341-354). Sussex, UK: Blackwell Publishing.

Liddle, H. A. (2014). Adapting and implementing an evidence-based treatment with justice involved adolescents: The example of multidimensional family therapy. *Family Process*, 53(3), 516-528. doi: 10.1111/famp.l2094

Liddle, H. A. (in press). Multidimensional family therapy. In T. L. Sexton & J. Lebow(Eds.), *Handbook of family therapy*. New York, NY: Routledge.

Liddle, H. A., Bray, J. H., Levant, R. E, & Santisteban, D. A. (2002). Family psychology intervention science: An emerging area of science and practice. In H. A. Liddle, D. A. Santisteban, R. F. Levant, & J. H. Bray (Eds.), *Family psychology: Science-based interventions* (pp. 3-15). Washington, DC: American Psychological Association.

Liddle, H. A., Breunlin, D., & Schwartz, R. (Eds.). (1988). *Handbook of family therapy training and supervision*. New York, NY: The Guilford Press.

Liddle, H. A., & Diamond, G. (1991). Adolescent substance abusers in family therapy: The critical initial phase of treatment. *Family Dynamics of Addiction Quarterly*, 1(1), 55-68.

Liddle, H. A., & Halpin, R. J. (1978). Family therapy training and supervision literature: A comparative review. *Journal of Marriage and Family Counseling*, 4(4), 77-98.

Liddle, H. A., Rowe, C. L., Dakof, G. A., Henderson, C., & Greenbaum, P. (2009). Multidimensional family therapy for early adolescent substance abusers: Twelve month outcomes of a randomized controlled trial. *Journal of Consulting and Clinical Psychology*, 77(1), 12-25. doi: 10.1037/a0014160

Liddle, H. A., & Saba, G. (1983). On contest replication: The isomorphic relationship to training and therapy. *Journal of Strategic and Systemic Therapies*, 2(2) 3-11.

Linehan, M. M., Armstrong, H. E., Suarez, A., Allmon, D., & Heard, H. L. (1991). Cognitive-behavioral treatment of chronically parasuicidal borderline patients. *Archives of General Psychiatry*, 48, 1060-1064.

Litz, B. T., Gray, M. J., Bryant, R. A., & Adler, A. B. (2002). Early interventions for trauma: Current status and future directions. *Clinical Psychology: Science and Practice*, 9(2), 112-134.

Luborsky, L. (1984). *Principles of psychoanalytic psychotherapy*. New York, NY: Basic Books.

Mable, A. L., & Marriott, J. (2002). *Sharing the learning—the health transition fund synthesis series: Primary health care*. Ottawa, ON: Health Canada.

Magnavita, J. J. (2012). Advancing clinical science using system theory as the framework for expanding family psychology with unified psychotherapy. *Couple and Family Psychology: Research and Practice*, 1(1), 3-13. doi: 10.1037/a0027492

Mahler, M., Pine, E, & Bergman, A. (1975). *The psychological birth of the human infant: Symbiosis and individuation*. New York, NY: Basic Books.

Mahrer, A. R., & Boulet, D. B. (1997). The experiential model of on-the-job teaching. In C. Edward Watkins, Jr. (Ed.), *Handbook of psychotherapy supervision* (pp. 164-183). New York: Wiley.

Main, M., Kaplan, N., & Cassidy, J. (1985). Security in infancy, childhood, and adulthood: A move to the level of representation. In I. Bretherton & E. Waters (Eds.), *Monographs of the Society for Research in Child Development*, 50(1-2, Serial No. 209, pp. 66-106).

Maxmen, J. S., & Ward, N. G. (1995). *Essential psychopathology and its treatment*. New York, NY: W. W. Norton & Company.

McDaniel, S. H (August 3,2010). Personal communication.

McDaniel, S. H., Campbell, T. L., Hepworth, J., &Lorenz, A. (2005). *Family-oriented primary care* (2nd ed.). New York, NY: Springer Publishing.

McDaniel, S. H., Campbell, T. L., & Seaburn, D. B. (1995). Principles for collabo ration between health and mental health providers in primary care. *Family Systems Medicine*, 13(3-4), 283-298. doi: 10.1037/h0089075

McDaniel, S., Weber, T., & McKeever, J. (1983). Multiple theoretical approaches to supervision: Choices in family therapy training. *Family Process*, 22, 491-500.

McFarlane, W. R. (2006). Family expressed emotion prior to onset of psychosis. In S. R. H. Beach, M. Z. Wamboldt, N. J. Kaslow, R. E. Heyman, M. B. First, L. G. Underwood, & D. Reiss (Eds.), *Relational processes and DSM-V: Neuroscience, assessment, prevention, and treatment* (pp. 77-88). Washington, DC: American Psychiatric Association.

文　　献

McFarlane, W. R., Dixon, L., Lukens, E., & Lucksted, A. (2003). Family psychoeducation and schizophrenia: A review of the literature. *Journal of Marital and Family Therapy*, 29(2), 223-245.

McGoldrick, M. A., Carter, B., & Garcia-Preto, N. (2010). *The expanded family life cycle: Individual, family, and social perspectives* (4th ed.). Allyn and Bacon.

McGoldrick, M., Gerson, R., & Retry, S. (2008). *Genograms: Assessment and intervention*. New York, NY: W W. Norton.

McPherson K., Headrick, L., & Moss, F. (2001). Working and learning together: Good quality care depends on it, but how can we achieve it? *Quality in Health Care*, 10, 46-53.

Melidonis, G. G., & Bry, B. H. (1995). Effects of therapist exceptions questions on blaming and positive statements in families with adolescent behavior problems. *Journal of Family Psychology*, 9(4), 451-457.

Merali, Z. (2005). *Fear still haunts Tsunami survivors*. Retrieved December 22, 2005, from bttp://www.newscientist.com

Middleberg (2001). Projective identification in common couple dances. *Journal of Marital and Family Therapy*, 27(3), 341-352.

Mikesell, S. G., & Stohner, M. R. (1995). Infertility and pregnancy loss: The role of the family consultant. In R. H. Mikesell, D. Lusterman, & S. H. McDaniel (Eds.), *Integrating family therapy: Handbook of family psychology and systems theory* (pp. 421-436). Washington, DC: American Psychological Association.

Miklowitz, D. J., & Clarkin, J. F. (2003). Diagnosis of family relational disorders. In G. P. Sholevar & L. D. Schwoeri (Eds.), *Textbook of family and couples therapy* (pp. 341-363). Washington, DC: American Psychiatric Publishing, Inc.

Miller, R. B., Anderson, S., & Keala, D. K. (2004). Is Bowen theory valid? A review of basic research. *Journal of Marital and Family Therapy*, 30(4), 453-466.

Miller, S. D., Duncan, B. L., & Hubble, M. A. (1997). *Escape from Babel: Toward a unifying language for psychotherapy practice*. New York, NY: WW Norton, Co.

Miller, B. P., Kessler, R., Peek, C. J., & Kallenberg, G. A. (2013). *Establishing the research agenda for collaborative care*. Publication #11-0067. Rockville, MD: Agency for Healthcare Research and Quality. Retrieved from http:// www.ahrq.gov/research/findings/final-reports/collaborativecare/collabl .html

Millon, T., Millon, C., Davis, R., & Grossman, S. (2009). *MCMI-III Manual* (4th ed.). Minneapolis, MN: Pearson Education, Inc.

Milne, D. L., & James, I. A. (2002). The observed impact of training on competence in clinical supervision. *British Journal of Clinical Psychology*, 41, 55-72. http://dx.doi.org/10.1348/014466502163796

Minuchin, S. (1974). *Families and family therapy*. Cambridge, MA: Harvard University Press.

Money, J., & Herman, M. (1978). *The handbook of sexology: History and ideology* (Vol. 1). New York, NY: Elsevier.

Monroe, S. M., & Simons, A. D. (1991). Diathesis-stress theories in the context of life stress research: Implications for the depressive disorders. *Psychological Bulletin*, 110, 406-425. doi: 10.1037/0033-2909.110.3.406

Mooney, J. (2011). *Why the time is right for collaborative care*. Retrieved from http://www.kevinmd.eom/blog/2011/02/time-collaborative-care.html

Mosak, H. H., & Pietro, R. D. (2006). *Early recollections: Interpretative method and application*. New York, NY: Routledge.

Mpofu, E. (2001). Rehabilitation an international perspective: A Zimbabwean experience. *Disability and Rehabilitation: An International, Multidisciplinary Journal*, 23, 481-489.

Multidimensional Family Therapy. (2015). *Prescient, early family therapy's most influential projects*. Retrieved from http://www.mdft.org/

Munck, E. (1999). Ethics of sexuality—Ethics of sexology. *Scandinavian Journal of Sexology*, 2, 195-201.

Nadelson, C. C., Sc Paolino, T. J. (1978). Marital therapy from a psychoanalytic perspective. In T. J. Paolino & B. S. McCrady (Eds.), *Marriage and marital therapy: Psychoanalytic, behavioral, and systems theory perspectives* (pp. 89-164). New York, NY: Brunner/Mazel.

Napier, A. Y., & Whitaker, C. A. (1978). *The family crucible*. New York, NY: Harper & Row.

Nichols, M. P. (1987). *The self in the system: Expanding the limits of family therapy*. New York, NY: Brunner/Mazel Publishers.

Nichols, W. C. (1988). An integrative psychodynamic and systems approach. In H. Liddle, D. Breunlin, & R. Schwartz (Eds.), *Handbook of family therapy training and supervision*. New York, NY: Guilford Press.

Nichols, W. C. (1996). *Treating people in families*. New York, NY: The Guilford Press.

253

家 族 心 理 学

Nichols, M. P. (2013). *Family therapy: Concepts and methods* (10th ed.). Boston, MA: Pearson.

Nichols, M. P., & Schwartz, R. C. (1998). *Family therapy: Concepts and methods.* Boston, MA: Allyn & Bacon.

Nichols, M. P., & Schwartz, R. C. (2001). *Family therapy: Concepts and methods.* Boston, MA: Allyn and Bacon.

Nichols, W. C., & Everett, C. A. (1986). *Systemic family therapy: An integrative approach.* New York: Guilford.

Norris, E. H. (2005). Psychosocial consequences of natural disasters in developing countries: What does past research tell us about the potential effects of the 2004 tsunami? Retrieved July 13,2007, from the National Center for PTSD http://www.redmh.org/research/specialized/tsunami_summary.pdf

Nutt, R. L., & Stanton, M. (2008). Family psychology specialty practice. *Professional psychology: Research and practice,* 39(5), 519-528.

O'Connell, B. (1998). *Solution-focused therapy.* London, UK: Sage Publications.

Okasha, A., Arboleda-Florez, J., & Sartorius, N. (2000). *Ethics, culture, and psychiatry: International perspectives.* Arlington, VA: American Psychiatric Pub.

Orchard C. A., Curran V., & Kabene S. (2005). *Creating a culture for interdisciplinary collaborative professional practice.* Med Education Online [serial online], 10:11.

Orlinsky, D. E., & Howard, K. I. (1986). In L.S. Greenberg & WM. Pinsof (Eds.), *The psychotherapeutic process: A research handbook* (pp. 477-501). New York, NY: Guilford Press.

Palmer, P. (1998). *The courage to teach.* San Francisco, CA: Jossey-Bass.

Paolino, T. J., & McCrady, B. S. (1978). *Marriage and marital therapy.* New York, NY: Brunner/Mazel.

Patela, V. L., Cytryna, K. N., ShortlifFeb, E. H., & Safranc, C. (1997). The collaborative health care team: The role of individual and group expertise. *Teaching and Learning in Medicine: An International Journal,* 12(3), 117-132.

Patterson, G. R., & Stouthamer-Loeber, M. (1984). The correlation of family management practices and delinquency. *Child Development,* 55(4), 1299-1307.

Patterson, J., Williams, L., Grauf-Grounds, C., & Chamow, L. (1998). *Essential skills in family therapy: From the first interview to termination.* New York, NY: Guilford Press.

Patterson, T. (2009). Ethical and legal considerations in family psychology: The special issue of competence. In J. Bray, & M. Stanton (Eds.) *The Wiley-Blackwell handbook of family psychology.* UK: Blackwell Publishing, 183-197.

Patterson, T., & Sexton, T. L. (2013). Bridging conceptual frameworks: A systemic heuristic for understanding family diversity. *Couple and Family Psychology: Research and Practice,* 2(4), 237-245.

Paz Pruitt, I. T. (2007). Family treatment approaches for depression in adolescent males. *American Journal of Family Therapy,* 35(1), 69-81.

Pedersen, P. (1994). *A handbook for developing cultural awareness* (2nd ed.). Alexandria, VA: American Association for Counseling and Development.

Pedersen, P. (1995). *The five stages of culture shock: Critical incidents around the world.* Westport, CT: Greenwood Press.

Pelton, S. L., & Hertlein, K. M. (2011). A proposed life cycle for voluntary childfree couples. *Journal of Feminist Family Therapy: An International Forum,* 23(1), 39-53.

Peng, K. & Nisbett, R. E. (1999). Culture, dialectics, and reasoning about contradiction. *American Psychologist,* 54(9), 741-754.

Percevic, R., Lambert, M. J., & Kordy, H. (2004). Computer-supported monitoring of patient treatment response. *Journal of Clinical Psychology,* 60(3), 285-299.

Perlmutter, R. A. (1996). *A family approach to psychiatric disorders.* Washington, DC: American Psychiatric Press, Inc.

Perry, B. L. (2006). Understanding social network disruption: The case of youth in foster care. *Social Problems,* 53, 371-391.

Peterson, B. D., Eifert, G. H., Feingold, T., & Davidson, S. (2009). Using acceptance and commitment therapy to treat distressed couples: A case study with two couples. *Cognitive and Behavioral Practice,* 16, 430-442.

Peterson, F. K. (1991). Issues of race and ethnicity in supervision: Emphasizing who you are, not what you know. *The Clinical Supervisor,* 9(1), 15-31.

Peterson, R. L., Peterson, D. R., Abrams, J. C., & Stricker, G. (1997). The National Council of Schools and Programs of Professional Psychology educational model. *Professional Psychology: Research and Practice,* 28(4), 373.

Pettifor, J. L. (2004). Professional ethics across national boundaries. *European Psychologist,* 9, 264-272.

文　　　献

doi: 10.1027/1016-9040.9.4.264

Pichot, T., & Dolan, Y. M. (2003). *Solution-focused brief therapy: It's effective use in agency settings.* Binghamton, NY: Haworth Clinical Practice Press.

Pinsof, W. M., & Catherall, D. R. (1986). The integrative psychotherapy alliance: Family, couple and individual therapy scales. *Journal of Marital and Family Therapy,* 12(2). 137-151.

Pinsof, W. M., Goldsmith, J. Z., & Latta, T. A. (2012). Information technology and feedback research can bridge the scientist practitioner gap: A couple therapy example. *Couple and Family Psychology: Research and Practice,* 1, 253-273.

Pinsof, W. M., & Wynne, L. C. (1995). The efficacy of marital and family therapy: An empirical overview, conclusions, and recommendations. *Journal of Marital and Family Therapy,* 21(4), 585-613.

Pinsof, W. M., Zinbarg, R. E., Lebow, J. L., Knobloch-Fedders, L. M., Durbin, E., Chambers, A., & Friedman, G. (2009). Laying the foundation for progress research in family, couple, and individual therapy: The development and psychometric features of the initial systemic therapy inventory of change. *Psychotherapy Research,* 19, 143-156.

Pinto, R. C. (2001). *Argument, inference and dialectic: Collected papers on informal logic.* Vol. 4. Dordrecht, The Netherlands: Kluwer Academic Publishers.

Pittman, F. (1990). *Private lies: Infidelity and the betrayal of intimacy.* New York, NY: W. W. Norton.

Plato, Emlyn-Jones, C. J. & Preddy, W. (2013). *Republic.* Cambridge, MA: Harvard University Press.

Pupavec, V. (2006). Humanitarian politics and the rise of international disaster psychology. In G. Reyes & G. A. Jacobs (Eds.), *Handbook of international disaster psychology* (pp. 15-34). Westport, CT: Praeger Publishers.

Quick, E. K. (1996). *Doing what works in brief therapy: A strategic solution-focused approach.* San Diego, CA: Academic Press.

Raimy, V. C. (1950). *Training in clinical psychology.* Englewood Cliffs, NJ: Prentice-Hall.

Rait, D. S. (2000). The therapeutic alliance in couples and family therapy. *Journal of Clinical Psychology,* 56(2), 211-224.

Rehman, U. S., Gollan, J., & Mortimer, A. R. (2008). The marital context of depression: Research, limitations, and new directions. *Clinical Psychology Review,* 28, 179-198. doi: 10.1016/j.cpr.2007.04.007.

Reiss, I. L. (1993). The future of sex research and the meaning of science. *Journal of Sex Research,* 30, 3-11.

Repetti, R. L., Taylor, S. E., & Seeman, T. E. (2002). Risky families: Family social environments and the mental and physical health of offspring. *Psychological Bulletin,* 128(2), 330-366.

Respect (Def.l). Oxford Advanced Learners Dictionary Online. Retrieved January, 2, 2015, from http:// www.oxforddictionaries.com/us/definition/ american_english/respect.

Reyes, G., & Elhai, J. D. (2004). Psychosocial interventions in the early phases of disasters. *Psychotherapy,* 41, 399-411.

Richardson, R, W. (1984). *Family ties that bind: A self-help guide to change through family of origin therapy.* Bellingham, WA: Self-Counsel Press.

Ridely, M. (2003). *Nature via nurture.* New York, NY: HarperCollins.

Riegel, K. F. (1973). Dialectical operations: The final period of cognitive development. Human Development, 18, 430-443.

Robbins, M. S., Alexander, J. F, Newell, R. M., &Turner, C. W. (1996). The immediate effect of reframing on client attitude in family therapy. *Journal of Family Psychology,* 10(1), 28-34.

Robbins, M. S., Alexander, J. P., & Turner, C. W. (2000). Disrupting defensive family interactions in family therapy with delinquent adolescents. *Journal of Family Psychology,* 14(4), 688-701.

Roberts, C., Mazzucchelli, T., Taylor, K., & Reid, R. (2003). Early intervention for behaviour problems in young children with developmental disabilities. *International Journal of Disability, Development and Education,* 50(3), 275-292.

Rogers, C. (1970). *Carl Rogers on Encounter Groups.* New York, NY: HarperCollins.

Rosenzweig, S. (1936). Some implicit common factors in diverse methods of psychotherapy. *American Journal of Orthopsychiatry,* 6, 412-415.

Roth, S., & Epston, D. (1996). Developing externalizing conversations: An exercise. *Journal of Systemic Therapies,* 15(1), 5-12.

Rovelli, C. (1996). Relational quantum mechanics. *International Journal of Theoretical Physics,* 35(8), 1637-1678. doi: 10.1007/BF02302261

Rowe, C. L., Rigter, H., Gantner, A., Mos, K., Nielsen, P., Phan, O., & Henderson, C. (2012). Implementation fidelity of multidimensional family therapy in an international trial. *Journal of Substance Abuse Treatment*, **44**(4), 391-399. doi: 10.1016/j.jsat.2012.08.225

Ruddy, N., & McDanile, S. (in press). Couple and family therapy in medical set tings. In T. L. Sexton & J. Lebow (Eds.), *Handbook of family therapy*. New York, NY: Routledge.

Ruesch, J., & Bateson, G. (1951). *Communication: The social matrix of psychiatry*. New Brunswick, NJ: Transaction Publishers.

Runions, K. C., & Keating, D. P. (2007). Young children's social information processing: Family antecedents and behavioral correlates. Developmental Psychology, 43(4), 838-849.

Sackett, D. L., Straus, S. E., Richardson, W. S., Rosenberg, W., & Haynes, R. B. (2000). *Evidence based medicine: How to practice and teach EBM* (2nd ed.). New York, NY: Churchill Livingstone.

Sale, E., Sambrano, S., Springer, J. E, & Turner, C. W. (2003). Risk, protection, and substance use in adolescents: A multi-site model. *Journal of Drug Education*, **33**(1), 91-105.

Satir, V. (1972). *Peoplemaking*. Palo Alto, CA: Science and Behavior.

Sattler, D. N. (2007). Tsunamic researchers help rebuild a community. *Observer*, **20**(6), 13-17.

Sautz, J. (1995). Collaborative care of Medicaid patients: Lessons from the Oregon Health Plan. *Family Systems Medicine*, 13, 343-349.

Sayre, G. (2002). *The psychosomatic marriage: An empirical study* (Unpublished doctoral dissertation). Seattle Pacific University, Seattle, Washington.

Scaturo, D. J., & McPeak, W. R. (1998). Clinical dilemmas in contemporary psychotherapy: The search for clinical wisdom. *Psychotherapy*, 35, 1-12.

Schaefer, E. S. (1965). Children's reports of parental behavior: An inventory. *Child Development*, 32, 413-424.

Scharff, D. E., & Scharff, J. S. (1987). *Object relations family therapy*. Northvale, NJ: Jason Aronson.

Schmidt, U, Lee, S., Beecham, J., Perkins, S., Treasure, J., Yi, I.,... Eisler, I. (2007). A randomized controlled trial of family therapy and cognitive behavior therapy guided self-care for adolescents with bulimia nervosa and related disorders. *The American Journal of Psychiatry*, 164(4), 591-598.

Schnarch, D. M. (1997). *Passionate marriage: Sex, love, & intimacy in emotionally committed relationships*. New York, NY: W. W. Norton & Co.

Schoenwald, S. K., Henggeler, S. W., & Rowland, M. D. (in press). Multisystemic therapy. In T. L. Sexton & J. Lebow (Eds.), *Handbook of family therapy*. New York, NY: Routledge.

Schoenwald, S. K., Sheidow, A. S., & Letourneau, E. J. (2004). Toward effective quality assurance in evidence-based practice: Links between expert consultation, therapist fidelity, and child outcomes. *Journal of Child and Adolescent Clinical Psychology*, 33, 94-104.

Schools and Programs of Professional Psychology education model. *Professional Psychology: Research and Practice*, 28(4), 373-386.

Schore, A. (2012). *The science of the art of psychotherapy*. New York, NY: Norton.

Schwartz, R. C. (1988). The trainer-trainee relationship in family therapy training. In H. Liddle, D. Breunlin, & R. Schwartz. (Eds.), *Handbook of family therapy training and supervision*. New York, NY: Guilford Press.

Schwartz, R. C. (2013). *Internal Family Systems Therapy*. New York, NY: Guilford.

Schwartzman, H., & Kneifel, A. (1985). *Families and other systems: The microsystemic context of family therapy*. New York, NY: Guilford Press.

Seedall, R. B. (2009). Enhancing change process in solution-focused brief therapy by utilizing couple enactments. *American Journal of Family Therapy*, 37, 99-113.

Sexton, T. L. (2007). The therapist as a moderator and mediator in successful therapeutic change. *Journal of Family Therapy*, **29**(2), 104-110.

Sexton, T. L. (2010). *Functional family therapy in clinical practice: An evidence based treatment model for at risk adolescents*. New York, NY: Routledge.

Sexton, T. L. (in press). Functional family therapy: Evidence based, clinically specific, and creative clinical decision making. In T. L. Sexton & J. Lebow(Eds.), *Handbook of family therapy*. New York, NY: Routledge.

Sexton, T. L., & Alexander, J. E (2002). Family-based empirically supported interventions. *The Counseling Psychologist*, **30**(2), 238-261. doi: 10.1177/ 0011000002302003

Sexton, T. L., & Alexander, J. F. (2003). Functional family therapy: A mature clinical model. In T. Sexton, G. Weeks, & M. Robbins (Eds.), *Handbook of family therapy*. New York, NY: Brunner/Routledge.

文　　献

Sexton, T. L., Alexander, J. F., Gilman, L. (2004). *Functional family therapy clinical supervision manual*. Annie E. Casey Foundation, www.aecf.org.

Sexton, T. L., Alexander, J. E, & Mease, A. C. (2003). Levels of evidence for the models and mechanisms of therapeutic change in couple and family therapy. In M. Lambert (Ed.), *Handbook of psychotherapy and behavior change*. New York: Wiley.

Sexton, T. L., Alexander, J. R, & Mease, A. L. (2004). Change models and mechanisms in couple and family therapy. In M. Lambert (Ed.), *Handbook of psychotherapy and behavior change* (pp. 590-646). New York, NY: Wiley & Sons.

Sexton, T. L., Datachi-Phillips, C., Evans, L. E., LaFollette, J., & Wright L. (2012). The effectiveness of couple and family therapy interventions. In M. Lambert (Ed.), *Handbook of psychotherapy and behavior change* (pp. 587-639). New York, NY: Wiley.

Sexton, T. L., & Datchi, C. (2014). The development and evolution of family therapy research: Its impact on practice, current status, and future directions. *Family Process*, 53(3), 415-433.

Sexton, T, Datchi, C., & Patterson, T. (2012). Technological innovations of systematic measurement and clinical feedback: A virtual leap into the future of couple and family psychology. *Couple and Family Psychology: Research and Practice*, 1(4), 285. doi: 10.1037/cfp0000001

Sexton, T. L., & Gordon, K. C. (2009). Science, practice and evidence-based treatments in the clinical practice of family psychology. In J. Bray & M. Stanton (Eds.), *The Wiley-Blackwell handbook of family psychology* (pp. 314-326). West Sussex, UK: Blackwell Publishing.

Sexton, T. L., Gordon, K. G., Gurman, A., Lebow, J., Holtzworth-Munroe, A., & Johnson, S. (2011). Guidelines for classifying evidence based treatments in couple and family psychology. *Family Process*, 50(3), 337-392.

Sexton, T. L., & Griffin, B. L. (1997). *Constructivist thinking in counseling practice, research and training*. New York, NY: Teachers College Press.

Sexton, T. L., Kinser, J. C., & Hanes, C. W. (2008). Beyond a single standard: Levels of evidence approach for evaluating marriage and family therapy research and practice. *Journal of Family Therapy*, 30(4), 386-398.

Sexton, T. L. & LaFollette, J. R. (in press). Criteria for evaluating the research evidence for couple and family therapy interventions. In E. Lawrence (Ed.), *Relationship science*. New York, NY: Cambridge University Press.

Sexton, T. L., & Lebow, J. (2015). *Handbook of family therapy* (4th ed.). New York, NY: Routledge.

Sexton, T. L., Ridley, C. R., & Kleiner, A. J. (2004). Beyond common factors: multilevel-process models of therapeutic change in marriage and family therapy. *Journal of Marital and Family Therapy*, 30(2), 131-149.

Sexton, T. L., Robbins, M. S., Hollimon, A. S., Mease, A. L., & Mayorga, C. C. (2003). Efficacy, effectiveness, and change mechanisms in couple and family therapy. In T. L. Sexton, G. R. Weeks, & M. S. Robbins (Eds.), *Handbook of family therapy: The science and practice of working with families and couples* (pp. 229-261). Philadelphia, PA: Brunner-Routledge.

Sexton, T. L., & Stanton, M. (2015). Systems Theories. In J. Norcoross & G Vandenbos (Eds.), *APA handbook of clinical psychology*. Washington, DC: APA.

Sexton, T. L., & Turner, C. T. (2010). The effectiveness of functional family therapy for youth with behavioral problems in a community practice setting. *Journal of Family Psychology*, 24(3), 339-348.

Sexton, T. L. & van Dam, A. E. (2010). Creativity within the structure: Clinical expertise and evidence-based treatments. *Journal of Contemporary Psychotherapy*, 40(3), 175-180.

Shadish, W. R., & Baldwin, S. A. (2002). Meta-analysis of MET interventions. In D. H. Sprenkle (Ed.), *Effectiveness research in marriage and family therapy* (pp. 339-370). Washington, DC: American Association for Marriage and Family Therapy.

Shadish, W. R., Montgomery, L. M., Wilson, R, Wilson, M. R., Bright, I., & Okwumabua, T. (1993). Effects offamily and marital psychotherapies: A meta-analysis. *Journal of Consulting and Clinical Psychology*, 61(6), 992-1002.

Shadish, W. R., Ragsdale, K., Glaser, R. R., & Montgomery, L. M. (1995). The efficacy and effectiveness of marital and family therapy: A perspective from meta-analysis. *Journal of Marital and Family Therapy*, 21(4), 345-360.

Sheidow, A. J., Henggeler, S. W, & Schoenwald, S. K. (2003). Multisystemic therapy. In T. L. Sexton, G. Weeks, & M. Robbins (Eds.), *Handbook of family therapy: The science and practice of working with families and couples* (pp. 303-322). New York, NY: Brunner-Routledge.

Shields, C. G., Wynne, E. G., McDaniel, S. H., & Gawinski, B. A. (1994). The marginalization of family therapy: A historical and continuing problem. *Journal of Marital and Family Therapy*, 20(2), 117-138.

Siegel, D, J. (2001). Toward an interpersonal neurobiology of the developing mind: Attachment, "mindsight," and neural integration. *Infant Mental Health Journal*, 22, 67-94.

Skowron, E. (in press). Multigenerational family systems. In T. L. Sexton & J. Lebow (Eds.), *Handbook of family therapy*. New York, NY: Routledge.

Skowron, E. A., & Friedlander, M. L. (1998). The differentiation of self inventory: Development and initial validation. *Journal of Counseling Psychology*, 45(3), 235-246.

Skynner, A. C. R. (1976). *Systems of family and marital psychotherapy*. New York, NY: Brunner/Mazel.

Slipp, S. (1984). *Object Relations: A dynamic bridge between individual and family treatment*. New York, NY: Jason Aronson.

Smith M., Glass, G., & Miller, T. (1980). *The benefits of psychotherapy*. Baltimore, MD: John Hopkins University Press.

Snyder, D. K. (1981). *Marital satisfaction inventory*. Los Angeles, CA: Western Psychological Services.

Snyder, D. K. (1999). Affective reconstruction in the context of a pluralistic approach to couple therapy. *Clinical Psychology: Science and Practice*, 6(4), 348-365. doi: 10.1093/clipsy/6.4.348

Snyder, D. K., & Aikman, G. G. (1999). Marital Satisfaction Inventory-Revised. In M. E. Maruish (Ed.), *The use of psychological testing for treatment planning and outcomes assessment* (2nd ed., pp. 1173-1210). Mahwah, NJ: Lawrence Erlbaum Associates Publishers.

Snyder, D. K., Cavell, T. A., & Heffer, R. W. (1995). Marital and family assessment: A multifaceted, multilevel approach. In R. H. Mikesell, D. Lusterman, & S. H. McDaniel (Eds.), *Integrating family therapy: Handbook of family psychology and systems theory* (pp. 163-182). Washington, DC: American Psychological Association.

Snyder, D. K., & Doss, B. D. (2005). Treating infidelity: Clinical and ethical directions. *JCLP/In Session*, 61, 1453-1465.

Snyder, D. K., & Schneider, W. (2002). Affective reconstruction: A pluralistic, developmental approach. In A. S. Gurman & N. S. Jacobson (Eds.), *Clinical handbook of couple therapy* (3rd ed., pp. 151-179). New York, NY: Guilford Press.

Snyder, D. K., & Wills, R. M. (1989). Behavioral versus insight-oriented marital therapy: Effects on individual and interspousal functioning. *Journal of Consulting and Clinical Psychology*, 57(1), 39-46. doi: 10.1037/ 0022-006X.57.1.39

Snyder, D. K., Wills, R. M., & Grady-Fletcher, A. (1991). Long-term effectiveness of behavioral versus insight-oriented marital therapy: A 4-year follow-up study. *Journal of Consulting and Clinical Psychology*, 59(1), 138-141. doi: 10.1037/0022-006X.59.1.138

Spanier, G. B. (1976). Measuring dyadic adjustment: New scales for assessing the quality of marriage and similar dyads. *Journal of Marriage and the Family*, 38(1), 15-28. doi: 10.2307/350547

Sue, D. W., Arredondo, P., & McDavis, R. J. (1992). Multicultural counseling competencies and standards: A call to the profession. *Journal of Counseling and Development*, 70, 477-483.

Sperry, L., & Carlson, J. (1991). *Marital therapy: Integrating theory and technique*. Denver, CO: Love Publishing Company.

Sprenkle, D. H. (2012). Intervention research in couple and family therapy: A methodological and substantive review and an introduction to the special issue. *Journal of Marital and Family Therapy*, 38(1), 3-29.

Sprenkle, D. H., Blow, A. J., & Dickey, M. H. (1999). Common factors and other nontechnique variables in marriage and family therapy. In M. A. Hubble, B. L. Duncan, & S. D. Miller (Eds.), *The heart and soul of change: What works in therapy*. Washington, DC: American Psychological Association.

Sprenkle, D. H., Davis, D. D., & Lebow, J. L. (2009). *Common factors in couple and family therapy: The overlooked foundation for effective practice*. New York, NY: Guilford.

Stanton, M. (2009). The systemic epistemology of the specialty of family psychology. In J. H. Bray & M. Stanton (Eds.), *The Wiley-Blackwell handbook of family psychology* (pp. 5-20). West Sussex, UK: Wiley-Blackwell. doi: 10.1002/978144431023&h

Stanton, M. (2012). Introduction to couple and family psychology: Research and practice. *Couple and Family Psychology: Research and Practice*, 1(1), 1-2.

Stanton, M., & Welsh, R. (2012). Systemic thinking in couple and family psychology research and practice.

文　　献

Couple and Family Psychology: Research and Practice, 1(1), 14-30.

Steinglass, P. (1991). An editorial: Finding a place for the individual in family therapy. *Family Process,* 30(3), 267-269.

Sternberg, R. J. (1986) A triangular theory of love. *Psychological Review,* 93, 119-135.

Stone, M. H., & Hoffman, N. M. (2005). Borderline states and individual psychology. In A. Freeman, M. H. Stone, & D. Martin. (Eds.), *Comparative treatments for borderline personality disorder* (pp. 133-149). New York, NY: Springer Publishing Co.

Storm, C. L., Todd, T. C., Sprenkle, D. H., & Morgan, M. M. (2001). Gaps between MFT supervision assumptions and common practice: Suggested best practices. *Journal of Marital and Family Therapy,* 27, 227-239.

Strieker, G., & Healey, B. J. (1990). Projective assessment of object relations: A review of the empirical literature. *Journal of Consulting and Clinical Psychology,* 2(3), 219-230.

Strieker, G., & Trierweiler, S. J. (1995). The local clinical scientist: A bridge between science and practice. *American Psychologist,* 50(12), 995-1002.

Strong, S. R., & Clairborn, C. D. (1982). *Change through interaction: Social psychological processes of counseling and psychotherapy.* New York, NY: Wiley.

Sue, D. W, & Sue, D. (2012). *Counseling the culturally diverse: theory and practice.* New York, NY: John Wiley & Sons.

Sullivan, H. S. (1954). *The psychiatric interview.* New York, NY: W. W. Norton.

Taylor, S. E., Fiske, S. T., Etcoff, N. L., & Ruderman, A. J. (1978). Categorical and contextual bases of person memory and stereotyping. *Journal of Personality and Social Psychology,* 36(7), 778-793.

Terman, L. M., Buttenwieser, P., Ferguson, L. W., Johnson, W. B., & Wilson, D. P. (1938). *Psychological factors in marital happiness.* New York, NY: McGraw-Hill.

Thibaut, J. W, & Kelley, H. H. (1959). *The social psychology of groups.* Oxford, England: John Wiley.

Thoburn, J. W, Bentley, J. A., Ahmad, Z. S., & Jones, K. C. (2012). International disaster psychology ethics: A social justice model imbedded in a systems paradigm. *Traumatology,* 18(4), 79-85.

Thoburn, J. W, Cecchet, S., Oliver, X, Jones, K. C., & Sanchez, O. (2011). Where do we go from here? The development of a family psychology identity. *The Family Psychologist,* 27(1), 6-10.

Thoburn, J. W. & Hammond-Meyer, A. (2004). Eating disorders. In F. Kline, & L. B. Silver (Eds.) *The educator's guide to mental health issues in the class room.* (pp. 141-170). Baltimore: Brookes Publishing.

Thoburn, J. W, Hoffman-Robinson, G., Shelley, L., & Sayre, G. (2009). Collaborative treatment for the psychosomatic couple. *The Family Journal: Counseling and Therapy for Couples and Families,* 17(1), 6-13.

Thoburn, J. W.. Hoffman-Robinson, G., Shelly, L. & Hagen, A. (2009). Clinical practice in family psychology. In J. Bray, & M. Stanton (Eds.), *The Wiley-Blackwell handbook of family psychology.* UK: Blackwell Publishing, 198-211.

Thoburn, J. W., Mauseth, K., McGuire, T., Adams, K., & Cecchet, S. (2015). *The Health Support Team: The development of an indigenous community volunteer mental health training program in Haiti.* Unpublished manuscript.

Thomas, E. N., & McKenzie, P. N. (1986). Prolific writers in marital and family therapy: A research note. *Journal of Marital and Family Therapy,* 12(2), 175-180.

Tiefer, L. (1994). The social construction and social effects of sex research: The sexological model of sexuality. In C. B. Travis & J. W. White (Eds.), *Sexuality, society, and feminism.* Washington, DC: American Psychological Association.

Todd, T, & Storm, C. (1997). *The complete systemic supervisor.* Boston, MA: Allyn & Bacon.

Trowell, J., Joffe, I., Campbell, J., Clemente, C., Almqvist, E, Soininen,... Tsiantis, J. (2007). Childhood depression: A place for psychotherapy. An outcome study comparing individual psychodynamic psychotherapy and family therapy. *European Child & Adolescent Psychiatry,* 16(3), 157-167.

Tyler, F. B., Tyler, S. L., Echeverry, J. J., & Zea, M. C. (1991). Making it on the streets in Bogota: A psychosocial study of street youth. *Genetic, Social and General Psychology Monographs,* 117(4), 395-417.

United Kingdom Central Council for Nursing, Midwifery and Health Visiting (UKCC). (1994). *The Midwifes Code of Practice.* London, UK: UKCC.

United States Census Bureau. (2014). *United States Census Bureau.* Retrieved October 22, 2014.

Varela, J. C., & Conroy, M. A. (2012). Professional competencies in forensic psychology. *Professional*

家 族 心 理 学

Psychology: Research and Practice, **43**(5), 410-421.

Vaughn, M. C., & Howard, M. O. (2004). Adolescent substance abuse treatment: A synthesis of controlled evaluations. *Research on Social Work Practice,* **14**, 325-335.

Visser, C. R. (2013). The origin of the Solution-Focused approach. *International Journal of Solution-Focused Practices,* **1**(1), 10-17.

Wagner, E. H., Austin, B. T., & von Korff, M. (1996). Organizing care for patients with chronic illness. *Milbank Quarterly,* **74**(4), 551-544.

Waldron, H. B., & Turner, C. W. (2008). Evidence-based psychosocial treatments for adolescent substance abuse. *Journal of Clinical Child and Adolescent Psychology,* **37**(1), 238-261.

Walker, B. B., & London, S. (2007). Novel tools and resources for evidence-based practice in psychology. *Journal of Clinical Psychology,* **63**(7), 633-642.

Wall, T. (September, 16,2007). Personal communication.

Walter, J. L., & Peller, J. E. (1992). *Becoming solution focused in brief therapy.* New York, NY: Brunner/Mazel.

Wampold, B. E. (1997). Methodological problems in identifying efficacious psychotherapies. *Psychotherapy Research,* **7**(1), 21-43.

Wampold, B. E. (2003). Bashing positivism and revering a medical model under the guise of evidence. *The Counseling Psychologist,* **31**(5), 539-545.

Wampold, B. E., & Bhati, K. S. (2004). Attending to the omissions: A historical examination of evidence based practice movements. *Professional Psychology: Research and Practice,* **35**, 563-570.

Wanlass, J., & Scarff, D. E., (in press). Psychodynamic approaches to couple and family therapy. In T. L. Sexton & J. Lebow (Eds.), *Handbook of family therapy.* New York, NY: Routledge.

Waters D. B., & Lawrence, E. G. (1993). *Competence, courage, and change: An approach to family therapy.* New York, NY: W. W. Norton & Co.

Watkins, E. C. (1992). Psychotherapy supervision and the separation-individuation process: Autonomy versus dependency issues. *Clinical supervisor,* **10**(1), 111-121.

Watzlawick, P., Beavin-Bavelas, J., & Jackson, D. (1967). *Pragmatics of human communication—A study of interactional patterns, pathologies and paradoxes.* New York, NY: W. W. Norton.

Watzlawick, P., Weakland, J., & Fisch, R. (1974). *Change: Principles of problem formation and problem resolution.* New York, NY: Norton.

Webster-Stratton, C. H. (1990). Stress: A potential disruptor of parent perceptions and family interactions. *Journal of Clinical Child Psychology,* **19**(4), 1302-1312.

Webster-Stratton, C. H. (1996). Early intervention with videotape modeling: Programs for families of children with oppositional defiant disorder or conduct disorder. In E. D. Hibbs & P. S. Jensen (Eds.), *Psychosocial treatments for child and adolescent disorders: Empirically based strategies for clinical practice* (pp. 435-474). Washington, DC: American Psychological Association.

Weeks, G. R., & Nixon, G. F. (1991). Family psychology: The specialty statement of an evolving field. *The Family Psychologist,* **7**(4), 9-18.

Weisner, T. S., & Fiese, B. H. (2011). Introduction to special section of the Journal of Family Psychology, advances in mixed methods in family psychology: Integrative and applied solutions for family science. *Journal of Family Psychology,* **25**(6), 795-798.

Weiss, R. L., & Heyman, R. E. (1990). Marital distress. In A. S. Bellack, M. Hersen, & A. E. Kazdin (Eds.), *International handbook of behavior modification and therapy* (2nd ed., pp. 475-501). New York, NY: Plenum Press. doi: 10.1007/978-l-4613-0523-l_23

Weiss, R. L., Hops, H., & Patterson, G. R. (1993). A framework for conceptualizing marital conflict: A technology for altering it, some data for evaluating it. In L. D. Handy & E. L. Mash (Eds.), *Behavior change: Methodology concepts and practice* (pp. 309-342). Champaign, IE: Research Press.

Welsh, R., Greenberg, L., & Graham-Howard, M. (2009). Family forensic psychology. In J. Bray & M. Stanton (Eds.), *The Wiley-Blackwell handbook of family psychology* (pp. 702-717). West Sussex, UK: Wiley-Blackwell.

Wessells, M. (2009). Do no harm: Toward contextually appropriate psychosocial support in international emergencies. *American Psychologist,* **64**, 842-854.

Weston, W. W. (2005). Patient-centered medicine: A guide to the biopsychosocial model. *Families, Systems, & Health,* **23**(4), 387-392.

Whisman, M. A., Johnson, D. P., Be, D., & Li, A. (2012). Couple-based interventions for depression. *Couple and Family Psychology: Research and Practice,* **1**(3), 185-198.

260

文　　献

White, M. (1989). *Selected papers*. Adelaide, Australia: Dulwich Centre Pub.

White, J. M., & Klein, D. M. (2007). *Family theories* (3rd ed.). New York, NY: Sage Publications.

Whitley, B. E. Jr., & Kite, M. E. (2006). *The psychology of prejudice and discrimination*. Belmont, CA: Thompson Wadsworth.

WHO (2013). *Japan Inter Professional Working and Education Network*. Global Health Workforce Alliance. Retrieved from http://www.who.int/workforcealliance/members_partners/ember_list/jipwen/en/index.html

Wiener, N, (1948). *Cybernetics: Or control and communication in the animal and the machine*. Cambridge, MA: MIT Press.

Williams, B., Kaslow, E, & Grossman, N. S. (1994). *Guidelines for the development of postdoctoral programs in family psychology*. Unpublished manuscript.

Wilson, G. T., & Fairburn, C. G. (2007). Treatments for eating disorders. In P. E. Nathan & J. M. Gorman (Eds.), *A guide to treatments that work* (3rd ed., pp. 579-609). London, UK: Oxford University Press.

Wimberly, J. D. (1998). An outcome study of integrative couples therapy delivered in a group format. *Dissertation Abstracts International*, 58(12-B), 6832.

Wincze, J. P., & Carey, M. P. (2001). *Sexual Dysfunction*. New York, NY: Guilford Press.

Winnicott, D. W (1965). *The maturational processes and the facilitating environment*. New York, NY: International Universities Press.

Wittgenstein, L. (1965). *Philosophical Investigations*. New York: The Macmillan Company.

Wood, L. E, & Jacobson, N. S. (1985). Marital distress. In D. H. Barlow (Ed.), *Clinical handbook of psychological disorders* (pp. 344-416). New York, NY: Guilford Press.

索　　引

人名

Bateson, G.　46-48, 56
Bloch, I.　200
Bordin, E. S.　115
Bowen, M.　150
　　→さらに，「多世代的モデル」を参照
Bronfenbrenner, U.　43, 164
Carr, A.　70-72
Claiborn, C. D.　73
Doss, B. D.　191, 229, 230
Falicov, C. J.　69
Jones, J. L.　97
Lichtenberg, J. W.　73
Mehr, S. L.　97
Minuchin, S.　16, 71, 146
Patterson, J.　142
Patterson, T.　223
Rogers, C.　38, 114
Satir, V.　65
Sexton, T. L.　10, 119
Snyder, D. K.　133, 229, 230
Terman, L. M.　200
Thoburn, J. W.　10, 233
Tiefer, L.　200
Whitaker, C.　16, 65

アルファベット

APA の倫理規定　229
Bowen の家族システム療法（Bowen の多
　　世代的家族療法）150, 203
　　→さらに，「多世代的モデル」を参照
CBCT　→認知行動的カップル・セラピー
CP　→臨床プロフィール
FEAR（頭字語）182
FFP　→家族司法心理学
FFT　→機能的家族療法

FFT-Care4　161
FFT 臨床測定尺度（FFT-CMI）135, 161
FFT 臨床フィードバック・システム（FFT-
　　CFS）135
FPE　→家族心理教育
IAFP　→国際家族心理学会
IBCT　→統合行動的カップル・セラピー
　　→さらに，「認知行動的カップル・セラ
　　ピー」を参照
ICP　→国際心理学者会議
IUPsyS　→国際心理学連合
MDFT　→多次元的家族療法
MST　→マルチシステミック療法
SFT　→解決志向短期療法，構造的家族療
　　法
STIC　→ Systemic Therapy Inventory of
　　Change
Systemic Therapy Inventory of Change
　　133

あ行

アート　30, 31
アイソモーフィズム　223
愛着　173, 174
　　──に基づく家族療法　93
曖昧さを受け入れる　27
アクセプタンス＆コミットメント・セラ
　　ピー（ACT）171, 182
アコモデーション／ジョイニング段階
　　149
足場　131
アセスメント　→臨床的アセスメント
アメリカ司法心理学会　211
アリストテレスの哲学　37
安定性－変化　45
一次的感情　192

一般化の段階 160
一般システム理論 39, 43
意図的な介入 26
意味論 44
医療分野 20
因果律 45, 46
インタープロフェッショナル・ヘルスケア 207
インターンシップ 218
迂回的三角関係化 148
うつ病 35, 89
エクセプション・クエスチョン 180
エビデンス 85
　　――・アプローチのレベル 98
　　――に基づいた治療 107
　　――に基づくスーパーヴィジョン 227
　　――ベースド・アプローチ 186
エフィカシー研究 82, 85
エフェクティブネス研究 82, 85
円環 45, 46

　か行
解決志向短期療法（SFT）171, 177
外在化 122
解釈 175
　　――学 44
介入研究 81, 83
科学者－実践家を基盤にする家族心理学者 96
科学と科学的方法 77
各人ごとに別々に記録する 232
過食症 94
家族／カップル 67
家族関係システムの評価 141
家族司法心理学（FFP）211
家族心理学 17, 19, 34, 79, 81, 91, 100, 106, 199, 214, 228
　　――における倫理 217
　　――の科学的基盤 76
　　――のシステミックな認識論 34
　　――の専門領域 199, 214

　　――の統一的な「糸」10, 51, 56
家族心理学研究 84
家族心理学者 17, 19, 100, 110, 125, 138, 214-220
　　――になるためには 25
家族心理学におけるトレーニング 25, 214
家族心理教育（FPE）93
家族に焦点化した臨床的介入モデル 144
家族のアセスメント 131
家族の関係パターン 71
家族の儀式 68
家族の再構築 149
家族の心理社会的な歴史 140
家族の精神医学的，発達的，内科医学的な歴史 141
家族の多様性 69
家族の投影 151
家族の内科医学的な歴史 141
家族の発達的な歴史 141
家族ライフサイクル 68
家族療法 21-23
　　――のムーブメント 39
カップル 68, 69
　　――に焦点化した臨床的介入モデル 169
関係構造の変化 121
関係性システム 41, 67
　　――の構造 42
関係性としてのエビデンスに基づくスーパーヴィジョン 228
関係的なプロセスとしての臨床的アセスメント 130
感情焦点化療法（EFT）171, 191
感情的切断 151
記述的研究 80
期待 72, 114
機能性 58, 126
機能的家族療法（FFT）144, 157
機能的なアプローチ 52
希望 114

逆転移 175, 176
共感 114
　——的参加 185
共通因子モデル 111
共通の意味 49
拒食症 94
クエスチョン
　エクセプション・—— 180
　スケーリング・—— 180
　ミラクル・—— 179
クライエント集団 21
クライエントを決める 110, 228
啓蒙思想 37
契約と動機付けの段階 160
ケース・プランニング 128-132
決断における目的と意図 25
決定木 234
原家族についてのワーク 219
研究 77, 79, 81, 84, 98
　———実践の弁証法 98
　——を実施することへの移行 83
言語 44-46
現在のコンテキスト 141
効果研究 81, 82
好奇心 25, 26
構成主義 48
構造的および関係的因子 74
構造的家族療法（SFT）64, 121, 147,
　　149, 165
　→さらに，「構造的／戦略的臨床モデ
　　ル」を参照
構造的／戦略的臨床モデル 146
肯定的関心 114
行動の社会的基盤 216
行動変化の段階 160
国際家族心理学 203
国際家族心理学会（IAFP）206
国際心理学者会議（ICP）205
国際心理学連合（IUPsyS）205
個々の違い 217
個人間としてのスーパーヴィジョン 224

個人のアセスメント 130, 142
子ども 94, 212
個別の分割セッション 233-235
コミュニケーション 187
コラボレイティブ・ヘルスケア 206
　——における患者や患者家族の役割
　　208
　——における教育 209
　——におけるチームのリーダーシップ
　　208
　——における役割 208, 209
コラボレーション（協働作業）134, 166
コンサルタントとしてのセラピスト 181
コンテキスト 15, 51, 52, 55, 56, 141
　——的変数 83, 224
　——的・歴史的影響 73
コンピテンス 50, 217

さ行
再帰的なパターン 147
再発防止 123
サイバネティクス 43-45
三角関係化 72, 148
三者関係 72
自己一致 114
システマティックなケーススタディ 83
システマティックに疑問を探求する 26
システミックな視点
　家族心理学の核としての—— 40
　研究における—— 78
　——における文化と多様性 49
　——に立つのは難しい 18
　スーパーヴィジョンにおける—— 223
　臨床的アセスメントにおける—— 132
　臨床的問題の—— 70
システム 40
　——思考 15-18, 32, 41
システム心理学者 19
システム統合家族療法 93
システムの同盟の中で 121
実習，インターンシップ，ポストドクタ

ーフェローシップ 218
実践 23
　——のガイドライン 28
質問者としてのセラピスト 181
司法システム 211
社会構成主義 48
社会的関係スキル 187
修正感情体験 177
儒教 54
主題 176
守秘義務 231, 232
紹介段階 137, 138
召喚状 232
情報開示 231
人種 69
診断 140
診断的アセスメント 132
信念 72, 73
心理教育 187
推奨する人としてのセラピスト 182
スーパーヴィジョン 221-228
　——としての偶発性 224
　——としての発達 225
スキーマ 174
スケーリング・クエスチョン 180
性科学 199, 200
精神障害に対する脆弱性 88
精神分析 38
精神分析／精神力動的モデル 170-172
精神力動の定義 173
生態学 22, 42, 57, 126, 204
青年期 93, 94
青年の発達 90
青年の薬物乱用 94
　→さらに、「多次元的家族療法」を参照
生物学的基盤 216
セックス・セラピー 199
セッション計画 137
セラピストの役割
　解決志向短期療法 181
　機能的家族療法 161

構造的／戦略的臨床モデル 149
精神分析／精神力動的モデル 177
多次元的家族療法 166
多世代的モデル 153
認知行動的カップル・セラピー 188
戦略的家族療法 64
相称的行動パターン 48
創造性 31, 32, 238
相動性としてのエビデンスに基づくスー
　パーヴィジョン 228
相補的行動パターン 48
尊重 114

た行
第一次変化 48, 75
体験的家族療法 65
対象関係 66, 173, 174
対人関係家族療法 66
対人関係論 38
対人的能力 121
第二次変化 48, 75
多次元生態系比較アプローチ 70
多次元的家族療法（MDFT）145, 163
多世代的モデル（多世代的アプローチ）
　145, 150
ダブルバインド理論 46
多文化（主義）49
多様性 49-56, 86, 96
地域の臨床科学者としての考え方 29
地図 30
「地図」というメタファー 105
仲介要因 82, 83
調整要因 82, 83
調整要因に関する研究 82
治療関係 111
治療計画 107, 131, 134-136, 142
治療結果の評価 136
治療的介入の定義 85
治療的変化における関連のある要因 106
治療的変化の領域をマッピングする 106
治療動機 131

治療同盟 95, 115
治療の終結 126
治療の目標
　アクセプタンス＆コミットメント・セラピー 183
　解決志向短期療法 178
　感情焦点化療法 192
　機能的家族療法 159
　構造的／戦略的臨床モデル 148
　精神分析／精神力動的モデル 174
　多世代的モデル 152
　認知行動的カップル・セラピー 186
　マルチシステミック療法 155
治療プログラム／モデルの定義 81, 84, 118
治療プロセス　→プロセスと介入
提携 147, 148
データ，もしくはエビデンスに基づくスーパーヴィジョン 227
テクニック（技法）の定義 85, 118
転移 174
伝統的な心理学 34
等結果性 49
統合行動的カップル・セラピー（IBCT） 171, 186
　→さらに，認知行動的カップル・セラピーを参照
統合失調症 93
同盟 148
　──に基づく動機付け 158

　　な行
内的システム 41, 68
内的システムに基づくセックス・セラピーモデル 201
二次的感情 192
二者関係の評価 139
認識論 18
　→さらに，家族心理学の認識論を参照
認知行動的カップル・セラピー（CBCT） 186

　　は行
橋渡しのモデル 108
パターン
　家族の関係── 71
　再帰的な── 147
　相称的行動── 48
　相補的行動── 48
　──間の意味 48
　──に基づく関係性 47
発達 57
　──上の影響 176
比較実験研究 81
非難を減少させる 95, 122
秘密 232
ヒューマン・セクシャリティ 199
表意としての臨床的アセスメント 129, 130
開かれた態度 26, 27
ファシリテーターとしてのセラピスト 181
不安 150, 202, 203
フィードバック 43, 44, 46, 47, 133-136
夫婦・家族療法 229
舞台を設定する 175
プラクシス（実践）
　臨床的アセスメントの── 137
　家族心理学の── 23
プラグマティズム 49
プラトンの哲学 37
不倫 233
プロセス
　家族の── 68
　関係性システムの── 42
　──－効果研究 82
　──評価 133
プロセスと介入
　アクセプタンス＆コミットメント・セラピー 184
　解決志向短期療法 179
　感情焦点化療法 192
　機能的家族療法 159
　構造的／戦略的臨床モデル 149

精神分析／精神力動的モデル 175
多世代的モデル 152
認知行動的カップル・セラピー 187
マルチシステミック療法 155
分化 150-153, 202, 203
文化 49-55, 67-70, 204
分割セッション 233-235
文化的コンピテンス 50
分裂生成（スキズモジェネシス）47
ヘーゲル哲学の弁証法 54, 100, 225
変化
——に関連する構成要素 113
——の維持の段階 150
——のメカニズムに関する研究 83
弁証法 17, 28, 32, 51, 53-55, 58, 98,
223, 225
包括的な臨床的成果 87
法則定立としての臨床的アセスメント
129
法的問題 218
ポストドクターフェローーシップ 218

ま行
マルチシステミックなプロセス 131,
228
マルチシステミック療法 144, 154
マルチディシプリナリー・ヘルスケア
207
未成年者 232
未分化 150
ミラクル・クエスチョン 179
民族性 69
メタファー 18, 105, 106
盲人の—— 18
メタ分析という研究報告 84
モデルに焦点を当てたエビデンスに基づ
くスーパーヴィジョン 228
物語論 44
問題解決スキル 187
問題帰属 72

や行
融合／未分化 151

ら行
ライブ・スーパーヴィジョン 218-220
ラディカル構成主義 48
ランダム化臨床試験（RCT）81, 86, 156
理解／アセスメントの段階 149
力動 57, 79, 130
臨床実践の領域をマッピングする 105
臨床的実験研究 81
リスクと保護因子 73, 91, 132, 158,
169
リフレーミング 120, 159
理論 62
理論的基盤
アクセプタンス＆コミットメント・セ
ラピー 182
感情焦点化療法 191
機能的家族療法 158
多次元的家族療法 164
多世代的モデル 150
マルチシステミック療法 154
精神分析／精神力動的モデル 173
解決志向短期療法 177
構造的／戦略的臨床モデル 147
臨床的アセスメント 128
臨床的インテーク面接 138
臨床的介入 117
臨床的介入モデル　→カップルに焦点化
した臨床的介入モデル，家族に焦点
化した臨床的介入モデルを参照
臨床的態度に関するメカニズム 87
臨床的問題 70-73, 86, 124
臨床プロフィール（CP）134
歴史的影響 73
歴史とシステム 217
レンズ 30, 144
連続性 176

著者プロフィール

ジョン・W・ソバーン（JOHN W. THOBURN）

シアトル・パシフィック大学臨床心理学教授。ワシントン州における心理学者（psychologists）および夫婦・家族療法家（marriage and family therapist）の資格を取得。アメリカ専門心理学会（the American Board of Professional Psychology）によるカップル・家族心理学の認定委員およびアメリカ心理学会（American Psychological Association）の特別会員。カップル・家族心理学会（アメリカ心理学会の 43 部門）の元・会長。アメリカカップル・家族心理学会（the American Academy of Couple and Family Psychology）の元・会長。国際家族心理学会（International Academy of Family Psychology）の現・会長。家族心理学会（the Society for Family Psychology）の年間最優秀家族心理学者賞，国際心理学への顕著な貢献による Florence W. Kaslow 賞，家族心理学分野における著しい貢献によるアメリカ専門心理学会からの表彰，アメリカ心理学会の国際ヒューマニスト賞をそれぞれ受賞。

「Clergy Sexual Misconduct: A Systems Approach to Prevention, Intervention, and Oversight」の共編者。

トーマス・L・セクストン（THOMAS L. SEXTON）

インディアナ大学名誉教授。機能的家族療法（FFT）のモデル開発者の一人であり，FFT のワークショップやエビデンスに基づいた実践を統合したメンタルヘルスシステムに関する相談を国内外で実施。著書として，「Functional Family Therapy in Clinical Practice」（2010）や「the Handbook of Family Therapy」（2003 & 2005）。家族心理学や心理療法研究に関して，60 本以上の学術論文，35 冊の本の分担執筆，4 冊の本の執筆に関与。APA 治療ガイドライン運営委員会のメンバーであり，エビデンスに基づく実践（特に，家族心理学）について広範囲にわたって執筆。インディアナ州における心理学者（psychologists）の資格を取得。アメリカ心理学会（American Psychological Association）の特別会員。アメリカ専門心理学会（the American Board of Professional Psychology）における認定家族心理学者。家族心理学会（the Society for Family Psychology）の元・会長。「Couple and Family Psychology: Research and Practice」の編者。カップル・家族心理学専門学会（the Diplomate Board for Couple and Family Psychology）の元・会長。2011 年最優秀家族心理学者。

監 訳 者

若島　孔文　　東北大学大学院教育学研究科　准教授
野口　修司　　香川大学医学部臨床心理学科　准教授

翻訳者一覧

序　章　　　　　狐塚　貴博　　名古屋大学大学院教育発達科学研究科　准教授
第1章　　　　　生田　倫子　　神奈川県立保健福祉大学保健福祉学部　准教授
第2章　　　　　佐藤　宏平　　山形大学地域教育文化学部　准教授
第3章　　　　　花田　里欧子　東京女子大学現代教養学部　准教授
第4章　　　　　奥野　雅子　　岩手大学人文社会科学部　教授
第5章　　　　　板倉　憲政　　岐阜大学教育学部　助教
第6章　　　　　高木　源　　　東北大学大学院教育学研究科博士後期課程
第7章　　　　　萩臺　美紀　　東北大学大学院教育学研究科博士後期課程
第8章　　　　　小林　大介　　東北大学大学院教育学研究科博士後期課程
第9章　　　　　奥山　滋樹　　東北大学大学院教育学研究科博士後期課程
第10章・エピローグ　坂本　一真　　東北大学大学院教育学研究科博士後期課程

監訳者プロフィール

若島孔文（わかしま こうぶん）

家族心理士，ブリーフセラピスト（シニア），臨床心理士，公認心理師。

2000年，東北大学大学院教育学研究科博士課程修了（教育学博士）。その後，立正大学心理学部准教授を経て，2008年より東北大学大学院教育学研究科准教授。

日本家族心理学会理事長，国際家族心理学会（International Academy of Family Psychology）副会長，日本ブリーフセラピー協会研究員制度チーフトレーナー，日本心理臨床学会代議員，日本カウンセリング学会「カウンセリング研究」編集委員など。

主な著書

長谷川啓三・若島孔文編（2002）事例で学ぶ家族療法・短期療法・物語療法. 金子書房.

若島孔文（2010）家族療法プロフェッショナル・セミナー. 金子書房.

東豊・水谷久康・若島孔文・長谷川啓三（2014）匠の技法に学ぶ 実践・家族面接. 日本評論社.

若島孔文・長谷川啓三（2018）新版 よくわかる！短期療法ガイドブック. 金剛出版.

など。

野口修司（のぐち しゅうじ）

臨床心理士，公認心理師。

2017年，東北大学大学院教育学研究科博士課程後期修了（博士（教育学））。日本学術振興会特別研究員，石巻市総務部人事課常勤心理士を経て，2018年より香川大学医学部臨床心理学科准教授。

日本家族心理学会代議員，香川県公認心理師協会役員など。

主な著書

長谷川啓三・若島孔文編（2013）震災心理社会支援ガイドブック. 金子書房.（分担執筆）

長谷川啓三・若島孔文編（2015）大震災からのこころの回復. 新曜社.（分担執筆）

狐塚貴博・若島孔文編著（2016）解決の物語から学ぶブリーフセラピーのエッセンス. 遠見書房.（分担執筆）

など。

家族心理学
理論・研究・実践

2019年9月30日　初版発行

編　者　John W. Thoburn and Thomas L. Sexton
監訳者　若島孔文・野口修司
発行人　山内俊介
発行所　遠見書房

〒181-0002　東京都三鷹市牟礼6-24-12
三鷹ナショナルコート004
Tel 0422-26-6711　Fax 050-3488-3894
http://tomishobo.com　tomi@tomishobo.com
郵便振替　00120-4-585728

印刷　太平印刷社・製本　井上製本所
ISBN978-4-86616-094-8　C 3011
© 2019
Printed in Japan

※心と社会の学術出版　遠見書房の本※

遠見書房

解決の物語から学ぶ
ブリーフセラピーのエッセンス
ケース・フォーミュレーションとしての物語
狐塚貴博・若島孔文 編著
リソース，ワンダウン，パラドックス，コンプリメント等，ブリーフセラピーを学び，ケース・フォーミュレーション力を培うことを目指す。2,400 円，四六並

森俊夫ブリーフセラピー文庫①〜③
森　俊夫ら著
①心理療法の本質を語る，②効果的な心理面接のために，③セラピストになるには。独特のアイデアと感性で，最良の効果的なセラピーを実践した森。死を前にした語り下ろし＆座談会を収録。① 2,200 円② 2,600 円③ 2,700 円，四六並

場面緘黙の子どものアセスメントと支援
心理師・教師・保護者のためのガイドブック
エイミー・コトルバ著／丹　明彦監訳
学校や専門家，保護者たちのための場面緘黙を確実に治療できる方法はもちろん，支援の場で実際に利用できるツールも掲載。全米で活躍する著者による緘黙支援ガイドブック！ 2,800 円，A5 並

学校コンサルテーションのすすめ方
アドラー心理学にもとづく子ども・親・教職員のための支援
ディンクマイヤーほか著・浅井／箕口訳
米国学校心理学と個人心理学をリードする著者らによる学校コンサルの実践入門の１冊。チーム学校に有効なテクと知見をわかりやすく解説。3,000 円，A5 並

公認心理師基礎用語集　増補改訂版
よくわかる国試対策キーワード
松本真理子・永田雅子編
試験範囲であるブループリントに準拠したキーワードを 122 に厳選。多くの研究者・実践家が執筆。名古屋大教授の２人が編んだ必携，必読の国試対策用語集です。2,000 円，四六並

DVD でわかる家族面接のコツ①〜③
東　豊著
①夫婦面接編（解説：坂本真佐哉），②家族合同面接編（解説：児島達美），③Ｐ循環・Ｎ循環編（黒沢幸子，森俊夫）。初回と２回めの面接を収録した DVD と詳細な解説。天才セラピストによる面接の極意。各 6,600 円，A5 並

幸せな心と体のつくり方
東　豊・長谷川淨潤著
心理療法家・東と整体指導者・長谷川の二人の偉才が行った，心と体と人生を縦にも横にも語り合ったスーパーセッション。幸福をテーマに広がる二人の講義から新しい価値観を見つけられるかもしれません。1,700 円，四六並

ＴＡＴ〈超〉入門
取り方から解釈・病理診断・バッテリーまで
赤嶺大樹・土屋マチ著
投映法検査 TAT の初学者から中級者に向けた入門書。使い方から各図版に現れやすい臨床情報，分析，解釈，フィードバック，テスト・バッテリーなどをわかりやすく解説。2,500 円，四六並

来談者のための治療面接とは
心理臨床の「質」と公認資格を考える
増井武士著
心理面接はどうあるべきなのか？　その質を担保する「資格」「資質」はいかにあるべきか？　新たな 10 年を見据える心理臨床の実践論。神田橋條治先生，激賞の１冊。1,700 円，A5 並

公認心理師の基礎と実践　全 23 巻
野島一彦・繁桝算男 監修
公認心理師養成カリキュラム 23 単位のコンセプトを醸成したテキスト・シリーズ。本邦心理学界の最高の研究者・実践家が執筆。①公認心理師の職責〜㉓関係行政論 まで心理職に必須の知識が身に着く。各 2,000 円〜 2,800 円，A5 並

価格は税抜です